高等职业院校“十二五”经济管理系列规划教材

经济学基础

JINGJIXUEJICHU

孙晓荣◎主　编
李青阳　李启秀◎副主编
赵海波　曹　康　陈善步◎参　编

中国电力出版社
CHINA ELECTRIC POWER PRESS

内容提要

本书以应知、应会知识为切入点，理论知识以必需、够用为度，注重训练学生对社会经济现象的分析能力和创新意识，增强学生解决实际经济问题的能力。本书从树立经济学的思维观念、开拓市场、分析市场主体交易行为、分析企业经济决策、分析收入分配和分析经济政策影响六个方面进行构建知识内容，以学习任务导入为出发点，以经济学理论体系为主线，每个项目学习完成后提交相关作品（通常以现实生活中的经济实例为题材）。全书叙述生动鲜活、贴近生活，压缩理论诠释，强化实践操作。通过对本书的学习，学生可系统地掌握经济学的基本要领，树立经济学的思维观念，对社会经济现象进行分析。

本书适用于高职经济管理类专业的学生和成人高等学校经济管理类专业的学生，也可作为广大经济工作者和经济爱好者的学习参考书。

图书在版编目（CIP）数据

经济学基础/孙晓荣主编. —北京：中国电力出版社，2013.9

高等职业院校“十二五”经济管理系列规划教材

ISBN 978-7-5123-4859-2

Ⅰ. ①经… Ⅱ. ①孙… Ⅲ. ①经济学-高等职业教育-教材 Ⅳ. ①F0

中国版本图书馆 CIP 数据核字（2013）第 203459 号

中国电力出版社出版、发行

北京市东城区北京站西街 19 号 100005 http：//www.cepp.sgcc.com.cn

责任编辑：闫丽娜

责任校对：肖新民 责任印制：邹树群

北京丰源印刷厂印刷·各地新华书店经售

2013 年 9 月第 1 版·2013 年 9 月北京第 1 次印刷

787mm×980mm 16 开本·16.25 印张·298 千字

定价：32.00 元

前言

经济学是经济管理类、财经类专业的专业基础课，学好经济学对于提高学生的整体专业素养及后续专业课程起到铺垫作用。

本书以应知、应会知识为切入点，理论知识以必需、够用为度，注重训练学生对社会经济现象的分析能力和创新意识，增强学生解决实际经济问题的能力。本书从树立经济学的思维观念、开拓市场、分析市场主体交易行为、分析企业经济决策、分析收入分配和分析经济政策影响六个方面进行构建知识内容，以学习任务导入为出发点，以经济学理论体系为主线，每个项目学习完成后提交相关作品（通常以现实生活中的经济实例为题材）。本书涵盖了经济学的所有基本理论，这些知识基本满足了高职高专经济类和管理类专业对经济基础理论的要求，体现了高职高专以培养“技能型、实用型”人才的教育教学理念和特色。

参加本书编写的教师都是从事高等职业教育教学的一线人员，本书共6个模块，由孙晓荣、李青阳、李启秀、赵海波、曹康、陈善步编写，李倩兰担任主审，由孙晓荣统稿和定稿（主编：孙晓荣，副主编：李青阳、李启秀）。具体分工是：孙晓荣（模块1，模块6中的项目1和项目2），陈善步（模块2），李青阳（模块3），李启秀（模块4），赵海波（模块5），曹康（模块6中的项目3～项目5）。

本书适用于高职经济管理类专业的学生和成人高等学校经济管理类专业的学生，也可作为广大经济工作者和经济爱好者的学习参考书。

本书在编写过程中广泛参考了多位专家、学者和同人的研究成果，在此诚挚致谢。限于我们的知识水平及认知能力，加之时间仓促，本书的错误和遗漏之处在所难免，恳请读者提出宝贵意见，以便日后不断修订完善和提高。

目录

模块1

树立经济学的思维观念

■学习目标

◇ 学生通过本模块的学习，了解经济学的发展演变，熟悉经济学的一些基本概念，掌握经济学假设和资源配置的原则，并能就现实生活中的经济选择作出分析。

■培养的职业能力

◇ 学会用经济学的思维方式思考问题。

◇ 现实生活中，会作出经济选择。

◇ 学会对自身所经历的经济选择作出分析。

◇ 培养正确的金钱价值观。

项目1　经济学的核心问题

项目2　经济学的基本假设

项目3　明确选择中的五个基本问题

项目4　合理配置稀缺资源

项目 1　经济学的核心问题

■学习目标

学会用经济学的思维方式进行思考

◇ 熟悉经济学的基本概念。

◇ 培养经济学的思维方式。

◇ 能运用理论知识分析自身所经历的经济选择。

学习任务

婚恋中的经济学

一个经济学家与一个陷入情感迷雾中的年轻女子在火车上偶遇。经济学家用经济学的眼光对女子的情感、恋爱、婚姻问题进行了另辟蹊径的分析，他的结论令女子似有顿悟。为便于阅读，我们将她的提问逐条编号。

先是女子的自我介绍："我今年 28 岁，和男朋友是同班同学，毕业于长春机电学院。几年前我和他一同来到杭州找工作，我的工作比较理想，在一家电表厂做设计，他的工作不太好，于是我鼓励他去考研。考取后，我供了他三年，没想现在他快毕业了，居然提出要分手。后来，我才搞清楚，他又谈了一个刚大学毕业的女孩。我真的很痛苦，几年的情感和心血付诸东流！……"

第一，"我想问你，为什么男人总是那么花心？"

"用经济学的理论，很容易解释这个问题，那就是边际效用递减。什么是边际效用递减呢？就是说一样东西当你拥有得越多的时候，对你的作用就越小。比方说，你饿了，吃第一个包子特香，第二个很香，第三个还可以，第四个饱了，第五个吃不下，第六个看见都烦！也就是说第六个包子的作用为零甚至为负。

边际效用递减，是经济学的公理，由于边际效用递减，从现在恋爱的角度看，你的效用比不上那个刚大学毕业的女孩，你就是那第六个包子，而那个女孩却是第一个包子。这也是许多男人为什么家有貌美如花的妻子，却在茶座酒吧寻欢作乐的经济学原则。"

第二，"既然边际效用递减是公理，为什么花心的女人比较少？"

“花心的男人应该和花心的女人一样多，假定花心的男人没有花心的女人相呼应，那么男人又到哪里去花心？准确地说，应该是结了婚的女人中花心的比较少！但这并不等于说，边际效用递减在结了婚的女人身上不起作用。结了婚的女人未必没有喜欢更英俊更年轻更富有的男性的念头，只是一般她们不会采取‘采花’行动，这里的道理可以用经济学的成本收益方法来分析。

在经济学的假设中，人都是理性的，人们采取一项行动都要在心里盘算值不值。收益大于成本，这样才值得考虑去做；假如成本大于收益，那是无论如何也不会去做的！从我们的日常观察中可以看到，已婚男人花心，相对于已婚女人其成本是比较低廉的，最多是花几个小钱，很少有妻子因为丈夫花心而坚决要离婚的。假定已婚女子有红杏出墙的打算，心中必定会做一番权衡：这样做值不值？

一般来说，已婚女子花心一旦被发现，其成本是非常高昂的。对大部分男人（包括很花心的男人）来说，戴绿帽子是无论如何不能忍受的，离婚是必然的选择；而离婚女子在现在的世俗眼里，名声肯定又是不好的，要想再找对象，也很难再找到与自己年龄相仿的男人，还有对子女的牵挂，又使女人多了一份负担。

正是因为已婚女子红杏出墙的成本远大于收益，所以尽管有边际效用递减的公理存在，但她们仍然会作出坚决不红杏出墙的理性选择。”

第三，“可是他也太不讲道德了！毕业之前他吃我的用我的，现在快毕业了却和我分手，是不是也太市侩了？他要是三年前提出分手，我并没有这么难过，现在我是人财两空！”

“经济学一般并不研究道德，因为道德要求的是多为他人着想，而经济学理论的前提是假设人都是自利的。

经济学假定，人都是追求利益最大化的。大学时期与你谈恋爱，那个时候生活基本无忧，追求激情就是恋爱利益的最大化；三年读研之中，你们之间激情已经没有了，但是此时他心中的最大利益是为了获取文凭以便日后能找个好工作，此时，如果和你一刀两断，经济来源就没有了，请问他怎么能把书读完？现在他临近毕业了，对自己的前途已经充满了信心，更不像当初那样急切地等着钱用，于是，年轻漂亮而充满激情又成了他恋爱利益的最大化。”

第四，“……我当初只是想，如果他能读个研究生毕业，我们今后一家人的生活会更好些，没想到现在是竹篮子打水一场空！”

“这说明你在决定供他读研之前，忘记了经济学的一条基本原则。”

“什么原则?”

“收益越高，风险越大！你当时只看到了供他读研毕业后的收益，却没有看到他读研毕业后的风险。假定你找个拉黄包车的，风险基本没有，他不会与你离婚，甚至对你百依百顺，但是收益也很小，家庭的经济来源肯定要以你为主，你的内心还常常会因此失衡；假定你找了李泽楷，收益肯定会很高，但是离婚的可能性也很高！因为像李泽楷这样的稀缺资源是每个女人都喜欢的!”

第五，“那有什么办法可以控制风险呢?”

“有哇，领结婚证啊！‘问世间情为何物，直教人生死相许！’如果按照大家都认可的这句话来理解，爱情就是为他（她）生为他（她）死，没有结婚证岂不更方便！然而，人类却要设计一个结婚登记制度，为什么？其实，结婚证就是婚姻当事人中弱者的护身符。如果当初你和他领了结婚证，他现在要分手就没那么容易了，或者说成本就大得多。首先，《婚姻法》规定，夫妻离婚有过错的一方要对无过错的一方进行经济补偿；其次，他会面对更多的舆论谴责和心理压力；再次，他今后在社会上的形象就是一个离过婚的男人，总比未婚的纯真少年要差；最后，如果你们有了孩子，那就有了共同的利益，离婚就意味着他要放弃血脉亲情。”

第六，“这一条方法现在恐怕是来不及了！……我全部的希望都寄托在他的身上，没想到全部落空了，我现在感觉到天都塌下来了!”

“希望越大，失望也越大，经济学有一个公式：幸福＝效用/期望值。一般来说，同样的事物效用大致是相当的，但是期望值越高，则幸福感越少。举个例子：假定我和乞丐都捡到了1元钱，1元钱的作用对两人来说是一样的。但是，我现在的期望是去美国夏威夷度假，需要10万元，1除以10万，结果我的幸福感是十万分之一；而乞丐的期望值是今天能够吃碗白米饭，1除以1，结果他的幸福感是1。你把全部的希望都寄托在他的身上，也就是期望值近似无穷大，而现在他却要和你分手，效用接近于零，分母无穷大，分子接近零，那幸福感当然就没有了。所以，一开始对男友期望值不高的人，分手时痛苦也就不多。”

第七，“我现在应该怎么办?”

“你现在对这件事的感觉如何?”

“痛不欲生!”

“那就再去找找他，动之以情或许还有挽救余地。”

“他现在的确还在犹豫，而且他家人也在给他施加压力，可是我不想勉强他，万一他勉强和我结婚，婚后却对我不好，我岂不是更痛苦?”

“但是，从经济学的角度来看，你还是应该去的。”

“为什么?”女子一脸疑惑。

“假如你给老板做完了一份设计，报酬是10万元，但付酬方式有两种可供你选择。一种是一次性付10万元，另一种是付你15万元，但却要分15年付，你选哪一种?”“我选第一种。”女子很快抢答。

“为什么呢?”

“因为未来的不确定因素太多，天知道几年后这个钱还有没有? 再说，到那个时候，钱也不值钱了!”

“你说得很对! 现在的钱比未来的钱更值钱，那么同样的道理，现在的痛苦就比未来的痛苦更痛苦。因为，未来的不确定因素太多，也许没有了痛苦，也许比现在的痛苦要轻，但现在的痛苦却是实实在在的。你看很多电视、电影中都有相似的情节，当初的恋人都后悔一时气恼而断绝了关系，以致婚后又后悔莫及，旧情重续。”

第八，“万一勉强结了婚，婚后他又对我不好呢?”

“那就又回到了前面的原则：收益越高，风险越高。你既然想获得高收益，就必须面对高风险，此事不可能有两全方法!”

“我明白了，车到杭州我就不下了，直接去上海找他。”女子似乎是大彻大悟!

资料来源：徐昌生. 经济学家茶座. 2005 (2)

请思考:

1. 这个任务给你哪些启示?
2. 你认同任务中女子的选择吗?
3. 你认为学习经济学有何意义?

读一读

一、经济与经济学

(一) 经济

在我国，“经”、“济”最早见于《周易》，“经济”二字最早见于《文中子·礼乐篇》的经济之道。宋史称王安石“以文章节行高一世，而尤以道德经济为己任”。

经邦、济世；经国、济民——《尚书》、《三国志》、《昭明文选》中也有提及。

邓小平在 1980 年 1 月 16 日提到：说到最后，还是要把经济建设当作中心。

习近平在十八大报告中指出：必须更加自觉地把全面协调可持续作为深入贯彻落实科学发展观的基本要求，全面落实经济建设……为全面建成小康社会而奋斗。

西方，经济这个词来源于希腊语，它的意思是“管理一个家庭的人”，乍一看，这个词的来源有点奇特。但事实上，家庭和经济有着许多相似之处。

和家庭一样，一个社会也面临着许多抉择。一个社会必须决定将要做哪些工作和谁做这些工作。社会需要一些人种粮食，一些人做衣服，还有一些人设计电脑软件。一旦社会分配人们（以及土地、建筑物和机器）去做各种工作，它还应分配他们生产的物品和劳务量。社会必须决定谁将吃鱼子酱而谁将吃土豆，谁将开法拉利跑车而谁将坐公共汽车。

因此，经济一词从狭义上讲是精打细算、节约，是指人类以资源满足需求的社会活动。

从广义上讲，经济指人们生产、交换、分配和消费活动的总和。它是人将资源从无到有、由小变大、并享有其效用的过程。这个过程应该是一个“以人为本”的过程。以人为本的涵义在于，这个过程的本体是人，这个过程的根本动力是人，这个过程的根本目的是人。在这个过程中，人的最小单位是单个的个人，最大单位是整个人类社会。

（二）经济学

1. 经济学的含义

经济学被称为“社会科学的皇后，最古老的艺术，最新颖的科学”。人们对经济学并不陌生，我们在日常生活中所遇到的各种问题都与经济学有关。无论一个人是否学过经济学，他总是自觉不自觉地按经济规律办事。

古希腊思想家色诺芬在《经济论》中认为“经济”的意思是管理一个家庭的人要管理好自己的家庭财产。而到了 1935 年莱昂内尔的《论经济科学的性质和意义》问世之后，经济学是“研究如何将稀缺的资源有效地配置给相互竞争的用途的科学”这一定义才开始在英美等国的教科书中占统治地位。在整个十九世纪，经济学沿着两个不同的方向发展。一个方向是把现存的制度当作外在的、既定的或从来就有的社会秩序，强调将复杂的社会现象简约成某种可以像物理学那样准确把握的东西进行研究，试图以此达到拨正经济学科的目的。另一方向对既定社会制度本身提出质疑，强调将生产关系作为主要内生变量进行研究，试图以此来达到拨正经济学科的目的。在西方，第一个方向被描述成经济学科从本来具有道德、政治和规律热点的政治经济学转换成有工具、科学和实证特点的经济学的过程。其间，一方面，是经济学从传统意义的伦理哲学中分离出来，只研究可以纯粹用目的和手段刻画和判断的人类理性行为。就是说，经济学中的人，不再是有丰富情感，有爱人之心的活生生的人，而是帕累托称呼的那种有动机、有能力寻求自己最大利益的抽象的“经济人”，趣语“经济学节约了爱”就是这个意思。另一方面，经济学是分析和论证尽量仿效精密科学尤其是数学和物理学的做法。市场交换关系被看作方程组表达的自发趋于和谐的、一致的系统，经济活动从这里得到解释。

简而言之，经济学是研究效用变换效率的科学。经济学所研究的效率，不单是技术效率，（比如农户的亩产多少粮食）也不单是资本效率（比如公司的年利润），而是个人和社会的幸福最大化。因此，经济学就是研究幸福最大化的科学。

2. 经济学的目的

经济学的目的就是解释（和/或）解决效率问题。首先我们可从了解经济的目的或者说经济目标来看，可以有这样几个层次。

个人目标：生存、快乐；

企业目标：利润、增长；

市场目标：均衡、公正；

社会目标：稳定、和谐。

因此，经济学的目的就是如何以有限资源的最小（一定）支出，获得无限需求的最大（一定）满足。

3. 经济学的分类

根据经济学研究的内容，现代经济学可以分为微观经济学和宏观经济学两部分。

(1) 微观经济学。微观经济学在假定资源已经被充分利用的前提下，通过个量（某种产品的价格、某种要素的价格等）分析，专门研究资源的合理配置问题（其研究前提、方法和对象与宏观经济学有明显的区别）。微观经济学通过对单个经济主体如何追求私人利益最大化的经济行业的分析，研究了产品价格与要素价格的决定过程，说明了在市场机制的作用下，稀缺资源是如何在各部门和各经济主体之间得到合理配置的。亚当·斯密被认为是微观经济学的创始人。

我们在理解微观经济学时，要注意以下几点。

第一，研究的对象是单个经济单位的经济行为。单个经济单位指组成经济的最基本的单位：居民户与厂商。居民户又称家庭，是经济中的消费者。厂商又称企业，是经济中的生产者。微观经济学研究居民户与厂商的经济行为就是研究居民户如何把有限的收入分配于各种物品的消费，以实现满足程度最大化，以及厂商如何把有限的资源用于各种物品的生产，以实现利润最大化。

第二，解决的问题是资源配置。即生产什么，如何生产，为谁生产的问题。解决资源配置问题就是要使资源配置达到最优化，也就是说在这种资源配置下能给社会带来最大的经济福利。

第三，中心理论是价格理论。在市场经济中，居民户与厂商的行为要受价格的支配。价格像一只“看不见的手”，调节着整个社会的经济活动，通过价格的调节，社会资源的配置实现了最优化。

第四，研究方法是个量分析。个量分析主要研究经济变量的单项数值是如何决定的。例如，某种商品的价格，就是价格这种经济变量的单项数值。微观经济学分析像价格、产量这类个量的决定、变动及其相互间的关系。

(2) 宏观经济学。宏观经济学在假定资源已经被合理配置的前提下，通过总量（一般价格水平、失业率、国民收入、货币存量等）分析，研究社会如何充分利用资源以促进一国经济增长。凯恩斯被认为是宏观经济学的创始人。

我们在理解宏观经济学时，要注意以下几点。

第一，研究的对象是整个经济。这就是说，宏观经济学所研究的是由单个经济单位所组成的整体，它是要研究整个经济的运行方式与规律，从总体上分析经济问题。

第二，解决的问题是资源利用。宏观经济学把资源的配置作为既定的，研究现有资源未能得到充分利用的原因、达到充分利用的途径以及如何增长等问题。因此研究社会如何充分利用资源以促进一国经济的增长成为宏观经济学所要解决的问题。

第三，中心理论是国民收入决定理论。宏观经济学把国民收入作为最基本的总量，以国民收入的决定为中心来研究资源利用问题，分析整个国民经济的运行。

第四，研究方法是总量分析。总量是指能反映整个经济运行情况的经济变量。宏观经济学所涉及的总量很多，其中主要有：国内生产总值、总投资、总消费、价格水平、货币供给量、货币需求量、利率、增长率、国际收支、汇率等。总量分析是分析这些总量的决定、变动及其相互关系，并通过这种分析说明经济的运行状况，以决定经济政策。因此宏观经济学也被称为“总体经济学”。

4. 经济学的研究方法

(1) 实证分析与规范分析。实证分析法是描述经济现象与预测经济发展趋势的方法，它研究或回答的问题是：是什么、为什么、如何解决等问题，内容具有客观性。规范分析法是一种对经济现象进行主观评价的方法，研究应该是什么、应该怎样解决的问题，带有一定的主观判断。利用实证分析法进行研究的是实证经济学，利用规范分析法进行研究的是规范经济学。

采用实证分析法研究所得出的结论可以用事实、证据加以证实或证伪。采用规范分析法得出的结论则不能用事实、证据加以证实或证伪。经济学家在实证性问题上容易达成共识，但是在规范性问题上却分歧较大。经济学既有实证分析又有规范分析，其中实证分析占有重要的地位。

（2）均衡分析与边际分析。均衡（equilibrium）是从物理学中引进的概念。在物理学中，均衡表示：同一物体同时受到几个方向不同的外力作用而合力为零时，该物体所处的静止或匀速运动的状态。英国经济学家马歇尔（Alfred Marshall）把这一概念引入经济学中，主要指经济中各种对立的、变动着的力量处于一种力量相当、相对静止、不再变动的境界。这种均衡与一条直线所系的一块石子或一个盆中彼此相依的许多小球所保持的机械均衡大体上一致。均衡一旦形成后，如果有另外的力量使它离开原来的均衡位置，则会有其他力量使它恢复到均衡，正如一条线所悬着的一块石子如果离开了它的均衡位置，地心引力立即又使它恢复均衡位置的趋势一样。

经济学中，均衡指这样一种相对静止状态：经济行为人认为调整的决策（如调整价格、调整产量）已不可能增加任何好处，从而不再有改变行为的倾向；或两种相反的力量势均力敌，使力量所作用的事物不再发生变化。前者如消费者均衡、生产者均衡，后者如价格均衡、产量均衡。

均衡分为局部均衡（partial equilibrium）与一般均衡（general equilibrium）。局部均衡分析是假定在其他条件不变的情况下来分析某一时间、某一市场的某种商品（或生产要素）供给与需求达到均衡时的价格决定。一般均衡分析在分析某种商品的价格决定时，则在各种商品和生产要素的供给、需求、价格相互影响的条件下来分析所有商品和生产要素的供给和需求同时达到均衡时所有商品的价格如何被决定。一般均衡分析是关于整个经济体系的价格和产量结构的一种研究方法，是一种比较周到和全面的分析方法，但由于一般均衡分析涉及市场或经济活动的方方面面，而这些又是错综复杂和瞬息万变的，实际上使得这种分析方法非常复杂，也很耗费时间。所以在西方经济学中，大多采用局部均衡分析。

边际分析法就是运用导数和微分方法研究经济运行中微增量的变化，用以分析各经济变量之间的相互关系及变化过程的一种方法，是经济学研究中的一个非常重要的方法。

"边际"这个词可以理解为"增加的","边际量"也就是"增量"的意思。说得确切一些，自变量增加一单位，因变量所增加的量就是边际量。比如说，生产要素（自变量）增加一单位，产量（因变量）增加了 2 个单位，则因变量增加的两个单位就是边际产量。或者更具体一些，运输公司增加了一些汽车，每天可以多运 200 多名乘客，这 200 多名乘客是边际量。边际分析法就是分析自变量变动一单位，因变量会变动多少。

经济学研究经济规律也就是研究经济变量相互之间的关系。在经济学上，边际是指每单位投入所引起的产出的变化。边际分析方法在管理经济学中有较多的应用。它主要分析企业在一定产量水平时，每增加一个单位的产品对总利润产生的影响。可以用以下的公式来说明。

$$公式：边际值 = \Delta f(x)/\Delta X$$

其中，X 代表投入，$f(x)$ 代表产出，表现为 X 的函数；Δ 表示变量。

假设基数 X 处在变化中，那么，每增加一个单位的投入，这个单位所引起的产出的增量是变化的。

总之，边际分析法在经济学中有着非常重要的地位和作用，不懂边际分析法就不懂经济学。

5. 为什么要学习经济学

(1) 经济学是快乐之学。随着经济学研究方法的更新和视野的拓展，经济学早已从沉闷走向欢快，经济学已经日益成为快乐之学。英国经济学家杰文斯（W. S. Jevons）认为，经济学不过是"快乐与痛苦的微积分"，经济学的任务当然是最大程度地增进快乐并减少痛苦；生于爱尔兰的英国戏剧大师萧伯纳（George Bernard Shaw）称"经济学是一门使人生幸福的艺术"。追求人生的幸福就是追求人生的快乐，这是人生的本能要求和归属，萧伯纳把它和经济学联系在一起，自然是有大师级的感悟了。

经济学理解的快乐又是一种相对的快乐。不同的人对快乐有不同的理解，但经济学把快乐的方程式定义为"效用"与"欲望"之比，因此快乐总是相对的。按照快乐的方程式，快乐应与分子上的"效用"成正比，"效用"大小由财富的大小决定。这样，快乐程度的大小与财富的多少是成正比关系的，但快乐还与分母上的"欲望"成反比。这样快乐程度的大小似乎又不与财富的多少成完全的对应关系，倒是和人们的心态有一定的关系。经济学的这种分析符合了"知足者常乐"的古训。

在人的生命周期中，与人们的通常感觉不同，人在孩童时期还不是最快乐的，而到了壮年或者中年，也就是通常在 30 岁时，人的快乐程度会最低，再往后人的快乐程度又会不断上升，原因是 30 岁时面临着赚钱、养家、职业升迁与否、是否买房子等很多难题，而往后这些因素相继会得到不同程度的解决。所以，人一生的快乐程度是小时候和老的时候比较高，而 30 岁时最不快乐。

(2) 经济学是一门综合性的学科。经济学是一门特殊的科学。一方面，经济学因研究人类行为而被划为社会科学。另一方面，经济学研究财富和生产关系就不能不涉及数量关系，因而它又兼具了某些自然科学的特性。由于人性的复杂与人类经济社会的多变性，经济学需要多种知识的积累，如心理学知识、信息技术知识等，学习经济学是需要付出努力的，经济学必须厚积薄发。

(3) 经济学是致用之学。经济学是面向生活的科学，也是致用之学。是一门帮助大家增强洞察能力和保障选择效率的学问。坚持不懈地将“最优化行为”、“市场均衡”、“稳定性偏好假设”结合起来，可以帮助我们在确定目标、选择手段和保证效率之间获得一种均衡。如经济适用房的装修应否追求豪华？上大学还是打工？当前是适行宽松的还是从紧的货币政策？等等。显然这些问题会因时因地因人而异。

其实经济学就是教人如何“占便宜”的。理智的人对“占便宜”总是心怀谨慎，因为便宜不好占。经济学强调的是，便宜要占，但千万不要单方面占便宜，自己占便宜的同时，也让对方占便宜。这就是谋求“双赢”的理念。而从理论上证明“双赢”及其实现条件，是由经济学完成的。意大利经济学家帕累托（Vilfredo Pareto）提出“帕累托最优”标准，就是经济的一般均衡标准，也是“双赢”的标准。这应该是经济学可以致用人类社会和谐发展的一个主要贡献。

一句话，学习经济学能使人生活得更幸福！

二、稀缺性

（一）欲望

人类的欲望（Desire）是由人的本性产生的想达到某种目的的要求。它是一种愿望，是人内心没有达到满足的一种渴求，是世界上所有物质最原始的、最基本的一种本能。

从人的角度讲是心理到身体的一种渴望、满足，是一切物质存在必不可少的需求。一切物质最基本的欲望就是生存与存在。欲望是幸福的敌人，所以知足者常乐。调查表明，不与别人比高低所带来的幸福感是高收入所带来的幸福感的 5 倍。

在欲望的推动下，人不断占有客观的对象，从而同自然环境和社会形成了一定的关系。通过欲望或多或少的满足，人作为主体把握客体与环境，和客体及环境取得统一。在这个意义上，欲望是人改造世界也改造自己的根本动力，从而也是人类进化、社会发展与历史进步的动力。

（二）需要

需要是有机体内部的某种缺乏或不平衡的状态，它表现出有机体的生存和发展对于客观条件的依赖性，是有机体活动的积极性源泉。需要通常以愿望、意向等形式表现出来，它既有生理的也有心理的。作为有机体，人体必须不断补充一定的能量才能生存，如食物、水、空气和睡眠等，因而，生理需要是人类最基本的需要。作为社会成员，人还有求美、求知、交往、尊重、成就等社会性需要。简言之，需要是人的生理和社会的客观需求在脑中的反映，是对某种目标的渴求和欲望。

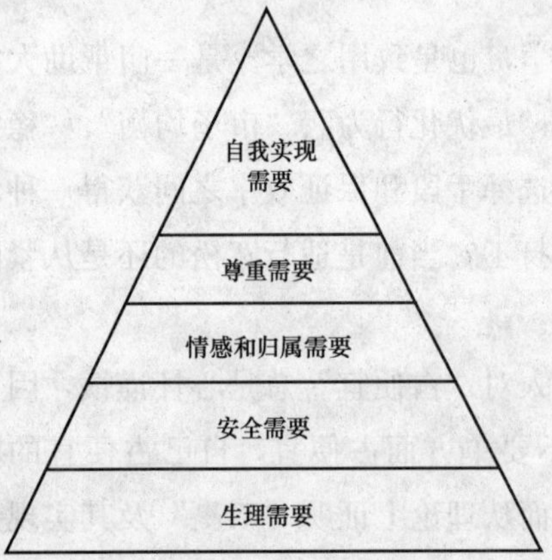

图 1-1-1　马斯洛需要层次理论

（三）马斯洛的需要层次论

马斯洛需要层次理论（Maslow's hierarchy of needs），也称“基本需求层次理论”，是行为科学的理论之一，由美国心理学家马斯洛于 1943 年在《人类激励理论》论文中所提出。该理论将需要分为 5 种，像阶梯一样从低到高，按层次逐级递升，分别为生理需要、安全需要、情感和归属需要、尊重需要、自我实现需要（见图 1-1-1）

各层次需要的基本含义如下。

1. 生理需要

生理需要是人类维持自身生存的最基本要求，包括对以下事物的需要：呼吸、水、食物、睡眠、生理平衡、分泌。

2. 安全需要

安全需要是人类要求对以下事物的需要：人身安全、健康保障、资源所有性、财产所有性、道德保障、工作职位保障、家庭安全。

3. 情感和归属需要

情感和归属需要包括对以下事物的需要：友情、爱情。

4. 尊重需要

尊重需要包括对以下事物的需要：自我尊重、信心、成就、对他人尊重、被他人尊重。

5. 自我实现需要

自我实现需要包括对以下事物的需要：道德、创造力、自觉性、问题解决能力、公正度、接受现实能力。

（四）资源稀缺性

人类社会的基本问题是生存与发展。生存与发展就是不断地用物质产品和劳务来满足人们日益增长的需求。需求源于欲望，而欲望是一种缺乏的感受与求得满足的愿望，人类的欲望是无限的。

人类的欲望要用各种物质产品或劳务来满足。物质产品或劳务要用各种资源来生产。资源是指人们用于生产物质产品和劳务的人力资源、自然资源、资本资源和企业家才能。人力资源即劳动力；自然资源包括土地、矿藏、森林、水域等；资本资源是由以上两种资源生产出来的厂房、设备、原材料等；企业家才能是指管理者对生产活动的组织和协调能力。这些经济资源也被称为生产要素。

一个社会的资源在一定时期总是有限的。经济学所说的稀缺性是指相对于人类的无穷欲望而言资源总是不足的，这种资源的相对有限性就是稀缺性。这里所说的稀缺性不是指资源绝对数量的多少，而是指相对于人类的无限欲望而言，社会用于满足欲望的资源总是不足的，再多的资源也是稀缺的。

稀缺性是人类社会面临的永恒问题，即稀缺性的存在是绝对的，它存在于一切社会和人类历史的各个时期。从现实看，无论富裕的国家还是贫穷的国家，无论富可敌国的富豪还是一贫如洗的难民，都面临着资源的稀缺性，只是稀缺的内容有所不同。所以，只要有人类社会，就会有稀缺性。因此，稀缺性是个既绝对又相对的概念。绝对是指在任何社会和任何时代资源都存在稀缺，无处不在，无时不有。相对是相对于人无穷的欲望而言的，清心寡欲就没有稀缺。

资源稀缺性催生了经济学，经济学研究的基本问题正是由资源的稀缺性决定的。

三、经济选择

经济社会中，选择是指根据现有资源和人们的需要，决定生产的种类、数量，即资源配置和利用问题。资源和物品的稀缺，决定人们不能随意使用资源，不可能逃避，必须作出选择，且必须有效地配置和充分利用资源。一种资源可以用来生产多种产品。人们的需要有轻重缓急，从中进行选择。人们的活动实际上是一个选择的过程或选择的活动。选择了一种行动，其他的就被放弃了；选择了一种战略，其他的战略就不能被执行。当你看书时就不能看电视，而你不去同时做这两件事是因为你的时间是稀缺的。任何物品包括产品、服务或资源都是稀缺的。“非稀缺”的东西要么是免费的，要么是“有害的”，如疾病和垃圾是有害的。人们愿意放弃一些东西以摆脱一种有害物。

经济学的研究是由稀缺性开始，稀缺性意味着必须作出选择。在任何时间，个人、厂商或国家都被赋予了某些资源和能力。人们可以选择自给自足，利用和消费他们自己的资源与产出，或者可以选择与其他人进行商品和服务的交换。选择一种就意味着放弃了另一种，人类社会总是在不断地选择中发展着。经济学是研究人类在面临资源稀缺性的约束条件下，为了最大限度地满足需要而配置资源的选择行为，探讨稀缺资源的有效配置原则或者说选择的一般规律。由此可见，经济学是为解决经济选择问题而产生的，经济学的核心问题离不开经济选择。

四、人类社会的三种物品

根据资源稀缺与否和满足需要的程度可将物品（包括劳务）分为三种。

（一）经济物品

经济物品（Economic Goods）是指用稀缺资源生产出来的相对于人们的需要来说，是有限的物品。也就是说人类必须付出代价方可得到的产品或服务，即必须借助生产资源通过人类加工出来的物品，其数量稀缺。这类物品对个人和社会来说，不能以充足的数量满足人们现有的需要，必须节约使用。在市场上，我们要付的代价就是价格（Price）。我们可以说，凡有价格的物品都是缺乏的，不足够的，所以说经济物品具有正价格的特性。物品之所以稀缺，最终的根源在于用来生产消费品的资源是稀缺的。稀缺的生产资源是指通常所说的生产要素，它们包括土地、劳动、资本和企业家才能。经济资源的价值在于它们可以组合起来，生产出人们希望消费的最终物品和服务。

（二）自由物品

自由物品（Free Goods）是指不受限制、不付代价而可以任意取用的物品，这类物品是由非稀缺资源形成的。相对于人的需要来说自由物品是丰富的，人们对这种物品可以随心所欲地消费而不会影响他人的享用，如风和日丽的春天和迷人的夏日。作为一种景观，自由取用物品的种类是屈指可数的。但也有例外，在不同的情境下，同一物品却可分属不同的种类。例如空气，空气对人非常重要，在空气清新的地区，空气用之不竭，没有人会争取多一点空气，也没有人为之付出代价。空气于是就成为一种免费物品而非经济物品。可在人烟稠密地区，空气污浊，要多一点新鲜空气就变得很现实了。在这样的情况下，新鲜空气就再也不是一种免费物品，而是一种经济物品。

（三）废品

废品相对于人的需要来说，是指没有用或多余的产品或服务。与经济物品相比较，它具有负价格。

做一做

以自身经历为例，举例并分析说明自己所作出的选择是否是经济的。

项目 2　经济学的基本假设

■学习目标

学会用经济学的思维方式进行思考

◇ 熟悉经济学的基本假设。

◇ 培养经济学的思维方式。

学习任务

1　经济学家的 6 张底牌

经济学家讨论社会问题，不同于道德家的说教，更不同于舆论界的宣传，而是强调"分析"二字，着重点明社会现象背后的经济原因。分析，离不开一些基本概念和基本论断，这些东西是经济学家的"底牌"，是他们区别于道德家或政府官员的最明显标志。据我看来，经济学家的底牌并不复杂，大体上有如下 6 张。

黑桃 A——经济人。经济学家认为，人的本质属性，不是"社会人"，更不是"政治人"，而是"经济人"，即为了追求自身经济利益的最大化而"利来利往"的人。其特征有三个：利己，具有充分理性，追求利益的最大化。这听起来有点凉飕飕的感觉，但是试想，如果人人都"毫无自私自利之心"，就像《镜花缘》里的君子国那样，那么社会稳定的平衡点何在？茅于轼认为，人性自私是人类社会之福（大意），这是多数经济学家的共识。所以，经济人理论尽管只是一种假说，却是经济学家们讨论社会问题的前提和基础，是最重要的一张底牌。

黑桃 K——效用与边际效用。效用又叫有用性，即一种物品能够带给消费者的满足度。效用是一种主观评价，因人而异，因时因地而异，有人认为它可以量化，有人认为不能量化。边际效用是一个增量概念，即每增加一个单位的消费所产生的新的效用。边际效用可以是正数也可以是负数，在一个连续的消费过程当中边际效用是递减的。以萨伊为代表的西方政治经济学家认为，效用是一切价值的基础，创造财富的过程实际上就是创造效用的过程。（注意，这一点与中学课本上所讲的政治经济学和劳动价值论有着极大的差别。）财富的创造离不开资本、土地和劳动这三种生产要素，因此，财富的分配也应当按照各种生产要素的贡献率进行分配。党的十六大报告已经明确把"按生产要素分配"与传统的"按劳分配"并列起来，这不仅仅是政治问题和经济问题，也直接关系到道德导向和价值观问题。

黑桃Q——成本与机会成本。成本不限于有形的金钱、物资，还包括时间、精力、知识投入等。干什么事都要计算一下成本，比如学雷锋活动作为一种社会行为（而非个人行为），需要投入大量人力、物力、财力，那么这些成本是由谁负担的？谁会从中获益？收益与成本的比率如何？划得来划不来？等等。一个讲道德的社会，与一个不讲道德只讲法律的社会相比，前者的社会运行成本就要低得多，所以社会提倡讲道德。机会成本，从字面上看，就是指为了获取某一机会所要付出的代价。比如只有十万元钱，买了房子就不能买汽车，那么汽车就是房子的机会成本。日常生活中很多问题可以用机会成本来解释，比如排队等车，早来的人先上，因为人家付出了更多的时间和体力；你想先上也行，但要付给人家一定的补偿。你说这是道德问题也行，说是经济问题也行。

红桃J——博弈论。这一理论本来是制度经济学中公共选择理论的前沿课题，但近年来由于诺贝尔奖和好莱坞大片《美丽心灵》等多方面的影响，约翰·福布斯·纳什的大名与他所创造的“囚徒困境”已经差不多家喻户晓了。博弈者，下棋也，下棋的时候需要根据对手的选择来作出自己的对策，很像经济活动和其他社会活动中人们为了自己的利益而互相切磋、互相牵制、最后实现均衡。通过博弈实现的均衡有两种，一种叫“纳什均衡”（不合作均衡），另一种叫合作均衡。要想实现不合作均衡向合作均衡的转化，公认的办法是，重复博弈、扩大博弈范围、增加信息透明度等。这一理论对于社会制度构建大有用处。比如诚信建设，只靠道德上的呼吁是不行的，只有建立一种连续博弈、终身相随的信用制度，从制度上改变人们从事“一锤子买卖”的社会环境，才有可能做好。

草花A——外部性。一种经济行为给“局外人”带来的影响叫作外部性，多数时候是负面影响，比如造纸厂污染河水，影响了附近渔民的生计；有时候也指正面影响，比如放养蜜蜂造成果园增产。对于负的外部性，需要政府出面干预，如对造纸厂不断增加税收和罚款，直到它觉得出钱改善水质比交罚款更划算为止。这一概念对于讨论社会问题的积极意义在于，它改变了我们对“缺德”行为的认识角度，并提供了从经济角度解决败德问题的思路。“非典”期间，北京一些有良心的餐馆老板对属下员工不辞退、不减薪、不放假，自己付出很大代价，却给社会造成了良好的外部性。对此等义举，政府就不应该视而不见。

红桃K——市场失灵与信息对称。当交易的一方无法观测另一方的行动，或无法获知另一方的完全信息，抑或观测、监督和获取对方信息的成本过高的时候，就会出现市场失灵，造成“优汰劣胜”、次品驱逐优等品；扩展到道德领域，就是老实人吃亏、奸猾之徒占便宜。解决之道，是建立“委托代理模式”，委托人自由选择代理人，由代理人负责了解信息、处置情况。诸如承包制、证券监理制、保险代理制、效益工资制等，都是为了解决信息不对称导致败德行为这一难题而进行的制度设计。当前讨论颇多的政府公信度问题，也可以运用这一理论进行分析。

以上6张牌，都是最常见、最容易上手的牌，经济学家们会使，你我之流经过学习也能使。戏法人人会变，道德人人能谈，只要把经济学家的底牌看清记牢，我们也有机会像教授一样侃侃而谈的。

资料来源：经济学家. 人教论坛. 2003-6-14

请思考：

1. 你如何看待经济学家的6张底牌？

2. 如果你也有了一样的底牌，你会怎么分析当前社会中“醉驾入刑”的利弊？

2 经济学家的思维习惯

牧师、心理学家和经济学家三个人去打高尔夫球。开球后，他们排在了两个动作非常缓慢的人身后。尽管球童不断地给他们捡球、摆球，这两人动作仍然非常缓慢。

到了第8个洞时，这三个人实在忍无可忍，开始大声抱怨。牧师说：“圣母玛丽亚，我祈祷他们在下一次打球时应吸取点教训，长长经验。”心理学家说：“我坚信有人喜欢慢慢地来玩高尔夫球。”经济学家说：“真没想到，打一轮高尔夫球要用这么长时间。”

到了第9个洞时，前面两个人还是老样子，动作慢吞吞的。于是，心理学家走到球童面前，要求允许他们先打。球童迟疑了一下说：“好吧！”然后解释说：“不过这两个打球的人有些与众不同，他们是盲人，是两个退休的消防员，在一次火灾中因救人导致双目失明，所以他们打球的动作才会如此缓慢。”球童解释完后，请求这三个人不要如此大声抱怨。听过解释后，这三个人非常震惊。牧师很难过，忏悔道：“作为神职人员，我竟然大声诅咒两个盲人的动作迟缓！”心理学家也很懊恼地说：“身为心理学家，本该为他人扶危解困，但我竟然对两个盲人如此出言不敬！”这时，轮到经济学家发言了。经济学家沉思片刻，走到球童身边：“听着，给你一个建议，下次请让盲人在夜间打球。”

资料来源：龚华平，范永坤. 经济学中没有上帝. 北京：中国时代经济出版社，2006

请思考：

1. 经济学家的思维习惯是什么？

2. 经济学研究的根本问题是什么？

读一读

经济学是建立在严格的前提假设基础之上的，这些假设体现在经济学内容的各个方面，是经济学的基本立足点。

一、经济人假设

经济人”有两个特性，“利己”和“理性”。

“利己”指人总是追求自身利益的最大化。在经济生活中，人在努力获得最大利益的同时还会尽量减少所付出的经济代价。人的“利己”特性不难理解。在原始社会，人总是要尽量占有更多的食物，追求更舒适的生活环境。这种为求自保和繁衍的本能便形成了人的“利己”特性。有一点要注意的是，“利己”是人会追求自己所认定的利益或目标，而在别人眼里可能是无稽或可笑，或可悲的选择。

“理性”指人能思考，会思考，在特定的条件下，经过思考后作出最能最大化其利益的行为。“利己”特性是人与动物共同具备的特性，而“理性”则是人区别于动物的特性。值得注意的是，经济学中的“理性”指在要作出决定的那个时点上，人是有思考分辨能力的。人只要是综合思考当时的各种条件后作出的决定，就说他是符合“理性”的，哪怕事后看来他的决定是错误的。因为，“事后”已是另一个时点，人所具备的信息已不同于事前了。“事后诸葛亮”只是因为他占有了更多的信息，而不是说他一定就比当事人聪明。理解了这一点，以后我们看到别人的错误决定，应该知道导致这种错误行为的主要原因是当事人信息不完全，而不是他智力低下。经济社会中的理性人是在给定的约束条件下争取自身的最大利益。这些约束条件包括：法律、政策、预算、技术条件、价格等。由于欲望无限和资源稀缺的矛盾，人的自利性就不可避免地存在。承认人的自利性是一种现实、负责任的态度，只有这样我们才能组织好经济活动。从组织社会生产活动的角度来看，合法的理性自利是社会进步、经济发展的动力。邓小平同志讲过，承认个人的物质利益是调动人们积极性的一个重要方面。承认“自利性”不等于放纵它，也不等于“自利”一定要“损人”；相反我们还要约束它，追求个人或局部利益时不得违反公共利益。在法律、政策等约束下的自利与损害他人的自利是有区别的，前者要保护，后者要反对。经济学家相信：在一个法制社会，只要保证严格的法律和秩序，每个人在追求自身利益的同时，也就是在为社会利益服务，即“主观为自己，客观为别人”。不仅如此，自利性的个人效用最大化既包括物质上的满足也包括精神上的满足。

二、选择的自由性

自由选择是市场经济的本质特征，生产什么？为谁生产？如何生产？怎样交换？在经济上都是自由的。当然，自由选择的前提是自愿，动力是互利。双方互利才会自愿，自愿的选择才是自由的。当你遇到强盗，他对你说："要钱还是要命，你选择一个。"显然这不是自愿的，更不是互利的，因而也就是不自由的。自愿不仅体现在自由选择上，而且还要体现在自愿遵守双方的选择上。换言之，要自愿地把自己约束在自愿建立的契约关系中，这就是义与利的统一，即互利与自利的统一。

为使自利与互利更好地结合起来，这一目标通常通过激励来实现。一个人做的每一件事都会涉及利益与代价，即收益与成本，只要二者不相等，就存在激励问题。收益大于成本时，就会选择做且做好这件事，反之就不会选择。从这个意义上看，选择也是与激励相联系的，自利与互利相结合在经济学上称为"激励相容"。

三、信息的不完全性

市场机制的一个基本内容就是分散化决策（或选择），而决策或选择的重要依据之一就是信息的完全性。在经济行为上，人们要作出选择，应该尽可能地了解或熟知相关的信息，并且还要知道这一选择的机会成本。事实上人们是不可能掌握完全信息的。首先是因为经济活动本身的不确定性，而人们不可能准确地预测到偶然性、随机性的信息，所以决策是有风险的。其次，正因为人们在决策时不可能掌握所有的信息，市场经济则更强调分散化决策，即倾向于由更微观的经济主体自行决策、自主选择，并主张采用激励机制这种间接控制的分散化决策来促进人们做决策者想做的事，以实现决策者想达到的目标。

四、机会平等性

追求平等是一个理想社会想要到达的目标，但平等只能简单地视为"结果平等"。因为这种平等对于具有自利行为的人类社会而言又会产生低效率，而低效率的结果又会使平等更加难以实现。那么在什么意义下的平等能与经济效率一致呢？经济学认为，只有用机会平等作为价值判断标准才能实现二者的统一。所谓机会平等就是不能有任何障碍影响每个经济人运用自己的能力追求并实现自己的目标，也就是人们常说的"在上帝面前人人平等"，尽管人们存在许多差异，但都有自由选择职业、工作、投资等的权利。

平等与效率不仅表现在单个经济人甚至是个人方面，还要体现在整个社会。一个企业有效率不等于行业有效率，行业有效率也不等于整个社会有效率。但反过来，整个社会有效率一定意味着行业、企业、个人有效率。我们常说资源配置是有效率的，是指在给定的资源条件下存在另外的资源配置方案比原有配置方案下得到更多的效率。当然，资源有效配置是平等配置的基础，但是不可能同时达到。

五、外在化效应

外在化效应是指一项政策或制度所产生的使一些人没有任何投入就获得了一定的收益或遭受到了一定的损失。如“墙内栽花墙外香”、工矿企业排污对周边环境的影响等。其中使一些人没有投入却获益的称为外部经济，使一些人没有投入而受损的称为外部不经济。判断一项政策或制度的好坏，不仅要看其内部经济效率如何，而且还要看外在化效应。对于外部不经济，政府应该采取一定的手段使受损者得到补偿，如污染企业对周边环境造成的破坏，应通过行政、经济等方式给受害者以补偿。

判断一项政策或制度的好坏，可以看这项政策或制度实行后是否使所有人都受益。或是使部分人受益，但没有人受损。或是使部分人受益、部分人受损，但受益大于受损。属于以上三种情况的可以认为是较好的或互惠的，经济学称之为互惠基准。而出现与互惠基准相反的情况则是由于信息障碍、交易及其费用障碍、市场缺位等造成的，这说明这项政策或制度需要变革了。

六、最大化法则

世界上存在各种各样的市场经济，有美国的自由市场经济、有德国的社会市场经济，有中国特色的社会主义市场经济等。但所有的市场经济都拥有若干共同的法则，那就是：投资者追求利润的最大化，消费者追求效用的最大化，劳动者追求收入的最大化，政府或宏观决策者则追求稳定、可持续、公平和社会福利的最大化。

做一做

大学里的学生公寓用电量，一般采用按月提供基本用电量，超额部分自行购买，否则就会停电。请抽取10间公寓，了解他们是怎么解决超额电费问题？并加以归纳看能得出什么结论？

项目3　明确选择中的五个基本问题

■学习目标

学会用经济学的思维方式进行思考

◇ 熟悉经济学的基本问题。

◇ 培养经济思维意识。

学习任务

经济制度：市场的角色

任何一种社会经济制度都面临着如何把它既定的稀缺资源有效率地分配使用的问题，但解决这个问题的原则和方式方法差别很大。当前世界上解决资源配置与资源利用的经济制度类型基本上有三种。

(1) 完全自由市场经济制度（Market Economy 或 Free Market），即完全通过市场无形之手的调节来决定生产什么、如何生产和为谁生产。完全自由市场经济通常与纯粹的资本主义制度有关，在这种体制下，土地和资本归私人所有。所有的经济决策由家庭和企业作出，而家庭和企业的行为假定都出于自利动机。他们通过价格机制的激励来作出反应。完全自由市场经济体制在保证充分竞争的同时，也存在着道德缺陷。那就是过于鼓励自利行为，从而导致自私、贪婪和物质之上主义。19 世纪英国的经济制度接近于该模式。

(2) 完全计划经济制度（Command Economy 或 Planned Economy），也叫作中央指令经济，由中央计划来决定资源的充分利用，即通过政府的计划来决定生产什么、生产多少和为谁生产。例如，前苏联和东欧国家、朝鲜、改革开放前的中国的经济制度就比较接近于该模式。该体制的优点是政府可以直接影响分配不公问题。能够说明该制度缺陷的例子很多，这里只举两个就足够了。1989 年，前苏联当局做了一项调查：为什么生产机车发动机的某厂家没有完成计划规定的任务？调查结果是因为生产发动机的工厂没有足够的原料来实现它的目标。但是为什么厂家不能得到足够的原材料？原因又恰恰在于铁路的落后和机车短缺。此例说明了计划经济体制缺乏市场经济那种无形之手的价格反馈机制。缺乏价格反馈机制，靠政府计划有形之手来命令经济的结果往往是短缺经济。在农业中，前苏联政府允许农民拥有一小块自留地，虽然政府限制农民在自留地上的劳动时间，但是具有讽刺意义的是，占前苏联耕地3%的自留地上所生产的农产品却达到前苏联全部农产品的25%。

(3)“混合经济”制度（Mixed Economy）。现实世界中，纯粹的市场经济或纯粹的计划经济并不存在。许多国家的经济制度都是通过市场与计划不同程度的结合来解决资源配置和利用问题。如果市场和计划的优缺点互补，更有利于经济的发展。正如邓小平同志的精辟论述：“计划多一点还是市场多一点，不是社会主义与资本主义的本质区别。计划经济不等于社会主义，资本主义也有计划；市场经济不等于资本主义，社会主义也有市场。计划和市场都是经济手段……”

绝大多数国家是混合经济，但各种混合经济之间也有差别。有一些国家似乎更接近于计划经济（如朝鲜、古巴），而另一些国家和地区则更接近于市场经济（如美国、中国香港）。即便是英国和美国，市场化程度也不同。例如，在英国，大多数的企业是私有的，但国民保健（医疗卫生服务）却是以政府为主来承担的；在美国，医疗卫生服务的私有化程度则更高。

图1-3-1说明了市场在不同国家和地区经济体中所处的角色或市场化程度。

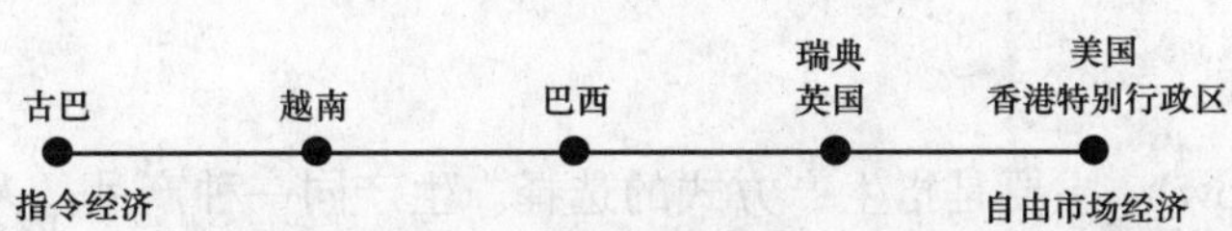

图1-3-1　市场在不同国家所处的角色

资料来源：马春莲，王雅平. 经济学基础. 北京：电子工业出版社，2013

请思考：

请以实例说明我国的经济制度是如何解决生产什么和生产多少？怎样生产？为谁生产？何时生产？谁来决定？这五大基本经济问题的。

读一读

经济学的核心问题是经济选择，经济选择是在资源稀缺性的约束条件下，为了最大限度地满足需要而配置资源的选择行为。这种选择行为离不开人类社会中的基本经济问题，那么社会的基本经济问题是什么？这些经济问题是怎么产生的？解决这些经济问题有哪些可供选择的方式?

一、生产什么和生产多少

生产什么(What),生产多少。用可得到的资源来生产什么产品且生产多少产品?这是社会资源配置的问题。资源是有限的,人们不能生产出自己所需的一切产品,而只能生产那些在当前人们最需要的产品。但是,什么是当前最需要的产品呢?这些产品生产多少最适当呢?这就是生产什么和生产多少的问题。例如,一块地是用来耕种小麦还是办工厂生产电子产品,或者改为高尔夫球场?

美国经济学家萨缪尔森认为,在市场经济中,生产什么是由消费者的“货币选票”决定的。在过去的半个世纪里,消费发生了重要的变化,食物开支下降、医疗费用上升,这种变化的原因何在?需求决定生产,也就是说消费者的偏好在引导厂商生产什么、生产多少。那么厂商怎么了解消费者的偏好呢?偏好是如何显示出来的?一个简便的办法是观察价格的变动,反映供求关系的价格指示着各种商品的紧缺状况,并引导生产。价格,不仅包含了社会成员的偏好和志趣,又体现着不同商品在生产成本上的差异,这是由资源的可得性、技术的成熟程度等因素决定的。价格的变化,既反映了供求关系,又是供求关系的平衡器。

二、怎样生产

怎样生产(How),主要是指生产方式的选择。生产同一种产品,人们可以选择不同的生产技术和生产方式。以纺织品为例,从手工生产(劳动密集型)到机器生产(资本密集型)再到计算机控制(技术密集型),哪种生产方式会被采用,先进的技术密集型生产还是劳动密集型生产?

怎样生产取决于不同生产者之间的竞争。为了应对价格竞争和取得最大利润,生产者的最佳方法便是采用效率最高的生产技术以便将成本降到最低,争取尽可能地获得经济效益和社会效益。因此成本是决定生产方式选择的主要考量。劳动、土地、资本等要素的相对价格在不同地区和国家是不同的,因此,生产同种产品,人们会选择不同的生产技术和生产方式,关键是哪种方式能使产品以最小的成本生产出来,从而实现资本资源的优化配置。

三、为谁生产

为谁生产(For whom)。谁来享用经济活动的成果呢?收入和财富的分配是公平合理的吗？社会产品如何在不同的居民间进行分配呢？我们的社会是否会成为一个富人很少而穷人很多的社会？教师、运动员、工人、IT 精英、企业家，谁应当得到高收入？社会应给穷人提供最低消费保障还是严格遵循“不劳动者不得食”的原则？由于资源的稀缺性必然导致产品的有限性，使得产品不能按照人们的需要或欲望进行分配。那么，社会产品应该按照哪种比较好的方式在社会各成员之间进行分配呢？

当今社会，大部分国家和地区都是多劳多得、少劳少得、不劳不得的分配体制。这也就意味着收入水平高的人可以消费更多更好的商品。例如，在美国，医生的收入是一般非熟练的工人的 10 倍以上。那么，除了教育程度，还有哪些因素影响一个人的赚钱数量？这主要取决于生产要素市场上的供给与需求。生产要素市场决定了工资、地租、利息和利润的水平。收入在消费者之间的分配取决于他们所拥有的生产要素的数量和价格。那么政府的作用应该是什么？如何在效率和公平之间寻找适度的平衡是现代经济学的重要课题之一。

四、何时生产

何时生产（When），是指经济资源利用的时间配置，也就是发展计划问题。因为一国经济资源有限，不能只顾眼前，而必须做好规划，达到可持续发展的目的。

例如，当前国内消费者饱受油荒高价之苦，而中国海上石油资源丰富，但开采需要资金和技术。如果我们与外国合资，马上就可以得到当前急需的石油，但根据合同规定，必须分一半的产量给外国；如果我们一味自力更生，等条件具备时再开采，固然可以获得全部石油，却要以延缓工业化进程为代价。从长远利益出发，中国目前对海上石油资源应该采取何种开发战略？这便是时间配置问题。

五、谁来决定

谁来决定（Who decide）。生产什么、如何生产、为谁生产、何时生产这四个问题，究竟由谁来决定呢？是政府说了算，还是市场说了算？这就是经济制度问题。

做一做

以学校周围的某一店面或自身比较熟悉的行业中的某一项目，按选择中人们面临的五大基本问题来分析其决策的过程。

项目 4 合理配置稀缺资源

■学习目标

树立合理配置资源的观念

◇ 掌握机会成本、生产可能性曲线等的基本概念。

◇ 了解合理利用资源应解决的问题。

◇ 能运用理论知识对自身所面临的问题作出合理选择。

学习任务

1 选择饼干还是方便面

一家食品公司同时生产饼干和方便面两种产品。临近年末，公司开始制订明年上半年的生产计划，该怎样筹划呢？我们知道公司的资源（如工人、机器、厂房、资金等）是有限的，怎么有效地利用这些资源生产，使得公司取得最大赢利是问题的关键。如果调动所有资源，单去生产饼干或者方便面，各自都会有一个最大的生产值。但是，公司不可能光去生产一种物品，而忽略另一种物品，饼干和方便面都有各自的市场，放弃任何一种产品，公司都会失去订单。所以，管理者们商讨的核心就是怎么确定饼干和方便面之间的产量关系。

资料来源：张立娟，王彩霞. 每天学点经济学. 北京：金城出版社，2009

请思考：

如果你是一位高层管理者，你将如何阐明你的决策？

2 研究生擦皮鞋是理智的吗？

几年前，成都某两所高校的几名研究生联合起来开办了一家据称是“国内第一家由研究生开设”的擦鞋店。这一招牌吸引了不少顾客，开业头一天就赚了300多元。然而此举同时引起激烈争议，有人尖锐地对此提出质疑，认为擦鞋是一项工作，固然无可厚非，然而这样太影响平时的功课，耽误了正事用于擦鞋，实在得不偿失。

资料来源：张立娟，王彩霞. 每天学点经济学. 北京：金城出版社，2009

请思考：

抛开人们的争议，设想以经济学的眼光，该如何看待这件事情呢？

读一读

一、经济学中几个重要的成本概念

成本是指厂商生产产品或提供劳务时对使用的生产要素所做的支付。经济学家认为，经济学是研究一个经济社会如何对稀缺的经济资源进行合理配置的问题。

（一）显性成本与隐性成本、会计成本

1. 显性成本

显性成本是指厂商购买或租用生产要素所花的费用。这类成本通常与资金的实际流动相联系。例如，厂商在进行生产的时候需要雇用劳动者，就要支付给劳动者工资薪金；向别的厂商购买机器设备和原材料，就要支付机器设备和原材料费用；向土地所有者租用土地，就要支付地租；向银行借取贷款，就要支付利息等。这些费用作为成本项目都记录在会计的账簿上，叫作显性成本。

2. 隐性成本

隐性成本是指厂商自己提供的资源所应该支付的费用。这种费用应该支付，但并没有实际支出，也就没有反映在账目上。例如，作为成本项目记入账上的厂房、机器等固定设备的折旧费，厂商的所有者自己投入的资金的利息，企业主为该厂提供的劳务应得的薪金，企业家才能的报酬等。这部分成本在会计账簿上没有记录，故称为隐性成本。隐性成本常被叫作“正常利润”。

3. 会计成本

会计成本指的是厂商在生产中按市场价格直接支付的一切费用。这些费用一般要反映到厂商的会计账目上去，是企业已支出的货币的记录，因此也叫作历史成本。

会计成本的不足：

(1) 会计成本往往只能说明过去，不能说明将来。

(2) 会计成本往往含有一些人为的因素。

(3) 会计成本不能准确反映厂商生产的实际代价。

（二）机会成本与沉没成本

1. 机会成本

机会成本是指将资源用于某一用途而放弃的其他用途中可能给决策者带来最高收益的那项用途所产生的收益。例如，一个学生毕业时面临三种方案：方案 A——读研究生继续

深造；方案B——到政府部门做公务员；方案C——到月薪5000元的公司上班。假定这个学生决定选择方案A读研究生，那么，他读研究生的机会成本是“方案B”还是“方案C”呢？这就取决于他对“方案B”还是“方案C”的评价。如果他认为“到政府部门做公务员”价值高于“到月薪5000元的公司上班”，其读研究生的机会成本就是“方案B”；反之，其读研究生的机会成本就是“方案C”。在这种情况下，机会成本表现为一种“次佳选择”。如果人们作出一种选择时放弃的其他选择之间具有高度的相关性，那么，在确定这种选择的机会成本时，就不能是“次佳选择”，即不能是所放弃的选择中评价最高的那种选择，而是放弃的所有选择的总和构成了机会成本。比如，假定你作出了上大学的选择，在4年里你就放弃了很多：工作收入5万元，额外的住宿费用1万元，学杂费1万元。在这里你上大学的机会成本是多少呢？不是5万元，而是7万元，其中5万元是隐性成本，2万元是显性成本，但它们都是机会成本。

资源的稀缺性要求人们根据机会成本的最小化原则来选择资源的用途。机会成本实际上是一种选择成本，它是因选择行为而产生的成本。机会成本概念对分析资源的有效配置具有重要作用。机会成本的概念不仅适用于生产的选择，也适用于消费的选择。如手中的200元钱可以买衣服，也可以买书，如果必须要在两者之间进行选择，不同时期对不同的决策者来说所面临的机会会有所差异。一个城市将有限的土地用于大量兴建工厂就会造成绿地数量有限，市民就要付出被动接受污染的代价，甚至可能需要去购买矿泉水或是去就医。

机会成本的含义解释了厂商在使用非购买得到的要素时，表面上并没有支付的“隐性成本”会成为成本的组成部分的原因。厂商将自己拥有的要素投入到生产中，放弃了将这些要素卖给他人所能得到的收入，因此，使用这些要素理所当然地要求得到相应的报酬。显然，与“正常利润”等价的“隐成本”这个概念，具有产品得以被生产出来所必须支付的代价的含义，即具有成本的含义，理性的厂商在决策的时候，必然会考虑到它。

2. 沉没成本

已经发生而无法收回的成本叫作沉没成本。与机会成本在决策中应该被考虑相反，沉没成本在决策中应该被忽视，因为它的机会成本等于零，它已经无法收回，再也没有其他用途。

（三）私人成本与社会成本

1. 私人成本

私人成本是从生产者角度所考虑的成本，生产者按市场价格支付的一切费用。

2. 社会成本

社会成本是指整个社会为某种资源配置和使用所支付的成本。

由于私人成本与社会成本往往不一致，特别是在私人厂商的经济活动导致社会成本的额外增加时，政府会采取某些公共政策加以补救，私人厂商可能因此被要求支付除私人成本以外的相应费用。

二、经济制度

经济学对资源配置和利用的研究必然涉及人与人之间的生产关系问题，即经济体制问题。因为资源的配置和利用总是在一定的经济体制或经济制度下进行的，在不同的经济制度下，资源的配置与利用的方式和结果常常不同，结果的不同反过来又成为检验不同经济体制优劣的一种重要的客观标准。

（一）自给自足经济体制

每个家庭或每个村落生产它们消费的大部分产品的经济体制为自给自足经济体制。在该体制下，生产什么和生产多少及怎样生产主要通过习惯、本能、民主协商或家长专制来决定，为谁生产的问题由契约解决。这种经济体制的效率比较低。

（二）计划经济体制

计划经济体制的特征是公有制与集中决策。社会资源主要由政府占有，四个基本经济问题由政府通过指令性计划解决。这种经济体制存在技术与激励两方面的弊病。

在现有的技术条件下，由于社会供求信息十分繁杂且瞬息万变，人们无法制订正确的能够将整个社会的供求衔接好的计划。由于计划赶不上变化，按计划生产必然导致供过于求与供不应求的弊病。更严重的是，这种体制缺乏有效的激励机制，使得即使当局制订出了科学的能够很好地衔接供求的计划，也无法保证人们能够按照计划进行生产。因此，在计划经济体制下，资源的配置必然缺乏效率。

（三）市场经济体制

市场经济体制的特征是私有制与分散决策。在市场经济体制下，社会资源主要由私人占有，生产什么、如何生产、为谁生产和积累率的高低由私人决定。市场经济体制较好地避免了计划经济体制下的两大弊端，但又产生了市场失灵、分配不公和资源不能充分利用等弊病。

（四）混合经济体制

当今，所有社会的经济体制都是既带有市场成分又带有计划成分的混合经济体制。混合经济体制的优点在于能够避免单一经济体制中不可避免的弊病。

三、资源利用要解决的问题

资源利用是关系到全社会的经济问题。由于资源是稀缺性的，所以就必须考虑资源的使用效率的问题。因此，资源利用就是人类社会如何更好地利用现有的稀缺性资源，使之生产出更多的物品。

资源使用效率的问题主要涉及三个方面的问题：

（一）稀缺性资源是否得到充分利用的问题。

即一般所说的“充分就业”问题。

（二）在资源既定的情况下为什么产量会有变动的问题。

即所谓产量不能始终保持在生产可能性曲线上的问题。社会的生产能力有时会倒退，如何才能不断地扩张社会生产能力？也就是一般所说的“经济波动与经济增长”的问题。

（三）货币稳定性的问题。

即一般所说的“通货膨胀与通货紧缩”的问题。现代社会是一个以货币为交换媒介的商品社会，物价的变动对资源配置与利用所引起的各种问题的解决影响都很大。物价水平过低会导致资源利用不足、失业增加，造成通货紧缩问题；物价水平过高可能导致资源利用过度，造成通货膨胀问题。因此，经济学研究资源的充分利用，就必须涉及货币购买力的变动，即如何实现物价稳定的问题。这个问题指的是政府的调控问题。

四、资源配置的两个经济模型

经济模型就是经济理论，是人们对某种经济事件的本质性的描绘和说明。它是对现实经济问题经过抽象简化而得到的理论。它一方面与经济现实保持大致相同的关系，另一方面又使问题简化，便于深入分析和应用。

（一）生产可能性曲线

生产可能性曲线也叫生产可能性边界，它表示一个经济社会在一定的技术条件下，充分利用既定的社会资源所能生产的各种商品的最大数量的不同组合。

为了简化起见，假定用既定的资源和现有的技术生产食品和服装这两种产品，两种产品的产量必存在一种此消彼长的关系。假定全部资源用来生产食品，可生产 100 单位；全部用来生产服装，可生产 40 单位。在这两种极端的可能性之间，还有其他各种组合。具体情况如表 1-4-1 所示。

表1-4-1 生产组合

生产组合	食品	服装
A	100	0
B	98	5
C	94	10
D	88	15
E	80	20
F	70	25
G	58	30
H	44	35
I	0	40

将表1-4-1中的各种组合绘制到一个坐标系中，就得到了一条生产可能性边界(AI)，如图1-4-1所示。在表1-4-1和图1-4-1中，由A～I的九个点表示的生产组合在经济学上都是有效的组合，这些点共同反映了稀缺性规律：要增加食品的生产就必须减少服装的生产，或是要增加服装的生产就必须减少食品的生产。比如，由A～B的变化，增加5单位服装是以减少2单位食品为代价的，也是就说1单位服装的机会成本是0.4单位食品；而由E～F的变化，增加5单位服装是以减少10单位食品为代价的，这时1单位服装的机会成本变成2单位食品。这说明随着服装生产的增加，其机会成本是递增的。

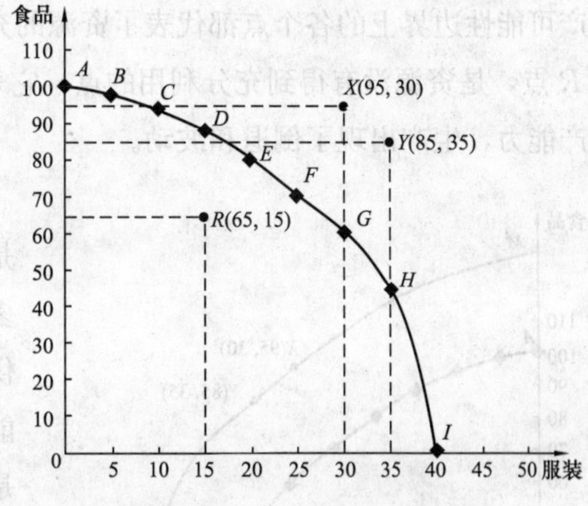

图1-4-1 生产可能性边界

既然由A～I的九个点表示的生产组合在经济上都是有效率的组合，人们到底应选择哪一点就是资源配置所要解决的问题。

在图1-4-1中的生产可能性边界上越靠近A点，说明生产的食品越多，越靠近I点，说明生产的服装越多，而由A～I的变化反映了服装不断增加，食品不断减少的趋势。在市场经济中通常是通过价格机制的调节，实现资源的最优化配置的。在这里就是通过食品和服装的价格的变化，决定生产组合落在哪一点。这就是“生产什么”的问题。

生产可能性边界背后隐含了资源投入的情况。食品和服装是由投入的各种资源生产的，比如资本和劳动，在生产食品和服装的过程中是多用资本（资本密集型）还是多用劳动（劳动密集型），也要通过价格机制来调节，通常尽量选择那些价格相对便宜的要素。这就是“如何生产”的问题。

生产可能性边界背后还隐含了收入的分配情况。既然食品和服装是由投入的各种资源生产的，那么，生产的成果就应该在各种要素的所有者之间进行分配。收入分配就是价值意义上的产品的分配，在市场经济中仍然是通过价格机制的调节完成的。各种资源的所有者就是各种生产要素的所有者，通过生产要素市场的均衡确定生产要素的价格，各生产要素的所有者就得到了其收入的份额。这就是“为谁生产”的问题。

“社会的生产能力为什么有时会倒退”，这是经济的波动问题。在市场经济条件下，经济呈现周期性波动是客观存在的事实。经济学就是要研究这种规律。在图 1-4-1 中，在生产可能性边界上的各个点都代表了资源的充分利用，而在生产可能性边界内部的点，比如 R 点，是资源没有得到充分利用的点，它表示在现有资源和技术条件下，没有充分发挥生产能力，生产出现了倒退和波动。

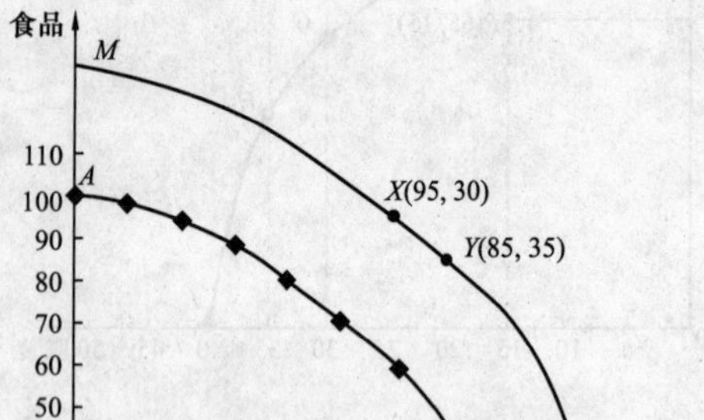

图 1-4-2　生产可能性边界的移动

“如何才能不断地扩张社会的生产能力”是经济增长的问题。人们不断改善生活需要更多更好的产品，只有实现了经济增长，才能提供更多更好的产品。在图 1-4-1 中的生产可能性边界之外的那些点，比如：X 和 Y 点，都是在现有资源和技术下不能达到的点，但通过利用更多的资源和更好的技术，生产能力扩大了，会导致整个生产可能性边界向右移动，形成图 1-4-2 中新的生产可能性边界（MN）。这样就实现了经济增长。

“谁来协调全社会的生产的稳定和发展”是政府对经济的调控问题。政府通常利用财政政策、货币政策、收入政策等手段实现对经济的调控。政府通过对经济的调控以避免在图 1-4-1 中生产可能性边界上的点退回到 R 点，发生经济的波动，并尽可能引导图 1-4-2 中生产可能性边界由 AI 向 MN 移动，实现经济增长以及国内经济的稳定和对外经济的协调。

归纳起来说，生产可能性曲线可体现如下问题。

1. 生产可能性曲线可说明3个概念

资源稀缺性：边界以外无法达到的组合意味着资源的有限性。

资源选择性：边界线上各种组合的存在意味着选择的可能性。

机会成本：曲线向下倾斜意味着机会成本，要想获得多一些 A 产品必以放弃或牺牲 B 产品为代价。（选择成本：作出一项决策时所放弃的另外多项决策中的潜在收益最高的那个决策的潜在收益）

2. 可说明不同的资源配置取向

AI 曲线上的不同组合代表了不同的选择或资源配置取向。经济不发达，总收入偏低，温饱型人均收入水平，多选 B 点，经济较富裕国家多选 F 点。

3. 可说明抉择的机会成本

生产可能性曲线向下倾斜并呈凸型表明当全部资源都被利用时，要想获得更多的奢侈品，就必须牺牲或放弃更多的必需品，即随着奢侈品生产的增长，其选择成本或机会成本也越来越大。

（二）市场运行图

市场经济是一部复杂而精良的机器，它通过价格和市场体系对个人和企业的各种经济活动进行协调。经济活动包括购买、销售、做工、雇用、制造等许多活动。为了理解经济的运行方式，我们运用图1-4-3市场运行图加以说明。

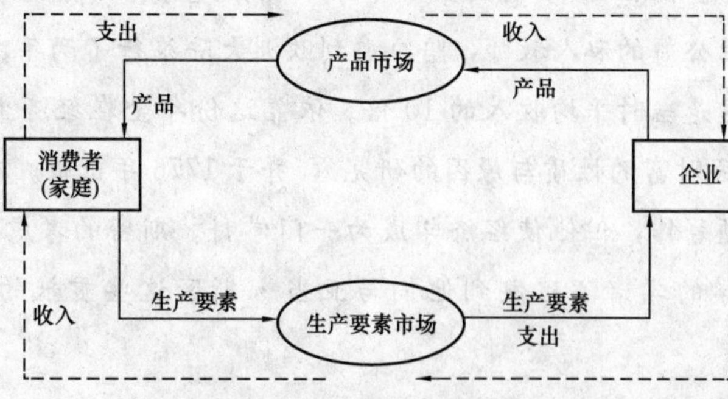

图1-4-3 市场运行图

在市场中，消费者（家庭）和企业（厂商）是决策者，消费者（家庭）和企业（厂商）在两类市场上相互交易，是价格对他们的决策起到了协调作用。在产品市场上，消费者是买者，而企业是卖者。在生产要素市场上，消费者是卖者，企业是买者。消费者通过出售劳动和其他投入品而获得收入，进而去购买企业的物品；企业按所投入的劳动和财产的成本确定物品的价格。产品市场上价格的确定是为了平衡消费者的需求和企业的供给；要素市场上价格的确定是为了平衡消费者的供给和企业的需求。市场运行图提供了一种把消费者与企业之间发生的所有经济交易组织在一起的简单方法。

这里我们可以看到市场经济的循环。在图 1-4-3 上部的产品市场，消费者的支出和企业的收入决策相互作用，共同决定生产什么。在图 1-4-3 的下部的生产要素市场，企业对投入品的需求与公众对劳动及其他投入品的供给相结合，帮助决定工资、租金和利息的支付，收入进而影响物品配送给谁。企业为购买要素投入品和以最低价格出售产品而展开的竞争，解决如何生产的问题。

做一做

以自身经历为例，分析上网打游戏或看小说的经济学。

■补充资料

1. 亚当·斯密——微观创始人

亚当·斯密是一位对伦理学、法理学和经济学都作出过贡献的大学者。他 1723 年出生于苏格兰爱丁堡附近的一个小渔村克尔卡迪，斯密是该镇一个海关官员（他在斯密出生之前去世）的唯一儿子。他在 28 岁时的第一个学术职务是哥拉斯格大学逻辑学教授。他后来成为富有的苏格兰公爵的私人教师，陪公爵到欧洲大陆旅行了两年，此后他获得了一年 300 磅的年金——这是当时平均收入的 10 倍。依靠这份年金在经济上的保障，斯密用 10 年的时间写作《国民财富的性质与原因的研究》，并于 1776 年出版。在亚当·斯密之前有许多人写过经济问题著作，但他使经济学成为一门学科。斯密的考虑如此广泛和权威，以至于以后研究经济学的学者不追溯到他们与亚当·斯密这些贡献的联系就无法推进思想。

2. 凯恩斯——现代意义上的宏观创始人

约翰·梅纳德·凯恩斯 1883 年出生于英国，他是 20 世纪杰出的思想家之一。他写出了概率论与经济学著作，作为英国的代表参加“一战”结束时的凡尔赛和会，是国际金融市场上的投机高手（他很早就进行这项活动，而且，这种活动使他大赚大赔），并在国际货币基金的创建中起了显著作用。他是布伦斯百里集团的成员，这是一个杰出艺术家和作家的小圈子。他是一个有争议而机敏的人物。曾经有一种批评抱怨：凯恩斯在一些重要问题上向自己的观点挑战，凯恩斯对此的回答是："当我发现错了时，我就改变我的观点，你怎么做呢?"

3. "稳中求进"是符合经济发展规律的选择

投资有所回落，PPI又创新低，出口大幅"跳水"……随着2013年5月宏观数据出炉，"中国经济增长趋缓"再次引发各类解读，部分人担忧加重，呼吁赶紧动用降息、降准等刺激工具的声音不绝于耳。

一个有着13亿多人口的大国，肯定需要保持一定发展速度。但中国今天的经济总量和对比基数，跟10年前、20年前、30年前已经完全不同。作为世界第二大经济体，在全球经济依旧很不景气的大背景下，7%～8%的增长区间是较高的，也是符合客观现实和经济规律的。而曾经那种两位数以上的超高增速，不但不可能维持，也没有必要去维持。硬拿"起飞"阶段的数字和方式去要求现在的一切，显然不合理也行不通。

更重要的是，正如出口数据骤然下滑主要是集中打击热钱套利、挤干"水分"的结果，中国经济适当放慢脚步很大成分上也是一种清醒的主动选择。习近平主席曾指出，经济增速再快一点，非不能也，是不为也。宁愿"有所不为"，恰恰是为了在更重要的方面多有作为。这些年，中国经济高歌猛进，但始终未能摆脱粗放式增长的阴影。只顾埋头生产而创造力不足，盲目扩大投资而产能过剩，一味追求数字增长而忽视资源透支、环境污染、生态破坏，等等，由此累积的风险、造成的被动越来越突出。可以说，当前，继续强调"稳中求进、稳中求好"，就是要卸下不必要的包袱，集中精力解决深层次矛盾，让质量优先、效益优先、可持续增长优先最大程度兑现，一步步打造中国经济升级版。

作为逆周期政策选择，大规模经济刺激措施往往需要付出很高的额外成本。一段时期以来，由于流动性过于充裕，"耍钱"的金融行业赚得盆满钵满，房价节节攀升市场投机泛滥，而干实业的没利润、中小企业难贷款的状况十分严重，"脚踏实地、勤劳创业、实业致富"的社会氛围受到了侵蚀。如此情形下，那些敏感的刺激工具更不宜轻动、常动。产业空心化的隐患，通货膨胀的焦虑，更需稳定的宏观政策环境来消弭。这意味着，即使在美日等竞相发钞的泡沫中，我们也要拧好流动性龙头，通过激活货币信贷存量来谋发展，特别是支持实体经济的发展。

中国经济走到现在这个阶段，要回答的根本问题，是自身的核心竞争力到底在哪里的问题。客观而言，时至今日，许多过去我们的传统比较优势在慢慢消失。愈发频繁的贸易摩擦，比如近日中欧光伏争端，其间固然有欧盟的短视自私，却也结结实实为中国许多产业敲响了警钟。发展，不能寄望在别人身上，如果产品技术含量不高、可替代性强，如果国内市场不能加速扩大，中国就会一直陷于辛苦而被动的位置，崛起的潜力就会枯竭。稳中求进，不仅是为了免于大起大落，更是要利用经济减速的时间窗口，倒逼技术创新、扩大内需，让增长引擎为之一新。

资料来源：北京日报，2013-6-14

■思考与练习

一、填空题

1. 简而言之，________是研究效用变换效率的科学。
2. ________是指社会拥有有限的资源，不能生产出人们想要的所有物品与劳务。
3. 经济学的核心问题是________。
4. 微观经济学的研究对象是________，解决的问题是________，中心理论是________，研究方法是________。
5. 宏观经济学的研究对象是________，解决的问题是________，中心理论是________，研究方法是________。
6. 微观经济学的均衡是指________________。
7. 局部均衡分析是指________________。

二、选择题

1. 说“资源是稀缺的”是指（　）。

   A. 穷人比富人享受的物品要少

   B. 资源必须保留给下一代

   C. 相对于资源的需求而言，资源总是不足的

   D. 世界上的资源最终将由于生产更多的物品和劳务而消耗光

2. 经济学的基本假设不包括（　）。

   A. 经济人假设　B. 选择的自由性　C. 最大化法则　D. 资源的稀缺性

3. 人是“自利的理性人”是指（　）。

   A.“恶本好利”的天性　B. 只为自己的利益而不考虑他人或社会

   C. 个人物质上的效用最大化　D. 是在给定的约束条件下争取自身利益

4. 经济学可定义为（　）。

   A. 政府对市场制度的干预　B. 企业赚取利润的活动

C. 研究稀缺资源如何有效配置的问题　　D. 个人的生财之道

5. 边际量就是（　　）。

A. 总量的变化率或一阶导数

B. 变量在变化过程中，最后一个单位的变动所引起的增量

C. 是平均量

D. 以上都对

三、判断题

1. 穷人存在稀缺性而富人不存在稀缺性。（　　）

2. 为谁生产是资源配置在产出方面的反映，生产什么、生产多少、如何生产则是资源配置在投入方面的反映。（　　）

3. 生产可能性曲线的边界线上各种组合的存在意味着选择的可能性。（　　）

4. “垄断厂商获得了超额利润，它们应该上缴额外利润税。”这是规范分析。（　　）

四、问答题

1. 为什么说边际分析是微观经济学的基本分析工具？

2. 生产可能性曲线可以体现什么问题？

3. 如何理解选择是自由的？怎样使自利与互利相结合？

4. 在你自己的家庭中，生产什么、如何生产和为谁生产的问题是如何解决的？

模块 2

掌握客观存在的市场规律

■学习目标

◇ 使学生通过本模块的学习，熟悉供求理论、弹性理论、市场及其价值规律等基本概念，掌握市场均衡价格的决定，并能运用相关知识进行市场开拓。

■培养的职业能力

◇ 培养市场调研能力。

◇ 提高市场经济现象分析能力。

◇ 加强团队协作能力。

项目 1　市场调研

项目 2　市场与市场机制

项目 1 市场调研

■学习目标

运用所学理论进行市场调研

◇ 掌握需求、供给、弹性等基本概念及影响因素。

◇ 熟悉供求理论、均衡价格的形成及其对现实经济生活的影响。

◇ 运用相关理论知识进行市场调研分析。

学习任务

挂专家门诊号为什么这么难?

看过病的人都知道，在一些名牌医院挂专家门诊号很难。但价钱倒不贵，北京协和医院治疗门诊的最高价格为 14 元，这是政府规定的专家门诊的最高价格。这种政策的目的是保证穷人也能找专家看病，但它引起了什么后果呢？由于价格低，无论大病、小病，人人都想看专家门诊，但专家看病的积极性并不高。这样，供给量小于需求量，存在短缺。在存在短缺但价格又不能上升的情况下，解决供给小于需求的方法有三种：配给（由医院决定给谁）、排队和黑市。黑市交易是票贩子和病人之间的交易。票贩子是一批以倒号为业的人，他们或拉帮结伙装做病人挂号，或者与医院有关人员勾结把号弄到手，然后以黑市的均衡价格（如 100 元）卖给病人。尽管公安部门屡次打击票贩子，但由于丰厚的利润，票贩子屡禁不止。医院为了对付票贩子，实行了持身份证挂号的实名制看病，但仍没有解决问题，变化只是票贩子由卖号变为卖排队的位置。可见只要存在限制价格，短缺就无法消除，票贩子绝不会消失。

票贩子的存在既损害了病人的利益，又损害了专家的利益。病人不得不付出高价，这种高价又不由专家所得。限制价格 14 元是医院得到的价格，病人却付出了 100 元，其间的差额 86 元就归票贩子及提供号的人所得。政府有关部门制定限制价格的意图也许是为了维护消费者的利益，实际上却损害了消费者的利益。

资料来源：梁小民．微观经济学纵横谈．上海：三联书店，2000

请思考：

从经济学的角度分析，如何消除票贩子的贩票行为，维护消费者利益？

读一读

你可以使一只鹦鹉成为一个经济学家，但前提是必须让它明白什么是“供给”和“需求”。

——保罗·萨缪尔森

一、需求

（一）需求与需求量

1. 需求的含义

需求是指消费者在某一特定时期内，在每一价格水平下愿意并且能够购买的某种商品的数量。理解需求的概念时应该注意的是，需求是指既有购买欲望又有购买能力的有效需求，缺少任何一个条件都不能算作需求。

例如，某村有100户居民，居民对洗衣机的需求量是每户一台，但在一定的价格条件下，只有五分之一的居民对购买洗衣机有支付能力，那么，该村对洗衣机的需求就是20台，而不是100台。

2. 需求量的含义

需求量指在一定时期内和一定的条件下，消费者愿意并能够购买的某种商品的数量。在这里“一定条件”是假设影响需求量的因素不变。需求量与需求的关系是个别与整体的关系。需求量是一个确定的量，而需求是不同条件下需求量的集合，描述的是需求量与价格的关系。

3. 影响需求的因素

一种商品的需求数量是由许多因素决定的。其中主要的因素有：该商品的价格、消费者的收入水平、相关商品的价格、消费者的偏好和消费者对该商品的价格预期等。它们各自对商品的需求数量的影响如下。

(1) 商品的本身价格。一般说来，一种商品需求量的多少与商品的价格呈反方向变动，商品的价格越高，该商品的需求量就会越小。反之，价格越低，需求量就会越大。

(2) 消费者的收入水平。对于多数正常商品来说，当消费者的收入水平提高时，就会增加对商品的需求量。相反，当消费者的收入水平下降时，就会减少对商品的需求量。

(3) 相关商品的价格（互补品价格，替代品价格）。当一种商品本身的价格保持不变，而和它相关的其他商品的价格发生变化时，这种商品本身的需求量也会发生变化。相关商品包括互补品和替代品。当一种商品的价格提高，其互补品的需求量就会减少。相反，价格降低，其互补品的需求量就会增加，如钢笔和墨水。当一种商品的价格提高，其替代品的需求量就会增加。相反，价格降低，其替代品的需求量就会减少。例如，当大米的价格不变而面粉的价格上升时，面粉的需求量会减少，而其替代品大米的需求量就会增加。

(4) 消费偏好。由于广告宣传、新产品出现等原因，消费者的偏好可能发生变化，从而影响商品的需求量。当消费者对某种商品的偏好程度增强时，该商品的需求量就会增加。相反，偏好程度减弱，需求量就会减少。

(5) 政府的政策。政府是鼓励消费还是抑制消费也会影响需求量。

(6) 消费者对商品的价格预期。当消费者预期某种商品的价格在下一期会上升时，就会增加对该商品的现期需求量。当消费者预期某商品的价格在下一期会下降时，就会减少对该商品的现期需求量。

（二）需求的表示法

1. 需求函数

在市场上，影响某种商品需求量的因素很多，概括起来主要有：该种商品的价格，相关商品的价格，消费者的收入水平、偏好及其对该种商品价格的预期。把某种商品的需求量及其影响因素之间的关系用函数形式表示出来，就是需求函数。可以看成是所有影响该商品需求量的因素的函数。其表达式：

$$Q^d = f(P_x, P_y, Y, T, P_e, \cdots)$$

式中，Q^d为对某种商品的需求量；P_x为该商品的价格；P_y为该商品的相关商品的价格；Y为消费者的收入水平；T为偏好；P_e为该商品价格的预期。

例 1. 假设市场中某种型号的风扇的需求函数是 $Q=1800-20P+0.6Y-50P_y$。其中 Q 为该型号风扇的需求量，P 为每台风扇的价格，Y 为消费者的收入水平，P_y为相关商品的价格。假设 $Y=20\ 000$ 元，$P_y=250$ 元。

求：(1) 该型号风扇的需求函数。

(2) 当该型号风扇的价格为 50 元时，该型号风扇的需求量为多少?

解：(1) 把 $Y=2000$，$P_y=250$ 代入需求函数中，得：

$$Q=1800-20P+0.6\times 20\ 000-50\times 250=1300-20P$$

因此该型号风扇的需求函数为：

$$Q=1300-20P$$

(2) 把 $P=50$ 代入需求函数中，得：

$$Q=1300-20\times50=300$$

2. 需求表与需求曲线

在一定条件下，某种商品的需求与其价格之间存在其种数量关系，这种数量关系也可以用需求表或需求曲线来表示。

(1) 需求表：表示某种商品的各种价格和与各种价格相对应的该商品的需求数量之间关系的数字序列表。如表 2-1-1 所示。

表 2-1-1　土豆的需求表

价格—数量组合	*A*	*B*	*C*	*D*	*E*	*F*	*G*
价格（元/公斤）	1	2	3	4	5	6	7
需求量（公斤）	700	600	500	400	300	200	100

表 2-1-1 反映了土豆的需求及其价格间的数量关系。从中，我们可以看出，在不同的价格水平上，消费者愿意购买的土豆的数量。如，当价格为 1 元/公斤时，土豆的购买量为 700 公斤；当价格为 2 元/公斤时，土豆的购买量为 600 公斤；依次类推，当价格涨到 6 元/公斤时，土豆的购买量降至 200 公斤。我们容易看出，当土豆价格较低时，土豆的购买数量较大；反之，则较小。

(2) 需求曲线：表示商品的价格和需求量之间关系的曲线。

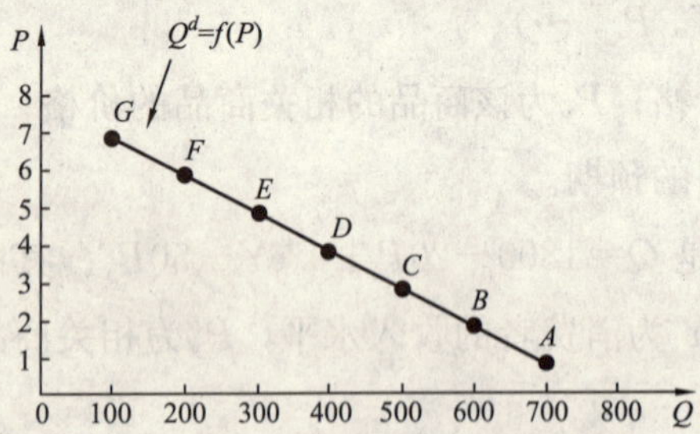

图 2-1-1　需求曲线

表 2-1-1 中的数量关系也可以用图 2-1-1 中的需求曲线来表示。在图 2-1-1 中，我们以横轴 OQ 表示商品的数量，纵轴 OP 表示商品的价格，曲线 D 表示需求曲线。从该图中我们可以看出，土豆的需求曲线具有一个明显的特征，它是向右下方倾斜的，即它的斜率为负值。它们都表示土豆的需求量和价格之间呈反方向变动的关系。

（三）需求定理

在其他条件不变的情况下，某商品的需求量与价格之间呈反方向变动，即需求量随着商品本身价格的上升而减少，随商品本身价格的下降而增加。

需求定理强调其他因素不变这一前提，即在相关商品价格、消费者偏好、消费者收入等因素保持不变的情况下，研究需求量随价格的变动关系。离开了这一前提，需求定理就无法成立。例如：演唱会的门票价格高但需求却没有减少，是因为其他条件发生了变化，在实践中，我们则要经常考虑“其他条件”。比如大雨连天，雨伞的价格上升，需求量也增加了。从现象看，这显然是与需求定律不容，这是否意味着需求定律是错的？不是，因为我们还没有考虑“其他条件”。依次类推，股票价格上涨，买的人反而多了，是因为存在“其他条件”，如投资者预期该股票的价格还会上涨，有钱可赚。同理，在土豆价格上涨，需求量反而上升，是因为消费者收入较低，买不起其他食品，或者说，消费的主食因收入的限制而只好采用土豆，当土豆价格上涨时，他们预期价格还会涨，于是就去抢购了。

为了从理论上解释需求定理，即需求量与价格之间存在反向关系的原因，我们可以通过替代效应和收入效应的共同作用对此做进一步的解释。

替代效应是指在假定消费者实际收入不变的条件下，由于商品价格发生变化而导致消费者增加对价格较低商品的购买，而减少其替代品的购买。例如：苹果的价格下降，消费者会减少其替代品梨子的购买，多买苹果。收入效应是指在假定商品价格不变的条件下，由于消费者实际收入的变化而引起的对该商品需求量的变化。例如：苹果价格下降，消费者实际收入增加，从而导致对苹果的需求量增加。

值得注意的是，需求定理反映的是一般规律，这一定理也有例外情况。第一，以英国经济学家吉芬而得名的“吉芬商品”，在特定条件下当价格下跌时，需求量会减少；而价格上涨时，需求量反而增加。第二，某些炫耀性消费的商品，如珠宝、文物、名画、名车等。这类商品的价格已成为消费者地位和身份的象征。价格越高，越显示拥有者的地位，需求量也越大；反之，当价格下跌，不能再显示拥有者的地位时，需求量反而下降。第三，投机性商品。如有价证券和黄金，当这些商品的价格小幅度升降时，需求量按正常情况变动；大幅度升降时，受“买涨不买跌”心理和预期等因素的影响，需求曲线出现不规则的变化。

（四）个人需求与市场需求

需求分为个人需求和市场需求。个人需求是指单个消费者（个人或家庭）对某种商品的需求；市场需求是全体消费者对某种商品需求的总和。从理论上讲，将每个价格水平上的所有个人或家庭的需求量逐一相加，便可得到每个价格水平上的市场需求，因而个人需求的总和就构成了该商品的市场需求。

（五）需求量变动与需求变动

需求量变动和需求变动的区别在于引起这两种变动的因素是不相同的，而且，这两种变动在几何图形中的表示也是不相同的。

1. 需求量变动

它是指在其他条件不变时，由商品的价格变动所引起的该商品的需求数量的变动。在几何图形中，需求量的变动表现为商品的价格—需求数量组合点沿着同一条既定的需求曲线的运动。如图 2-1-2 所示，随着商品价格变动所引起的需求数量的变动，b 点沿着同一条既定的需求曲线运动到 a 点，又从 a 点运动到 c 点。

2. 需求的变动

它是指在某商品价格不变的条件下，由于其他因素变动所引起的该商品的需求数量的变动。在几何图形中，需求的变动表现为需求曲线的位置发生移动，表示整个需求情况的变化。下面，我们来探讨商品价格保持不变，影响需求的其他因素发生变动，不妨假设收入发生变动时，需求曲线的变动情况。如图 2-1-3 所示，在商品价格 P_0 保持不变的情况下，原来的需求曲线是 D_1，需求量为 Q_1，当收入减少时，需求曲线由 D_1 向左平移到 D_3，需求量由 Q_1 减少到 Q_3；当收入增加时，需求曲线由 D_1 向右平移到 D_2，需求量由 Q_1 增加到 Q_2。需求曲线向左移动是需求的减少，在不同价格水平下需求量都会减少；需求曲线向右移动是需求的增加，在不同价格水平下需求量都会增加。

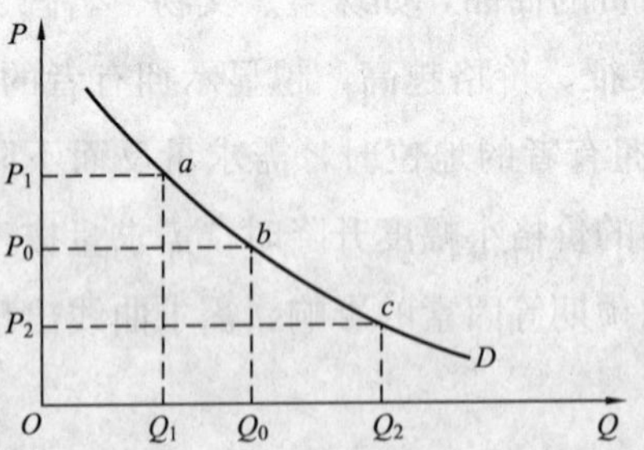

图 2-1-2　需求量的变动

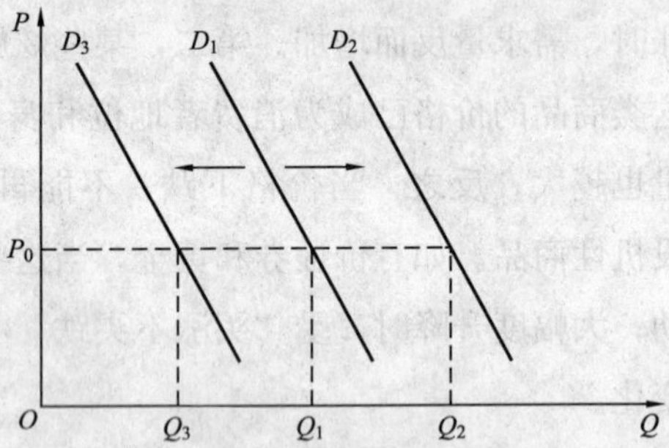

图 2-1-3　需求的变动

总之，引起需求量的变动与需求的变动的因素不同，表现形式也不同，而且需求的变动会引起需求量的变动，而需求量的变动不一定引起需求的变动。例如，当苹果的价格上涨时，若其他条件不变，改变的只是苹果的需求量，苹果的需求并不发生改变。明确两者的区别，便于正确理解政府的微观经济政策，比如政府规定“香烟包装必须明确标注吸烟有害健康”，这一政策将减少人们对香烟的需求。

二、供给

（一）供给与供给量

1. 供给的含义

供给是指生产者在一定时期内在不同的价格水平下愿意并且能够提供的商品数量。根据定义，供给是指既有提供出售愿望又有提供出售能力的有效供给。缺少其中任何一个条件都不能算作供给。供给也分个别供给和市场供给。

2. 供给量的含义

供给量是指厂商或企业在一定时期内，当非价格因素不变时，在某一给定价格水平上愿意并且能够提供的商品数量。

注意：供给量与供给是两个不同的概念。

3. 影响供给的因素

一种商品的供给数量是由许多因素决定的。其中主要的因素有：该商品的价格、生产的成本、生产的技术水平、相关商品的价格和生产者对该商品的价格预期等。它们各自对商品的供给数量的影响如下。

(1) 商品的自身价格。一般说来，一种商品的价格越高，供给量就越大。相反，商品的价格越低，供给量就越小。

(2) 生产的成本。在商品自身价格不变的条件下，生产成本增加会减少利润，从而使商品的供给量减少。相反，生产成本下降会增加利润，从而使商品的供给量增加。

(3) 生产的技术水平。在一般情况下，生产技术水平提高可以降低生产成本，会增加利润，从而使商品的供给量增加。相反，生产技术水平降低，使商品的供给量减少。

(4) 相关商品的价格（互补品价格，替代品价格）。当一种商品的价格提高，其互补品的供给量就会增加。相反，价格降低，其互补品的供给量就会减少。当一种商品的价格提高，其替代品的供给量就会减少。相反，价格降低，其替代品的供给量就会增加。例如，当玉米的价格不变而小麦的价格上升时，小麦的耕种面积就会增加，而玉米的耕种面积就会随之减少。

(5) 厂商的预期。当生产者预期某种商品的价格在下一时期会上升时，就会在制订生产计划时增加对该商品的供给量。当生产者预期某商品的价格在下一时期会下降时，就会在制订生产计划时减少对该商品的供给量。

（二）供给的表示法

1. 供给函数

一种商品的供给量可以看成是所有影响该商品供给量的因素的函数。为简化分析，假定其他因素均不发生变化，把一种商品的供给量仅看成是该商品价格的函数。即：$Q^S=f(P)$，其中，Q^S 表示商品的供给量，P 为商品的价格。

2. 供给表与供给曲线

商品的供给量和商品价格之间的函数关系可以分别用商品的供给表和供给曲线来表示。

(1) 供给表：表示某种商品的各种价格和与各种价格相对应的该商品的供给数量之间关系的数字序列表。如表 2-1-2 所示。

表 2-1-2　　某商品的供给表

价格—数量组合	A	B	C	D	E
价格（元/公斤）	2	3	4	5	6
供给量（公斤）	0	200	400	600	800

从表 2-1-2 可以看出，当价格为 2 元/公斤时，商品的市场供给量为 0；当价格为 3 元/公斤时，商品的市场供给量为 200 公斤；依次类推，当价格涨到 6 元/公斤时，商品的市场供给量增加到 800 公斤。我们可以初步得出结论，商品的价格越高，商品的市场供给量越大。

(2) 供给曲线：表示商品的价格和供给量之间关系的曲线。

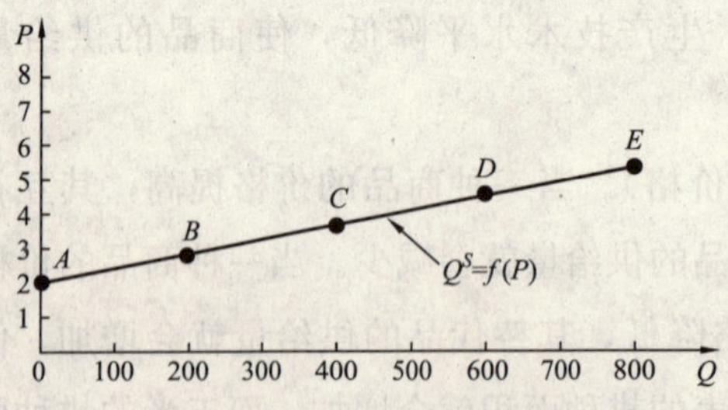

图 2-1-4　供给曲线

表 2-1-2 中的数量关系也可以用图 2-1-4 中的需求曲线来表示。在图 2-1-4 中，我们以横轴 OQ 表示商品的数量，纵轴 OP 表示商品的价格，曲线 S 表示供给曲线。从图中，我们可以看出供给曲线具有一个明显的特征，它是向右上方倾斜的，即它的斜率为正值。它们都表示商品的供给量和价格之间成同方向变动的关系。

（三）供给定理

在其他条件不变的情况下，某商品的供给量与价格之间成同方向变动，即供给量随着商品本身价格的上升而增加，随商品本身价格的下降而减少。

需要注意的是，供给定理反映的是一般商品的规律，这一定理也有例外情况。一是某些商品的供给量是固定的，如名画、古玩、土地等，即使出售价格再高也无法增加供给量。二是某些厂商在大规模生产时平均成本锐减，这时商品价格虽有所下降，但厂商仍愿意提供更多的商品。此类商品往往是那些适于机械化大批量生产的高技术产品，如小汽车和电视机等。三是劳动的供给有其特殊性，当工资开始提高时，劳动的供给会增加，当工资水平上升到一定程度后，劳动者对货币的需要不迫切了，这时工资再提高，劳动者也不会再供给更多的劳动量，而对休息、娱乐和旅游更感兴趣。因此，当工资增加到一定程度时，如果继续增加，则劳动的供给量不仅不会增加，反而会减少。

（四）个别供给与市场供给

上面所讨论的供给问题是针对单个供给者而言的。即通过把单个生产者在一定时期内在不同价格水平上的供给量列成表格，则可以得到该生产者的个别供给表，相应地，也可以得出该生产者的个别供给曲线。如果把生产同一商品的全部生产者各自的供给表予以汇总，就可以得到市场供给表及市场供给曲线。生产同类商品的生产者的集合叫作行业，行业的供给量就是市场供给。

（五）供给量变动与供给的变动

供给量变动和供给变动的区别在于引起这两种变动的因素不相同的，而且，这两种变动在几何图形中的表示也是不相同的。

1. 供给量的变动

它是指在其他条件不变时，由商品的价格变动所引起的该商品的供给数量的变动。在几何图形中，供给量的变动表现为商品的价格—供给数量组合点沿着同一条既定的供给曲线的运动。如图 2-1-5 所示，随着商品价格变动所引起的供给数量的变动，b 点沿着同一条既定的供给曲线运动到 a 点，又从 a 点运动到 c 点。

2. 供给的变动

它是指在某商品价格不变的条件下，由于其他因素变动所引起的该商品的供给数量的变动。在几何图形中，供给的变动表现为供给曲线的位置发生移动，表示整个供给情况的变化。下面，我们来探讨商品价格保持不变，影响供给的其他因素发生变动，不妨假设生产成本发生变动时，供给曲线的变动情况。如图 2-1-6 所示，在商品价格 P_0 保持不变的情况下，原来的供给曲线是 S_1，供给量为 Q_1，当生产成本增加时，供给曲线由 S_1 向左平移到 S_3，供给量由 Q_1 减少到 Q_3；当生产成本减少时，供给曲线由 S_1 向

右平移到 S_2，供给量由 Q_1 增加到 Q_2，供给曲线向左移动是供给的减少，在不同价格水平下供给量都会减少；供给曲线向右移动是供给的增加，在不同价格水平下供给量都会增加。

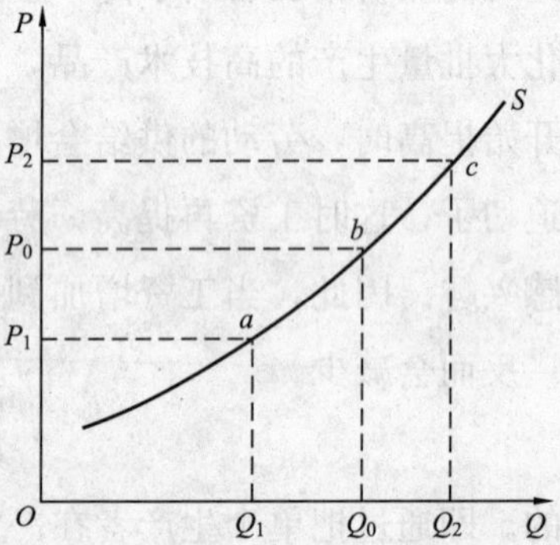

图 2-1-5 供给量的变动

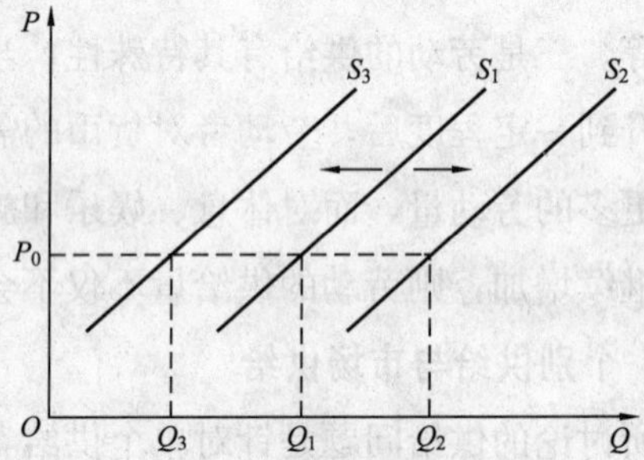

图 2-1-6 供给的变动

三、均衡价格及其应用

1. 需求与供给的均衡

均衡：在经济学中，是指经济中各种对立的、变动着的力量处于一种力量相当、相对静止、不再变动的状态。

一种商品的均衡价格是指该种商品的市场需求量和市场供给量相等时的价格。在均衡价格水平下的相等的供求数量被称为均衡数量。

均衡价格是在市场需求和供给这两种力量的自发调节下形成的。从表 2-1-3 中，我们可以看出该商品的均衡价格 $\overline{P}$ 为 4 元/公斤，均衡数量 $\overline{Q}$ 为 400 公斤。从几何上，一种商品市场的均衡出现在该商品的市场需求曲线和市场供给曲线相交的交点（即均衡点）上。均衡点上的价格和相等的供求量即均衡价格和均衡数量。如图 2-1-7 所示，市场需求曲线 D 和市场供给曲线 S 相交于 E 点，E 点即均衡点。在均衡点 E，均衡价格为 $\overline{P}$，均衡数量为 $\overline{Q}$。

表 2-1-3 某商品均衡价格的决定

价格（元/公斤）	6	5	4 均衡	3	2
需求量（公斤）	200	300	400	500	600
供给量（公斤）	800	600	400	200	0

结论：一种商品的均衡价格是由该商品的市场需求曲线和市场供给曲线的交点所决定的。因而，需求曲线和供给曲线的位置移动都会使均衡价格发生变动。

均衡价格形成过程也可以用经济模型来表示，均衡价格决定的条件为：

$$D=a-bp$$

$$S=-c+dp$$

$$D=S$$

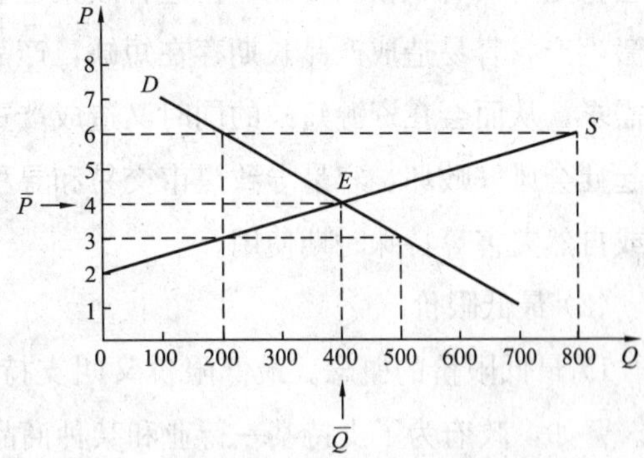

图 2-1-7 均衡价格和均衡数量

联立解方程：

$$P_e=\frac{a+c}{b+d}$$

$$Q_e=\frac{a(b+d)-b(a+c)}{b+d}$$

2. 均衡价格理论的应用

微观经济学的核心是论证价格机制的完善性，证明市场经济体系本身能运行自如。事实上，价格机制的调节作用并不像理论上所讲的那样完善，比如某些生活必需品严重短缺时，价格会大幅度提高，在此价格水平上，收入水平低的家庭便难以维持最低水平的生活，从而不利于社会稳定，因而政府根据不同的经济形势会采取不同的经济政策来克服这些副作用。

在此介绍有关政府的政策的两种做法：最高限价与最低限价。

(1) 最高限价。

1) 最高限价的概念。最高限价又叫限制价格。它是指政府所规定的某种产品的最高价格。譬如，政府为了限制某些生活必需品的物价上涨而规定的这些商品的最高价格。最高价格总是低于市场均衡价格。如图 2-1-8 所示，某商品由供求关系所决定的均衡价格为 P_e，均衡数量为 Q_e，但在这一价格水平时，由于部分经济贫困的人将买不起，因而政府对该商品实行限制价格政策，限制价格为 P_0，$P_0<P_e$，此时商品实际供给量为 Q_1，需求量为 Q_2，供给量小于需求量，产品供不应求。为了维持限制价格，政府就要实行配给制。

2) 最高限价的利弊。最高限价对于保障居民的基本生活需要，实现社会平等，维护社会稳定，具有积极的作用，但这种政策也会引起严重的后果。首先，价格水平低不利于刺激生产，容易造成产品长期存在短缺，产品质量低劣化。第二，价格水平低也不利于抑制需求，从而会在资源短缺的同时又造成严重的浪费。第三，限制价格之下实行的配给会引起社会风气败坏，容易导致黑市交易和寻租现象。因此，最高限价价格政策一般只在战争或自然灾害等特殊时期使用。

（2）最低限价。

1）最低限价的概念。最低限价又叫支持价格。它是政府所规定的某种产品的最低价格。譬如，政府为了支持某一行业和某种商品的生产而规定的最低价格。最低价格总是高于市场均衡价格。

如图 2－1－9 所示，该行业某商品由供求关系决定的均衡价格为 P_e，均衡数量 Q_e，政府为了扶植该行业的发展而制定的支持价格为 P_0，$P_0>P_e$，此时供给量为 Q_2，需求量为 Q_0，供给量大于需求量，产品出现过剩。为了防止价格下跌，政府就要收购剩余产品，因而支持价格政策的实施增加了政府财政支出。

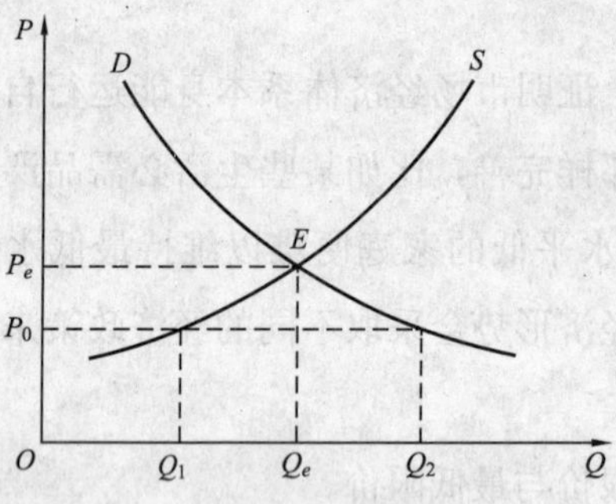

图 2－1－8　最高限价

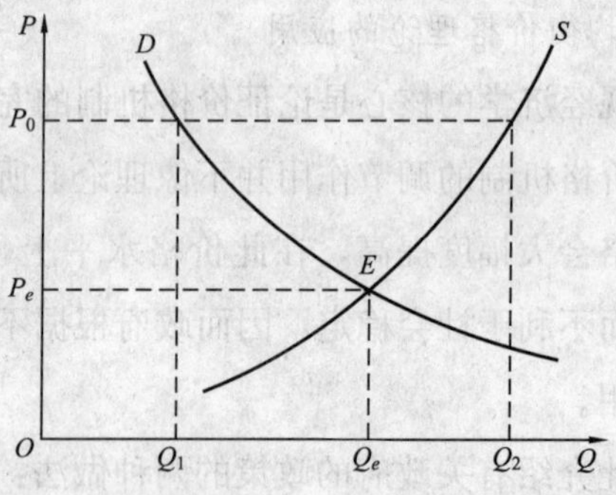

图 2－1－9　最低限价

2）最低限价的利弊。政府实行最低限价的目的是为了扶持某些行业的发展。农产品的最低限价就是一些西方国家所普遍采取的政策。农产品生产周期比较长，而且其需求的价格弹性比较小。过低的农产品价格会降低农户的收益，挫伤农民的积极性，即谷贱伤农。因此，当农产品的供大于求时，政府通常收购市场上过剩的农产品，以稳定农产品的价格，从而可以起到支持农业生产的作用。

可以说，最低限价政策对于经济发展的稳定和制止投机活动有极其重要的意义。最低限价有利于稳定生产，减缓经济危机的冲击；通过对不同产业产品的不同的最低限价，可以调节产业结构，使之适应市场变动；对农产品的支持，可以扩大农业投资，促进农业劳动生产率的提高。但最低限价会增加财政支出，使政府背上沉重的包袱，降低政府对宏观经济的调节作用。

四、弹性理论

了解有关需求和供给弹性知识有助于我们进一步了解需求和供给对其影响因素变化的反应程度。需求和供给弹性的种类主要有价格弹性、收入弹性和交叉弹性等，以下分述之。

1. 弹性和需求价格弹性的含义

(1) 弹性。当经济变量之间存在函数关系时，弹性被用来表示作为因变量的经济变量的相对变化对于作为自变量的经济变量的相对变化的反应程度。弹性的一般公式为：

弹性系数＝因变量的相对变动/自变量的相对变动

设两个经济变量之间的函数关系为 $Y=f(X)$，ΔX，ΔY 各表示变量 X、Y 的变动量，e 表示弹性系数，则公式为：

$$e=\frac{\frac{\Delta Y}{Y}}{\frac{\Delta X}{X}}=\frac{\Delta Y}{\Delta X}\cdot\frac{X}{Y} \tag{2.1}$$

若经济变量的变化量趋于无穷小，即（1）式中的 $\Delta X\to 0$，且 $\Delta Y\to 0$ 时，则弹性公式为：

$$e=\lim_{\Delta x\to 0}\frac{\frac{\Delta Y}{Y}}{\frac{\Delta X}{X}}=\frac{\frac{dY}{Y}}{\frac{dX}{X}}=\frac{dY}{dX}\cdot\frac{X}{Y} \tag{2.2}$$

通常将式（2.1）称为弧弹性公式，将式（2.2）称为点弹性公式。

注意：弹性概念是就自变量和因变量的相对变动而言，因此，弹性数值与自变量和因变量的度量单位无关。

(2) 需求价格弹性的含义。需求价格弹性通常被简称为需求弹性。需求弹性用来表示在一定时期内一种商品的需求量的相对变动对于该商品的价格的相对变动的反应程度。它是商品需求量的变动率与价格的变动率之比。设需求函数为 $Q=f(P)$，ΔQ，ΔP 各表示需求量和价格的变动量，e_d 表示需求弹性系数，则需求的价格弧弹性公式为：

$$e_d=-\frac{\frac{\Delta Q}{Q}}{\frac{\Delta P}{P}}=-\frac{\Delta Q}{\Delta P}\cdot\frac{P}{Q}$$

在通常情况下，由于商品的需求量和价格呈反方向变动，$\frac{\Delta Q}{\Delta P}$为负值，为使需求弹性系数是正值，以便于比较，在公式中加了一个负号。

例 2. 某商品价格从 4 元降至 3 元，需求量从 10 增加到 12，则该商品的需求价格弹性为：

$$e_d=-\frac{\Delta Q}{\Delta P}\cdot\frac{P}{Q}=-\frac{10-12}{4-3}\times\frac{4}{10}=0.8$$

例 3. 某商品的价格由 20 元/件下降为 15 元/件（$P=20$，$\Delta P=15-20=-5$），需求量由 20 件增加到 40 件（$Q=20$，$\Delta Q=40-20=20$），这时，该商品的需求弹性为：

$$e_d=-\frac{\Delta Q}{\Delta P}\cdot\frac{P}{Q}=-\frac{20}{-5}\times\frac{20}{20}=4$$

若将上例倒过来，即该商品价格由 15 元/件上升为 20 元/件（$P=15$，$\Delta P=5$），需求量由 40 件减少到 20 件（$Q=40$，$\Delta Q=-20$），则该商品的需求弹性为：

$$e_d=-\frac{\Delta Q}{\Delta P}\cdot\frac{P}{Q}=-\frac{-20}{5}\times\frac{15}{40}=1.5$$

例 4. 如下图是需求函数为 $Q^d=2400-400P$ 的几何图形。试计算从 a 点到 b 点和从 b 点到 a 点的需求价格的弧弹性。

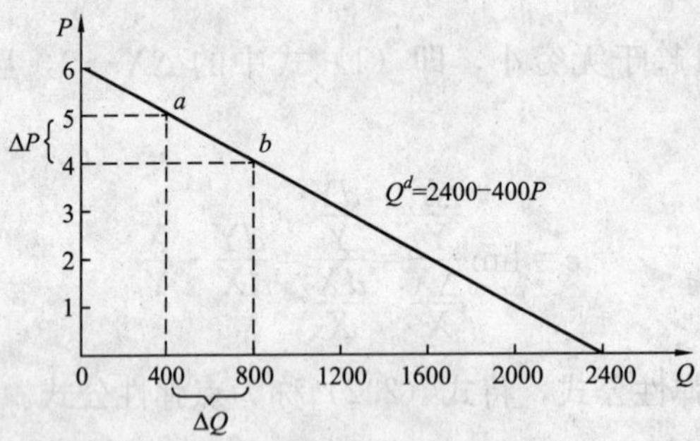

图 2-1-10 ［例 4］题图

从 a 点到 b 点（降价）：$e_d=-\frac{\Delta Q}{\Delta P}\cdot\frac{P}{Q}=-\frac{Q_b-Q_a}{P_b-P_a}\cdot\frac{P_a}{Q_a}=-\frac{800-400}{4-5}\times\frac{5}{400}=5$

从 b 点到 a 点（涨价）：$e_d=-\frac{\Delta Q}{\Delta P}\cdot\frac{P}{Q}=-\frac{Q_a-Q_b}{P_a-P_b}\cdot\frac{P_b}{Q_b}=-\frac{400-800}{5-4}\times\frac{4}{800}=2$

(3) 需求价格弹性的类型。从需求的价格弹性可以看出，当商品的价格变动 1%时，需求量的变动究竟有多大。为进一步讨论需要，现将需求的价格弹性分类如下：$e_d>1$，被称为富有弹性；$e_d<1$，被称为缺乏弹性；$e_d=1$，被称为单一弹性或单位弹性；$e_d=0$，

被称完全无弹性；$e_d=\infty$，被称完全弹性。如图 2-1-11 所示。

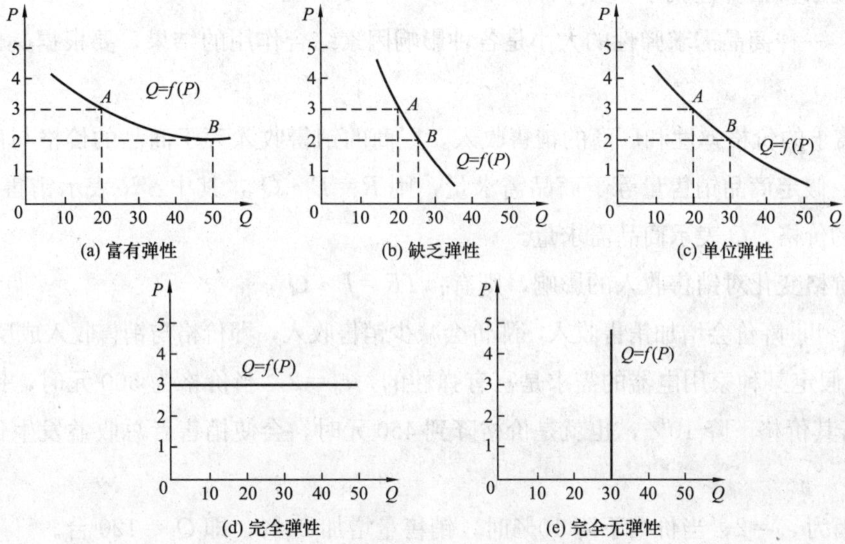

图 2-1-11 需求价格弧弹性的五种类型

(4) 需求弹性的影响因素。

1) 消费者对商品的需要程度。生活必需品缺乏弹性，如粮食、油、盐、酱、醋等生活必需品；而奢侈品、高档消费品则富有弹性，如装饰品。

2) 商品的可替代程度。可替代品越多，可替代程度越高，需求价格弹性则越大，如某种点心；反之，不易被其他商品所替代的商品缺乏弹性，如食盐。

3) 商品本身用途的广泛程度。用途越广泛需求弹性越大，如水电；用途越少弹性越小，如鞋油。

4) 商品的消费支出占消费者预算总支出的比重。支出占消费者总支出的比重越大的商品，价格变动对需求的影响大，其需求弹性也大，如空调、珠宝之类的商品。反之，弹性越小，如毛巾、香皂、火柴之类的商品。

5) 商品使用的时间长短。时间越长，弹性越大；反之，弹性越小。如：当汽油涨价时，汽油的需求量在短期内不会较大幅度地减少，而在长期内，可能出现替代品，则汽油的需求量会大幅度地减少。

6) 商品本身用途的广泛性。一般来讲，用途较广的商品，当其价格上涨时，消费者就会只买较少的数量用于其最重要的用途上，而当其价格下降时，消费者的购买量就会逐渐增加，将商品越来越多地用于其他用途，因而其需求价格弹性就大；相反，用途较窄的商品，其需求价格弹性就小。

注意：一种商品需求弹性的大小是各种影响因素综合作用的结果，要根据具体情况作全面分析。

(5) 需求的价格弹性和厂商的销售收入。厂商的销售收入等于商品的价格与商品销售量的乘积。假定商品销售量等于商品需求量，则 $R=P\cdot Q$，其中：R 表示销售收入，P 表示商品的价格，Q 表示商品需求量。

分析价格变化对销售收入的影响，则有：$TR=P\cdot Q$

1) $e_d>1$，降价会增加销售收入，涨价会减少销售收入，即价格与销售收入成反向变动。

例 5. 假定某种家用电器的需求是富有弹性的，$e_d=2$。当价格为 500 元时，销售量为 100 台，若其价格下降 10%，也就是价格降到 450 元时，会使销售者总收益发生什么样的变化？

解：因为 $e_d=2$，当价格下降 10%时，销售量增加 20%，即 $Q_2=120$ 台。

$$TR_1=P_1\cdot Q_1=500\times100=50\ 000\text{ 元}$$

$$TR_2=P_2\cdot Q_2=450\times120=54\ 000\text{ 元}$$

$$TR_2-TR_1=54\ 000-50\ 000=4000\text{ 元}$$

可见，需求富有弹性的商品，商品价格下降导致商品需求量增加，商品需求量增加的比率大于价格下降的比率，价格下降而总收益增加，对于需求富有弹性的商品可以实行“薄利多销”。

2) $e_d<1$，降价会减少销售收入，涨价会增加销售收入，即价格与销售收入成同向变动。

例 6. 面粉是需求缺乏弹性的商品，当 $e_d=0.5$，价格为 2.00 元时，销售量为 100kg，若价格下降 10%，即 $P_2=1.80$ 元时，销售者的总收益将会发生什么样的变化？

解：因为 $e_d=0.5$，当价格下降 10%时，需求量增加 5%，即：

$$Q_2=Q_1\cdot(1+5\%)=105\text{kg}$$

因为

$$TR_1=P_1\cdot Q_1=2\times100=200\text{ 元}$$

$$TR_2=P_2\cdot Q_2=1.80\times105=189\text{ 元}$$

$$TR_2-TR_1=189-200=-11\text{ 元}$$

可见，对于需求缺乏弹性的商品，价格下降会使销售者的总收益减少。中国有句古语叫“谷贱伤农”，意思是说，粮食丰收了，由于粮价下跌，农民的收入减少了。其原因在于粮食是人们的生活必需品，需求缺乏弹性。由于粮食丰收使粮食供给量增加，造成粮价下跌，价格下降导致需求增加并不会使农民的收入同比例增加，从而农民的总收益减少，农民反而受损失。

3）$e_d=1$，价格变动对销售收入没有影响。两种特殊情况：

$e_d=\infty$，由于在既定价格下收益可以无限增加，厂商因而不会降价，涨价会使销售收入减少为零。

$e_d=0$，价格变动会使销售收入同比例同向变动。

2. 需求收入弹性

(1) 需求收入弹性的概念与分类。需求收入弹性是指消费者对某种商品需求量的变动相对于收入变动的反应程度。以 E_M 表示需求收入弹性系数，Q 代表需求量，ΔQ 代表需求量的变动量，M 代表收入，ΔM 代表收入的变动量，则需求收入弹性系数的公式为：

$$E_M=\frac{\text{需求量变动的百分比}}{\text{收入变动的百分比}}=\frac{\Delta Q/Q}{\Delta M/M}=\frac{\Delta Q}{\Delta M}\cdot\frac{M}{Q}$$

一般来讲，消费者的收入与需求量是同方向变动的。但各种商品的需求收入弹性大小并不相同，依据需求收入弹性数值，可将商品分为以下两种：$e_M>0$ 的商品为正常品，说明这种商品的需求量将随收入的增加（减少）而增加（减少）。$e_M<0$ 的商品为劣等品，这类商品的需求量将随着收入的增加（减少）而减少（增加）。在正常品中 $0<e_M<1$ 的商品为必需品，如粮食、服装等，必需品的需求量变动的幅度小于收入变动的幅度；$e_M>1$ 的商品为奢侈品，如珠宝、名贵化妆品等。奢侈品的需求量变动的幅度大于收入变动的幅度。

(2) 需求收入弹性的应用。

1）利用需求收入弹性可以分析国民经济各部门、各地区的收入现状，便于制定合理的收入政策。对同一商品来说，如果某地区的需求收入弹性大于另一地区的需求收入弹性，说明该地区的收入水平相对较低，政府应该有针对性地制定收入调节措施，以达到地区间的收入平衡。

2）利用需求收入弹性来协调国民经济各种商品发展的合理比例。由于各种商品的需求收入弹性不一致，相同的收入变动所带来的需求量变动也不一致，因此，在制订国民经济发展计划时，就不应强求各种商品发展速度一致。对需求收入弹性较大的商品，其发展速度可以超过国民经济发展速度，占比例也大。反之，那些需求收入弹性较小的商品，其发展速度可以低于国民经济发展速度，占比例小些。

3）利用需求收入弹性原理确定合理的出口商品结构。国际贸易已成为各国重要的经济活动，进口国经济的波动对出口国的出口有较大影响，为尽量避免这种影响，可以根据商品需求收入弹性的大小来安排出口结构。出口商品收入弹性大，说明收入变动对商品出口量影响就大。当进口国经济繁荣时，无疑会增加进口，对出口国有利，但当进口国经济不景气时，就会减少进口，对出口国不利。因此可以采取需求收入弹性大小搭配的出口商品结构，以减少在进口国经济衰退时可能遭受的出口大滑坡而带来的损失。

3. 需求交叉弹性

（1）需求交叉弹性的概念。需求交叉弹性是需求交叉价格弹性的简称，它表示一种商品的需求量变动对另一种商品价格变动的反应程度。若以 X、Y 代表两种商品，E_{xy} 表示需求交叉弹性系数，P_y 表示 Y 商品的价格，ΔP_y 表示 Y 商品价格的变动量，Q_x 表示 X 商品原来的需求量，ΔQ_x 表示因 Y 商品价格的变动所引起的 X 商品需求量的变动量，则需求交叉弹性系数的一般表达式为：

$$E_{xy}=\frac{X\text{ 商品需求量变动的百分比}}{Y\text{ 商品价格变动的百分比}}=\frac{\Delta Q_x/Q_x}{\Delta P_y/P_y}=\frac{\Delta Q_x}{\Delta P_y}\cdot\frac{P_y}{Q_x}$$

需求交叉弹性可以是正值，也可以是负值，它取决于商品间关系的性质，即两种商品是替代关系还是互补关系。替代品的需求交叉弹性为正值，表示随着 Y 商品价格的上升，消费者会减少 Y 商品的购买进而增加对其替代品 X 商品的需求量。需求交叉弹性越大，两种商品之间的替代性就越强。互补品的需求交叉弹性为负值，表示随着 Y 商品价格的上升，消费者会减少 Y 商品的购买，因而对其互补品 X 商品的需求量也会减少。需求交叉弹性绝对值越大，两种商品之间的互补性就越强。此外，若两种商品的交叉弹性系数为零，则说明 X 商品的需求量并不随 Y 商品的价格变动而发生变动，两种商品既不是替代品，也不是互补品。

（2）需求交叉弹性的应用。

1）通过需求交叉弹性，生产者可以知道对自己产品的需求会因其他产品价格变化可能引起的反应。这将有助于企业制定自身的价格策略，有助于分析与各种产品之间有联系的风险问题。对于拥有许多条生产线、各种产品相互之间存在着明显替代关系或互补关系的企业来说，这一点特别重要，它关系到企业的产品结构是否合理。

2）企业可以利用交叉弹性来测定行业间的相互关系。例如，从表面看，某个企业完全控制了市场，因为它是该产品的唯一供给者，但是，如果该企业的产品与某个有关行业的产品之间的需求交叉弹性较大且为正值，表明该企业生产的产品有较大的替代性，企业若提高价格，就会把一些销售额丢给有关行业的其他企业，可见该企业只能算狭义上的垄断者。

4. 供给价格弹性

(1) 供给价格弹性的概念及分类。供给价格弹性是指价格变动所引起的供给量变动的比率，它反映了供给量变动对价格变动的敏感程度。不同商品供给量变动对价格变动的敏感程度不同，一般用供给弹性系数 E_s 来表示弹性的大小，Q 代表供给量，ΔQ 代表供给量的变动量，P 代表价格，ΔP 代表价格的变动量，则供给价格弹性系数可用下列公式表示：

$$E_s=\frac{\text{供给量变动的百分比}}{\text{价格变动的百分比}}=\frac{\Delta Q/Q}{\Delta P/P}=\frac{\Delta Q}{\Delta P}\cdot\frac{P}{Q}$$

根据不同商品供给价格弹性的大小，一般把商品分为五类：供给完全无弹性（$E_s=0$，如一些无法复制的珍贵名画）、供给缺乏弹性（$0<E_s<1$，如资本技术密集型产品）、供给单位弹性（$E_s=1$，如某些机械类产品）、供给富有弹性（$1<E_s<\infty$，如劳动密集型产品）、供给完全有弹性（$E_s\to\infty$，如劳动力严重过剩地区劳动力的供给）。

在现实经济生活中，供给单位弹性、供给完全无弹性和供给完全有弹性比较少见，大多数商品的供给不是富于弹性就是缺乏弹性。一些不可再生资源，如土地、无法复制的珍品的供给价格弹性等于零，而在劳动力严重过剩地区劳动力供给曲线具有完全弹性的特点。

(2) 影响供给价格弹性的因素。

1) 生产成本的变化。在其他条件不变的情况下，如果生产成本随着产量的增加不会增加太多，则产品的供给弹性就大，相反，如果产品增加促使成本显著增加，则供给弹性就小。

2) 时期的长短。当商品价格发生变化时，厂商对产量的调整需要一定的时间。在短期内，厂商的生产设备等无法改变，厂商要根据商品的涨价及时地增加产量或根据商品的降价减少产量存在一定困难，调整时间越短，则供给弹性越大，反之，供给弹性越小。

3) 生产规模变化的难易程度。一般来说，生产规模大的资本密集型企业，因受设计和专业化设备等因素的制约，其生产规模变动较难，因而其产品的供给弹性小。反之，规模较小的劳动密集型企业，其产品的供给弹性大。

4) 生产的难易程度。一般来说，容易生产的产品，如技术要求低、生产周期很短，则产量调整比较快，供给弹性大；反之，较难生产的产品，供给弹性小。

做一做

随着我国经济的快速发展，我国居民的收入水平有了较大的提高，对奢侈品消费呈上升趋势。请你调查你所在地区居民奢侈品消费的情况，有哪些因素影响了居民对奢侈品的消费？你能用学习过的理论来分析奢侈品消费问题吗？在我国目前情况下，人们奢侈品消费对经济发展有何积极意义和消极意义？

项目 2 市场与市场机制

■学习目标

熟悉市场及市场机制的运行规律

◇ 了解市场的含义及其功能。

◇ 熟悉市场体系的构成，理解市场机制的含义。

◇ 掌握市场、市场机制的要素及作用。

学习任务

“蒜你狠”、“豆你玩”、“姜你军”、“猪你涨”是时下中国流行的几个时髦词语，形容大蒜、绿豆、生姜、猪肉等农产品价格一路飙升，超出合理的价格范围。如果农产品价格一个个无节制疯涨，以致失控，民生最为受伤。

请思考：

以市场相关知识讨论出现这些情况的原因，有办法避免吗？

读一读

一、市场

（一）市场的含义

市场是指从事商品买卖的交易场所或接洽点。即一个市场可以是有形的买卖商品交易场所，也可以是利用现代化通信工具进行商品交易的接洽点。从本质上讲，市场是物品买卖双方相互作用并得以决定其交易价格和数量的一种组织形式或制度安排。

任何一种交易物品都有一个市场。市场经济中有多少种交易物品，就相应地有多少个市场。市场包括有形的市场和无形的市场。有形的市场主要指商品在固定的地点按公开标明的价格进行交易的场所，比如，百货商店、集市等。无形的市场，是指没有固定的交易场所，在一定的时间和空间范围内靠广告、通信、网络以及其他交易形式，沟通买卖双方，促进成交的无形领域，如技术市场、网络市场、信息市场。

市场是社会分工和商品经济发展的必然产物，同时，市场在其发育和壮大过程中，也推动着社会分工和商品经济的进一步发展。市场通过信息反馈，直接影响着人们生产什么、生产多少以及上市时间、产品销售状况等。连结商品经济发展过程中产、供、销各方，为产、供、销各方提供交换场所、交换时间和其他交换条件，以此实现商品生产者、经营者和消费者各自的经济利益。

（二）市场的功能

市场的功能指市场机体在运行过程中发生的功用或效能。尽管由于社会形态和商品经济发达程度的不同，市场在性质、规模以及发育状况、地位、作用等方面存在着差别，但其基本功能是市场活动所具有的内在属性。这具体表现在以下几个方面。

1. 交换功能

交换功能表现为以市场为场所和中介，促进和实现商品交换的活动。在商品经济条件下，商品生产者出售商品，消费者购买商品，以及经营者买进卖出商品的活动，都是通过市场进行的。市场不仅为买卖各方提供交换商品的场所，而且通过等价交换的方式促成商品所有权在各当事人之间让渡和转移，从而实现商品所有权的交换。与此同时，市场通过提供流通渠道，组织商品存储和运输，推动商品实体从生产者手中向消费者手中转移，完成商品实体相交换。这种促成和实现商品所有权交换与实体转移的活动，是市场最基本的功能。尽管随着市场经济的发展，商品的范围已扩展到各种无形产品及生产要素，如服务、信息、技术、资金、房地产、劳动力、产权等，但上述商品仍然是通过市场完成其交换和流通运动的。

2. 反馈功能

市场把交换活动中产生的经济信息传递、反映给交换当事人，就是市场的反馈功能。商品出售者和购买者在市场上进行交换活动的同时，不断输入有关生产、消费等方面的信息。这些信息经过市场转换，又以新的形式反馈输出。市场信息的形式、内容多种多样，归结起来都是市场上商品供应能力和需求能力的显现，是市场供求变动趋势的预示，其实质反映了社会资源在各部门的配置比例。市场的信息反馈功能，可以为国家宏观经济决策和企业生产经营决策提供重要依据：一方面，国家可以根据市场商品总量及其结构的信息反馈，判断国民经济各部门之间的比例关系恰当与否，并据此规划和调整社会资源在各部门的分配比例；另一方面，企业也可以根据商品的市场销售状况的信息反馈，对消费偏好和需求潜力做出判断和预测，从而决定和调整企业的经营方向。随着社会信息化程度的提高，市场的信息反馈功能将日益加强。

3. 调节功能

调节功能指市场在其内在机制的作用下，能够自动调节社会经济的运行过程和基本比例关系。市场作为商品经济的运行载体和现实表现，本质上是价值规律发生作用的实现形式。价值规律通过价格、供求、竞争等作用形式转化为经济活动的内在机制。市场机制以价格调节、供求调节、竞争调节等方式，对社会生产、分配、交换、消费的全过程进行自动调节。例如，调节社会资源在各部门、行业、企业间的配置与生产产品总量和种类构成；调节各个市场主体之间的利益分配关系；调节市场商品的供求总量与供求结构；调节社会消费水平、消费结构和消费方式等。在上述调节的基础上，最终达到市场对社会经济基本比例关系的自动调节。调节功能是市场最主要的具有核心意义的功能。

除上述基本功能外，在市场经济条件下，市场作为经济运行的中枢和集中体现，还具有如下重要作用。

第一，市场是社会资源的主要配置者。资源指社会经济活动中人力、物力、财力的总和。资源配置是对相对稀缺的资源在各种可能的生产用途之间做出选择，或者说是各种资源在不同方向上的分配，以获得最佳效率的过程。合理配置资源，使其得到充分利用，避免不必要的闲置和浪费，是任何社会经济活动中心问题。资源配置有自然配置、市场配置和计划配置三种方式。其中市场配置是市场经济中资源配置的主要方式，即各种资源通过市场调节实现组合和再组合。具体表现为，各种资源通过参与市场交换在全社会范围内自由流动；按照市场价格信号反映的供求比例流向最有利的部门和地区；企业作为资源配置的利益主体通过市场竞争实现各项资源要素的最佳组合。在市场机制自动配置组合资源的基础上，推动实现产业结构和产品结构的合理化。

第二，市场是国家对社会经济实行间接管理的中介、手段和直接作用对象。在我国，国家作为全民利益的代表者，担负和行使管理社会经济的职能。但是，按照市场经济的内在要求，国家无权直接干预企业的微观经济活动，而只能采取间接调控方式进行宏观管理。市场作为全社会微观经济活动的场所和总体形式，可以成为连接宏观管理主体与微观经济活动的中介。国家运用各种宏观调控手段，直接调节市场商品供求总量及其结构的平衡关系，通过市场发出信号，间接引导和调节企业的生产经营方向，从而实现对社会经济活动全面、有效的控制。

第三，市场对企业的生产经营活动具有直接导向作用。在社会主义市场经济体制下，企业的生产经营活动直接取决于市场的调节和导向。市场运用供求、价格等调节机制引导企业生产方向，企业也根据市场供求信息决定生产什么，生产多少。企业要遵照公平竞争的市场法则、积极参与竞争，实现优胜劣汰。在营销活动中，同样要依照市场导向制定市场营销战略，选择市场营销组合，以使企业获得最佳市场营销效果。

二、市场机制

（一）市场机制的含义

在市场经济中，调节市场经济的运行和实现资源的配置主要是通过市场机制来实现的，市场机制也是调节市场主体关系和实现主体间经济联系的基本形式。所谓市场机制就是指市场运行的实现机制。它作为一种经济运行机制，就是指价格、供求、竞争等各种市场要素相互联系、相互制约，综合作用所形成的整体机能和运行秩序。市场机制有两个特点：一是调节的自发性。市场通过其内部机制的作用，无需外部力量的帮助，就能自动地对经济进行调节。二是利益的制约性。市场经济运行过程中，价格、供求等市场要素的变动直接影响市场活动的各个当事人的经济利益。

（二）市场机制的构成与功能

市场机制是一个有机的整体，它的构成要素主要有市场价格机制、供求机制、竞争机制和风险机制。

1. 价格机制

价格机制是指在市场竞争过程中，市场上某种商品，市场价格的变动与市场上该商品供求关系变动之间的有机联系的运动。价格机制作为供求的调节器，对市场经济运行的作用是多方面的。在不同的作用层次上，价格机制具有不同的功能。

第一，从资源配置的角度看，价格机制调节社会资源。在市场经济条件下，经济资源在社会上的流动和变化，主要由市场价格来调节。因此，通过市场价格信息来反映供求关系，并通过这种市场价格信息来调节生产和流通，促进资源在全社会范围内的调整及合理分配。

第二，从生产者角度来看，价格机制是竞争的手段，是调整生产方向和生产规模的信号。

生产者为了在市场上获得更大的市场份额，必须在价格上具有优势，以物美价廉取胜，从而节约使用各种资源；价格机制决定着不同商品的价格比例，使得不同的行业的利润率的高低不一，价格比例的变动和行业利润率的变化，会驱使生产者为获得更多的利益而通过调整资源流动来改变生产方向和调整生产规模，从而使社会生产各部门按比例发展。

第三，从消费者的角度来看，价格是改变需求方向和需求规模的信息。价格水平的上涨和下跌，影响消费者的实际购买力，从而调节消费者对商品的需求量。价格上涨，消费者会减少购买高价的商品，增加购买低价的商品；当价格过高时，消费者会考虑使用产品的替代品，从而会调节市场的需求方向和需求结构。

第四，从收入分配的角度来看，价格机制调节社会物质利益合理分配。调节物质利益在全社会各部门、各企业、各个群体及居民之间的合理分配，是价格机制的重要职能。市场上价格的变化与调整，实际上是物质利益在变化与调整。例如，商品价格的提高，会使商品生产者从中受益，而使商品消费者利益受损。

2. 供求机制

供求机制是指商品的供求关系与价格、竞争等因素之间相互制约和联系而发挥作用的机理和功能。它通过供给与需求之间在不平衡状态时形成的各种商品的市场价格，并通过价格、市场供给量和需求量等市场信号来调节社会生产和需求，最终实现供求之间的基本平衡。供求关系受价格和竞争等因素的影响，而供求关系的变动，又反过来引起价格的变动和竞争的开展。

供求机制对社会经济的运行和发展具有重要功能。供求机制可以调节商品的价格；供求机制可以调节商品的生产与消费的方向和规模；供求结构的变化能调节生产结构和消费结构的变化。供求机制起作用的条件是，供求关系能够灵活地变动，供给与需求背离的时间、方向、程度应当是灵活而适当的，不能将供求关系固定化。供求关系在不断变动中取得相对的平衡，是供求机制作用的实现形式。

3. 竞争机制

竞争机制是指在市场经济中，各个经济行为主体之间为着自身的利益而相互展开竞争，对价格、供求等市场要素的影响和发生联系的机理和功能。竞争机制是竞争规律在市场运行中发挥作用的具体形式，竞争规律的要求要通过竞争机制来贯彻，竞争机制是市场机制得以形成的基础。

竞争的主要手段，在同一生产部门内主要是价格竞争，以较低廉的价格战胜对手。在部门之间，主要是资金的流入或流出，资金由利润率低的部门流向利润率高的部门。

对于每个商品生产者来说，市场的供求变化和价格信号起着直接的导向作用，竞争则促使生产要素流动，促使有限的资源达到优化配置。部门内部生产者的竞争，将促使生产要素向劳动生产率高、经济效益好的企业流动，从而实现资源在微观方面的优化配置；部门之间生产者的竞争，将促使生产要素向经济效益好的生产部门转移，从而实现资源在宏观方面的按比例分配。从整个社会来说，市场竞争机制作用的结果将不断导致少数经济效益差的商品生产者被淘汰，从而促进整个社会生产力的不断提高。

4. 风险机制

风险机制是市场活动同企业盈利、亏损和破产之间相互联系和作用的机制。在产权清晰的条件下，风险机制对经济发展，发挥着至关重要的作用。

在商品经济条件下，任何一个经济主体都面临着盈利、亏损、破产的可能性，都必须承担相应的利益风险。企业一旦有了利益的风险，就会产生千方百计生产适销对路、价廉物美商品的动力。因此，风险机制是市场的一个极为重要的机制。只有在市场机制充分发挥作用的前提下，各经济主体才能努力提高劳动生产率和按市场需要安排经营活动。

但是，市场机制并不是万能的。它所具有的功能的发挥是有条件的。价格是市场机制的核心。只有在那些可以用价格度量的领域内，市场机制才能充分有效地发挥作用。由于市场价格随着供求状况的变化进行波动，具有短期性和滞后性的特点，因此，市场机制的调节作用往往会造成企业视野的短期性和市场反应的滞后性。市场机制还存在盲目性的弊端。盲目性是相对于计划性而言的，主要是指社会经济不是按照某种预定的统一计划协调发展，因而会发生经济波动、资源浪费。

三、市场体系

（一）市场体系的含义

市场体系，是各种商品经济关系的具体体现和综合反映，是各种市场及其相互关系的总和，是各类商品交换关系复合而成的有机体。市场体系是一个多层次、多角度的立体概念。市场体系作为交换场所的总和仅仅是市场体系的表象，它的本质内涵是商品交换关系的有机结合。因此，对市场体系的理解，不能只分析各类具体的市场，更重要的是从整体上认识和把握各种交易关系、交易形式的有机体系。市场本身有着自己的组织结构，因此市场体系也有不同的组织结构。市场体系是由市场主体结构、客体结构、时间结构、空间结构立体复合而成的。

（二）市场体系的基本特征

1. 统一性

市场体系的统一性是指市场体系无论是从构成上，还是空间上均是完整统一的。从构成上看，它不仅包括一般商品市场，而且包括生产要素市场；不仅包括现货市场，而且包括期货市场；不仅包括批发市场，而且包括零售市场；不仅包括城市市场，还包括农村市场等。从空间上看，各种类型的市场在国内地域间是一个整体，不应存在行政分割与封闭状态。部门或地区对市场的分割，会缩小市场的规模，限制资源自由流动，从而大大降低市场的效率。

2. 开放性

市场体系的开放性是指各类市场不仅要对国内开放，而且要对国外开放，把国内市场与国外市场联系起来，尽可能地参与国际分工和国际竞争，并按国际市场提供的价格信号来配置资源，决定资本流动的方向，以达到更合理地配置国内资源和利用国际资源的目的。反之，封闭的市场体系不仅会限制市场的发育，还会影响对外开放和对国际资源的利用。

3. 竞争性

市场体系的竞争性是指它鼓励和保护各种经济主体的平等竞争。公平竞争创造一个良好的市场环境，以促进生产要素的合理流动和优化配置，提高经济效率。而一切行政封闭、行业垄断、不正当竞争都有损市场效率。

4. 有序性

市场体系的有序性是指市场经济作为发达的商品经济，其市场必须形成健全的网络、合理的结构，各类市场都必须在国家法令和政策规范要求下有序、规范地运行。市场无序、规则紊乱是市场经济正常运行的严重障碍，它会损害整个社会经济运行的效率，容易导致社会经济发展的无政府状态。

（三）市场体系的结构

1. 市场的主体结构

所谓市场主体，即在市场经济体制下，进入市场从事经营活动，从而享受权利，承担义务的社会组织或个人，具体包括个人或家庭、企业、国家及其他从事经营活动的社会组织。

市场主体结构，一般由市场的经营主体、市场消费主体和市场调控主体构成，其分别对应着企业、消费者和政府三大主体构成。

市场主体对市场流通活动具有能动的、支配的作用。个人或家庭表现为购买消费品和劳务、个人投资；企业表现为形成市场供给、市场需求，接受市场引导、影响市场运行；政府作为市场的调控主体不仅具有经济管理职能，而且可以通过某种方式直接介入市场。政府作为市场主体，对经济进行宏观调控可以使经济保持稳定的发展，避免经济活动的大起大落。

2. 市场客体结构

市场客体是市场交换的对象，是市场主体之间发生经济联系的媒介物。所谓市场的客体结构，就是指加入交换活动的各种交易对象所形成的各种市场的总和及它们之间的相互关系。

市场客体结构一般由商品市场和要素市场组成。商品市场是商品交换的场所和领域，按照商品种类不同可分为消费资料市场和生产资料市场。商品市场是最早发育成熟的市场，是基础市场，所有其他的市场都是由它派生出来的，直接反映着社会生产和社会需求的状况，调节着社会经济最基本的供求关系。而要素市场是生产所需要的各种条件进行交易的市场，包括金融市场，劳动力市场，房地产市场和信息、技术市场，以及生产资料市场。其中，金融市场是经济主体间融通资金的市场，包括资本市场和货币市场。劳动力市场，是劳动力的供求双方相互选择、平等洽商和达成协议的场所或关系。房地产市场，是指将房地产作为商品进入流通，实行有偿使用或转让的场所或关系，其交换或经营的对象包括两类：一类是房屋产业，其中有居民居住用房和非住宅用房；另一类是地产，包括有建筑物附着的土地和已开发、未开发的可作为建筑地段使用的土地。技术、信息市场，是进行技术和信息的交流、咨询、服务和转让的交易市场。

3. 市场时间结构

市场时间是指市场主体交换市场客体过程的持续性和顺序性。市场主体的交易行为尽管多种多样，但总要经历一定的时间。所谓市场体系的时间结构，是指该体系中各种交易活动的时间形态及其构成。它以各类市场的空间并存性为前提。

一般商品的交换，市场的时间结构是由现货交易市场、期货交易市场和信用交易构成的。各种市场交易方式及其在时间形态上的差异，都有其客观的经济成因、适用范围和经济功能，都在市场体系中占有自己的位置。

现货交易市场是指交易双方即期进行交易的市场。现货交易市场是一种最古老、最基本的市场，其他种类的市场都是在它的基础上发展起来的。

期货交易市场是指交易行为在前，实物和货款交割在后的进行期货合约买卖的市场。期货市场主要是农作物、金属材料、原油等产品的生产商为了避免商品价格波动过大带来的损失，对商品未来价格进行锁定而逐渐发展起来的市场。现代市场经济社会，不仅有形的商品可以进行期货交易，无形的商品也可以进行期货交易，由于商品未来价格变化较大，期货交易的金额较大，期货交易通常有很大的风险。

信用交易是在商品交换中产生的借贷关系，主要有两种：先付款，后取货；先拿货，后付款。它有利于协调供求关系，繁荣市场，但也可能导致“三角债”。

4. 市场空间结构

所谓市场空间，就是市场主体支配客体的活动范围。随着商品经济的发展，交易内容越丰富，交易形式越多样化，市场空间范围就越来越扩大，市场空间结构就更加复杂，空间布局就更趋于合理，逐步形成一个完整的市场空间体系。从市场的空间范围来说，市场空间结构可以分为四个层次：以地方分工为基础的地方市场；以经济活动地域专业化分工为基础的区域市场；在各具特色、互为供求关系的区域市场整合基础上形成的国内统一市场；在各国之间互相开放基础上形成的国际市场。这些市场之间并非是简单的重叠关系，是依次包容或被包容，每一个前项构成了其后项的有机组成部分。由于社会生产力在空间分布上的不平衡性和地理条件的限制，使得市场体系的空间结构在同一层次上往往呈梯度形态。

做一做

小商品市场是与百姓生活息息相关的市场经济组成部分，可以说老百姓日常生活中的多数经济行为都是在小商品市场进行的。近年来，我国小商品市场一方面涌现出了以义乌商贸城为代表的快速发展的典型，另一方面更多的小商品市场由于市场经济优胜劣汰的固有规律而陷入没落。请你调查你所在地区主要的小商品市场，分析它们的成功与不足之处，并提出你对小商品市场发展的意见。

■补充资料

围绕市场经济问题存在有两种理论传统，具体内容如下。

一种是强调市场机制绝对合理的传统。这是由斯密、萨伊到马歇尔、哈耶克所代表的经济自由主义或新古典经济学的传统。他们认为，资本主义市场经济是内在完满，具备自我均衡机制的完善体系，市场机制在本质上是没有缺陷的，市场本身的均衡调整机制足以保证经济长期均衡运行，并可以导致资源的最佳配置。周期性危机是非必然的，是可以避免的。

另一种是以马克思和凯恩斯为代表的，认为市场机制有缺陷的传统。马克思认为，近代资本主义的历史是由小市场经济走向大市场经济，即由民族市场走向世界市场经济的进程。这其实就是今天常讲的“全球化”。马克思认为这个进程是不可阻挡的，在世界市场经济已统治全世界的时候，周期性的世界经济危机最终会产生破坏世界市场的力量，从而撕毁这一体制。他把这种全面危及世界统一市场的危机，称作“普遍危机”或“总危机”。凯恩斯最早信奉马歇尔的新古典经济学，但20世纪30年代大萧条，却使他最终转向了对自由市场经济危机机制的分析。但是凯恩斯和马克思的立场不同：马克思认为，市场体制中的危机机制是不可救的；而凯恩斯则相信，可以通过政府对经济作宏观干预的方法，补救市场机制的缺陷。但是马克思与凯恩斯都认为市场机制本身是有缺陷的，周期性危机就表明这种缺陷。这可以称作纠正市场幻想的一种理论传统。

对市场机制的上述两种对立的理论传统，实际上形成了近代经济学中对于市场经济的两种不同理论传统。

■思考与练习

一、填空题

1. ________是指在其他因素不变的情况下，一种商品的价格越高，其需求量越少。

2. 影响需求的因素主要有________、________、________、________。

3. 影响供给的因素主要有________、________、________、________。

4. 市场机制是一个有机的整体，它的构成要素主要有________、竞争机制________和风险机制。

二、选择题

1. 消费者对某商品有需求，说明此消费者（　　）。

A. 有购买欲望　　B. 有购买能力

C. 有购买行为　　D. 既有购买欲望又有购买能力

2. 当汽油的价格上升时，消费者对小汽车的需求量将（　　）。

A. 减少　　B. 保持不变　　C. 增加　　D. 不在乎

3. 一条垂直的需求曲线表示的是（　　）。

A. 单位弹性　　B. 缺乏弹性

C. 需求有无限弹性　　D. 需求的价格弹性为零

4. 如果沙特王国认为石油输出国组织的石油供给增加会增加石油销售总收益，那么沙特人就一定相信石油的需求（　　）。

A. 收入缺乏弹性　　B. 收入富有弹性　　C. 价格富有弹性　　D. 价格缺乏弹性

5. 大米的供给量增加是（　　）。

A. 由大米的需求量增加引起的　　B. 由大米价格上升引起的

C. 由收入的增加引起的　　D. 由成本的增加引起的

6. 政府为了扶持农业，对农产品规定高于均衡价格的支持价格。政府要维持支持价格，应该采取下面的相应措施（　　）。

A. 增加对农产品的税收　　B. 实行农产品配给制

C. 收购过剩的农产品　　D. 减少税收

7. 政府把价格提高到均衡价格以上可能导致（　　）。

A. 黑市交易　　B. 大量积压

C. 卖者卖出了希望出售的商品　　D. 买者买到希望购买的商品

8. 鼓励生产者提高供给量的政策是（　　）。

A. 实行支持价格政策　　B. 实行限制价格政策

C. 提高产品的生产税　　D. 提高产品消费税

9. 某人计划支出一笔固定资金用于购买鸡蛋，在某一价格变动范围内，他不会因价格的变化而改变用于购买鸡蛋的货币量，则在这一价格变动范围内，该人的需求（　　）。

A. 处于均衡状态　　B. 完全有弹性

C. 完全无弹性　　D. 高度无弹性，但并非完全无弹性

10. 王府井动漫城矿泉水的价格由每瓶 2.00 元提升至每瓶 2.30 元，并因此造成日销量由 100 瓶减少至 80 瓶，则矿泉水的需求价格弹性为（　　）。

A. －0.52　　B. －1.33　　C. －1.9　　D. －66.67

三、简答题

1. 在下列情况下，磁带的价格与交易量会发生什么变化？

(1) CD 唱片价格上升。

(2) 录音机价格上升。

(3) 音乐会的供给增加。

(4) 消费者收入增加，企业在生产磁带时使用了节约成本的技术。

(5) 生产磁带所用的要素价格上升了。

(6) 新产品进入市场，磁带过时了。

2. 用图形解释需求量的变动与需求的变动有何不同。

3. 什么是市场均衡价格？阐述均衡价格的形成过程。

4. 用需求价格弹性理论来解释“谷贱伤农”这一“丰收悖论”。

5. 销售税是不是完全由买者承担？为什么？

6. 为获得最大利润，厂商为什么在商品无弹性时总是提高商品价格，而在需求有弹性，却不一定提价？

7. 简述市场的含义与功能。

8. 市场机制有哪几种具体的运行形式？

9. 市场体系的构成结构如何？

四、计算题

1. 某君对消费品 X 的需求函数为 $P=100-1/2Q$，分别计算价格 $P=60$ 和 $Q=900$ 时的需求价格弹性系数？

2. 若某商品的价格变动 10%，其产量将变动 20%。求这种商品的供给弹性。

3. 某人欲把 120 元钱全部用来购买 X 和 Y 两种商品，已知 X 商品的价格为每单位 20 元，Y 商品的价格为每单位 30 元。试问他应购买多少 X 商品和 Y 商品才能使总效用最大？各种不同数量的 X 和 Y 商品能够给该消费者带来的边际效用如下表所示：

Q	1	2	3	4	5	6
MU_X	16	14	12	10	8	6
MU_Y	21	18	15	12		

模块 3

分析市场主体交易行为

■学习目标

◇ 通过本模块的学习，学生能分别从消费者和厂商的角度来分析市场交易行为，最终能促使交易的达成。

■培养的职业能力

◇ 学会用经济学的思维方式思考问题。

◇ 树立正确的消费观。

◇ 理解企业生产成本。

项目 1　分析消费者交易行为

项目 2　分析厂商交易行为

项目1　分析消费者交易行为

■学习目标

◇ 正确理解总效用、边际效用、消费者均衡等概念。

◇ 熟知消费者均衡的条件。

◇ 正确理解和分析消费者交易行为。

学习任务

最好吃的东西

兔子和猫争论，世界上什么东西最好吃。兔子说："世界上萝卜最好吃。萝卜又甜又脆又解渴，我一想起萝卜就要流口水。"

猫不同意，说："世界上最好吃的东西是老鼠。老鼠的肉非常嫩，嚼起来又酥又松，味道美极了！"

兔子和猫争论不休、相持不下，跑去请猴子评理。

猴子听了，不由得大笑起来："瞧你们这两个傻瓜蛋，连这点儿常识都不懂！世界上最好吃的东西是什么？是桃子！桃子不但美味可口，而且长得漂亮。我每天做梦都梦见吃桃子。"兔子和猫听了，全都直摇头。那么，世界上到底什么东西最好吃？

资料来源：马春莲，王雅平. 经济学基础. 北京：电子工业出版社，2013

请思考：

1. 你觉得世界上什么东西最好吃？
2. 为什么每个人、每个动物给出的答案都不同？
3. 上述对话体现了经济学的哪些原理？

读一读

一、欲望与效用

（一）欲望

西方经济学研究消费者行为通常从欲望的研究开始。欲望（Wants）也叫作需要（Needs），是指人们想要得到而没有得到某种东西的一种心理状态。欲望具有无限性和多样性。

关于欲望或需要的学说，目前最流行的是美国心理学家亚伯拉罕·马斯洛（Abraham. H. Masrow，1908—1970）关于欲望或需要层次的解释。提出人的欲望或人的需要按其强烈程度不同可以分为以下五个层次。

(1) 生理需要，是人类最原始、最迫切也是最基本的需要。它包括人们衣、食、住、行等方面。

(2) 安全需要，即生活能够得到保障，包括人身安全、财产安全、职业安全、劳动安全、环境安全、心理安全等。

(3) 社交需要，即社会交往中感情上的需要，它与个人的性格、经历、文化以及所属国家、民族、宗教信仰都有关系。例如，希望得到别人的重视，获得与他人之间的友谊、关爱等。

(4) 尊重需要，包括自尊和受人尊重，表现为对名誉和地位的追求等。

(5) 自我实现需要，这是最高级的需要，即获得成就的欲望，希望自己的才智潜力能得到最充分的发挥，实现自己的目标与理想。

马斯洛认为，人们的欲望或需要是按以上五个层次由低级向高级逐层发展的。当低层次的需要获得满足以后，人们就开始追求更高一层的需要。驱使人们不断追求更高层次需要的动力就是人们的无限的欲望。

马斯洛认为，人的需要是有层次、有顺序的，低一级的需要基本得到满足后，才会产生更高一级需要。在某一时期，人可以同时存在多种需要，但其中总有一种需要处于主导地位，称之为优势需要。只有满足人们的优势需要，才能有效地控制和激发人的行为。不同的人有不同的优势需要，而同一个人在不同时期优势需要也不同。

（二）效用

所谓效用就是指消费者从商品消费中所获得的满足，是消费者对商品主观上的偏好和评价。效用是人们的一种心理活动现象，而不是商品本身存在的有用性。商品的效用与商品的有用性的含义不同。一个商品如果能使消费者获得满足和愉快，这个商品就具有效用。效用是消费者对商品外在的、主观的感受。例如，一片面包在客观上可以给人们充饥，这就是它的使用价值或有用性。但是对不同的人或不同时间而言，它具有不同的效用，甚至是无效用或负效用。

二、基数效用论和序数效用论

效用是用来表示消费者在商品消费时所感受到的满足程度，那如何度量“满足程度”即效用的度量，经济学家提出了基数效用论和序数效用论的概念。

（一）基数效用论

所谓基数效用论是指用绝对数（基数 1、2、3……）来表示、分析效用的理论。19 世纪西方经济学家认为，效用的大小如同长度、重量等概念一样，可以具体衡量，其标准就是效用的统一计数单位（util）。人们就是根据这个效用计数单位来衡量不同商品效用的大小。例如，吃一块面包 10 个单位，看一场电影 100 个单位，等等。对消费者来说，所获得的效用只有量上的差别，没有质上的差别。这样，对于消费不同的商品，其效用可以比较，也可以加总。

（二）序数效用论

与基数效用论不同，20 世纪的大多数经济学家则认为，效用的大小是无法具体衡量的，效用之间的比较只能通过顺序和等级（即第一、第二、第三，等等）加以表示。人们可以根据自己的喜好，排出顺序加以比较。也就是说，效用不是数量概念，而是次序概念，是不可以加总、求和的。例如，你可以准确地知道一杯茶和一杯咖啡哪一种对你的效用更大，但你无法或没有必要知道它们具体的效用大小。

在基数效用理论和序数效用理论分析的基础上，形成了研究消费者行为的两种方法，它们分别是基数效用论者的边际效用分析方法和序数效用论者的无差异曲线的分析方法。本节先介绍边际效用分析法，无差异曲线分析法将会在下一节详细介绍。

三、总效用和边际效用

效用分为总效用和边际效用。

（一）总效用

总效用（Total Utility，TU）是指消费者在特定时期内消费一定数量的某种商品所获得效用的总和。在正常情况下，所消费的商品数量越多，其总效用就越大。假定消费者对一种商品的消费数量为 Q，则总效用函数为：

$$TU = f(Q)$$

上式表示，总效用 TU 是消费量（Q）的函数，它随消费量的变化而变化。

（二）边际效用

边际效用（Marginal Utility，MU）是指在特定时期内，消费者每增加 1 单位商品的消费所获得的效用增量。其相应的边际效用函数为：

$$MU = \frac{\Delta TU(Q)}{\Delta Q}$$

即边际效用 MU，可表示为总效用增量与消费量增量之比。如果消费量的增量 ΔQ 非常小，趋近零，边际效用就是总效用对消费量的一阶导数，即：

$$MU = \lim_{\Delta Q \to 0} \frac{\Delta TU}{\Delta Q} = \frac{\mathrm{d}TU}{\mathrm{d}Q}$$

一般人都有这样的经验：当我们消费某种商品的时候，随着数量的增加，起初人们获得的满足程度会不断地增加，但是达到一定的数量后，满足程度不增反减。这种现象说明了什么理论呢？下面我们就以表 3-1-1 中提供的消费者甲在一天中消费某种商品的例子予以说明。

表 3-1-1　　某种商品的效用表

某一商品的消费数量	总效用（TU）	边际效用（MU）
0	0	
1	10	10
2	18	8
3	24	6
4	28	4
5	30	2
6	30	0
7	28	−2
8	24	−4

我们从表 3-1-1 中可以看出，随着商品消费量的增加，TU 先增加后减少，同时增加的幅度也随着数量的增加而不断减少，这是因为所消费的每种商品所产生的效用不同，即边际效用随着消费量的增加而不断减少。这正是微观经济学中重要的边际效用递减规律。

边际效用递减规律的内容是：在其他条件不变的情况下，对一个消费者而言，一种商品的边际效用会随着消费的商品数量的增加而逐渐地减少，直至为零或负值。

关于边际效用递减的原因有多种解释，这里我们简单地介绍有代表性的两种。一种是设想每种商品有多种用途，而消费者将不同的用途按重要性划分为若干等级。消费者总是把第一单位的商品用在最重要的用途上，第二单位的商品用在次重要的位置上，依次类推，商品的边际效用便随着商品用途的重要性的下降而递减。另一种解释是，由于商品的效用是消费者的主观感受，因此，当某种商品数量很多时，消费者生理上和心理上对重复的刺激的反应就递减了，从而导致商品增加所带来的效用增量即边际效用呈递减趋势。

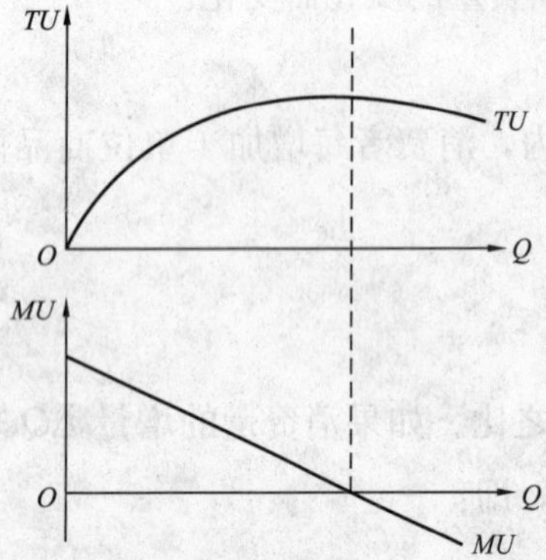

图 3-1-1　总效用与边际效用曲线

根据表 3-1-1，我们可以画出总效用和边际效用曲线，如图 3-1-1 所示。

从该图中可以看出总效用曲线和边际效用曲线有如下的关系：

只要边际效用大于零，总效用曲线不断上升，总效用不断增加；总效用曲线上每一点的斜率就是边际效用，它总是随着总效用的不断增加而减少；当边际效用为零时，总效用曲线达到最高点，即总效用最大；当边际效用为负值时，总效用曲线开始下降，即总效用不断减少。

四、消费者均衡的条件

消费者在特定时间内的货币总是有限的，这就决定了他不可能购买他所需要的全部商品，而必须有所取舍，有所选择。所谓消费者均衡就是指消费者在货币收入和商品价格既定条件下购买商品而获得最大的总效用的消费或购买状态。

为了使得花费一定量的货币所获得的总效用最大，消费者应该怎样处理这些货币在各种商品消费上的分配？即应该买进哪些商品？各种商品的购买数量应为多少？

（一）效用最大化原则

如果消费者连续消费某一种商品，要实现效用最大，即达到消费者均衡，就必须是边际效用等于零时，消费者从这种商品中获得的总效用最大。但消费者的需求是多方面、多层次的，这就决定他们需要消费的商品是多种多样的。假设某消费者购买 X、Y、Z 三种一元商品，每种商品的边际效用如下表 3-1-2 所示。

表 3-1-2　　三种商品的边际效用

消费量＼效用＼品种	X	Y	Z
1	10	9	8
2	9	8	7
3	8	7	6
4	7	6	5
5	6	5	4
6	4	3	2

如果该消费者有 14 元可供消费，他会如何选择商品，即实现效用最大化，达到消费者均衡？我们已经知道，消费者要实现均衡，就得使他消费的商品实现效用最大，因此，从表 3-1-2 中可见，消费者拿出他第一个一元钱进行消费时，他会选择一个 X 这种对他效用最大的商品，而 X 的第二个商品的消费效用与 Y 这种第一个商品的消费效用都为 9 个单位，所以他可以任意选择，或者说第二个一元钱和第三个一元钱他会用来增加购买一个 X 和一个 Y，以此类推，该消费者总共消费 5 个 X、5 个 Y 和 4 个 Z。我们可以发现，只有当消费者花费一单位货币所购买的各种商品的边际效用都相等时，消费者才不会再改变既定的消费格局和消费状态，因为任何改变都只能使消费者所获得的总效用减少。

所以，要达到消费者均衡的条件可以表述为：消费者花费的每一单位货币，比如说每一元货币所购买的各种商品的边际效用都相等，这也叫作边际效用均等规则，或效用最大化原则。用公式表示为：

$$\frac{MU_x}{P_x}=\frac{MU_y}{P_y}=\frac{MU_z}{P_z}=\cdots=\frac{MU_n}{P_n}$$

所以，消费者均衡的条件又可表述为：消费者购买的各种商品的边际效用之比等于它们的价格之比。

（二）消费者剩余

所谓消费者剩余，是消费者愿意对某商品支付的价格与实际支付的价格之间的差额，或者说，是消费者消费某种一定量商品所获得的总效用与为此花费的货币的总效用的差额。

当市场价格低于消费者所愿意支付的最高价格时，这个消费者不仅在购买中得到了满足，而且还得到了额外的福利，这个福利便叫作“消费者剩余”。

如前所述，商品的边际效用是递减的，随着商品消费数量的增加，消费者对该商品所愿意支付的最高价格也递减，而商品的市场销售价格只有一个。这样，就形成了消费者剩余。

以表3-1-3所示的某消费者对矿泉水的需求状况为例来说明消费者剩余（见图3-1-2）。

表3-1-3　　某消费者对矿泉水的需求状况

矿泉水的消费量（瓶）	1	2	3	4	5	6
愿意支付的价格（美元）	7	6	5	4	3	2
市场价格（美元）	2	2	2	2	2	2
消费者剩余（美元）	5	4	3	2	1	0

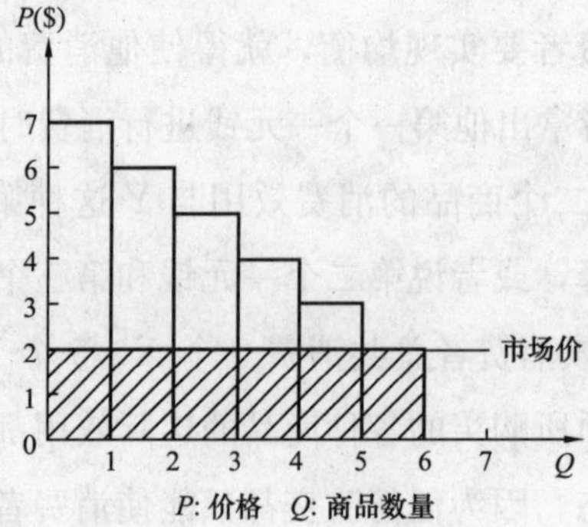

图3-1-2　消费者剩余

图中阴影部分为消费者实际支付的价格为12美元，空白部分为消费者愿意支付的价格和实际支付的价格之间的差额共计15美元，即消费者剩余。

做一做

作为一名消费者，阐述吃自助餐的经济学。

项目2　分析厂商交易行为

■学习目标

◇ 正确理解长期、短期、厂商均衡等概念。

◇ 熟知厂商均衡的条件。

◇ 正确理解和分析厂商生产行为。

学习任务

大型零售商场平时为什么不延长营业时间?

春节、元旦等节假日期间大型零售商场都延长营业时间，为什么平时不延长? 从理论上说延长时间一小时，就要支付一小时所耗费的成本，这种成本即包括直接的物耗，如水、电等，也包括由于延时而需要的售货员的加班费，这种增加的成本就是我们这一章所要学习的边际成本。假如延长一小时增加的成本是1万元（注意这里讲的成本是西方成本概念，包括成本和正常利润），那么在延时的一小时里他们由于卖出商品而增加收益大于1万，作为一个精明的企业家他还应该再将营业时间在此基础上再延长，因为这是他还有一部分该赚的钱还没赚到手。相反如果他在延长一小时里增加的成本是1万，增加的收益是不足1万，他在不考虑其他因素情况下就应该取消延时的经营决定，因为他延长一小时成本大于收益。节假日期间，人们有更多的时间去旅游购物，使商场的收益增加，而平时工作紧张，家务繁忙，人们没有更多时间和精力去购物，就是延时服务也不会有更多的人光顾，增加的销售额不足以抵偿延时所增加的成本。这就能够解释在节假日期间延长营业时间而在平时不延长营业时间的经济学的道理。

（资料来源：摘自 blog. sina. com. cn，有所改动）

请思考：

1. 你认为大型零售商场平时为什么不延长营业时间?
2. 上述情境中大型零售商场是依据什么原则来决策的?
3. 试分析高尔夫球场人不多时却依然开放。

读一读

生产是厂商利用各种方法或手段对各种生产要素进行组合以制成产品的行为。在这里所说的厂商是指从事产品生产或营销活动的经营者，具体来说包括工厂、农场、商店或服务性行业的经营单位等。在生产过程中由于厂商利用的生产要素的种类及组合方式不同，生产的产品可以是粮食、机器等物质产品，也可以是歌曲、戏剧等精神产品。

一、生产与生产要素

从经济学的角度看，生产是指投入各种不同的生产要素以制成产品的过程，也就是把投入变成产出的过程。

任何一种生产都需要投入各种不同的生产要素。生产要素是指厂商在生产中所使用的各种生产资源，是从事生产经营活动的必备条件。这些资源可以分为劳动、资本、土地与企业家才能四大类。

劳动是指劳动者在生产过程中提供的服务，包括体力劳动和脑力劳动。经济学中的土地是一个广义的概念，包括土地及地上或地下的各种自然资源，如土地、水、自然状态的矿藏、森林等。资本是指生产中所使用的资金，它有无形的人力资本和有形的物质资本两种形式。前者体现为劳动者的身体、文化、技术状态，后者是指生产过程中使用的各种生产设备，如机器、厂房、工具、原料等资本。在生产理论中，资本是指物质资本。以上是西方经济学传统的生产三要素，后来马歇尔在其《经济学原理》一书中，又增加了一种生产要素，即企业家才能，将“生产三要素”发展为“生产四要素”。企业家才能是企业家经营企业的组织能力、管理能力和创新能力。

生产要素可以分为两类，一是固定生产要素，即在考察期内数量不变的生产要素；二是可变生产要素，即在考察期内数量可变的生产要素。经济学上一般把时期分为短期和长期。在短期，某些要素固定，如企业的厂房和设备不变；某些要素可变，如工人和原料数量可变。在长期，所有的要素都可变，企业可以根据产销环境的变化，对所有要素的数量作必要的调整。

二、企业的目标

企业是为了销售而生产商品和服务的基本单位。在美国，有数百万个企业，它们分别采取归一个人所有的独资企业、归两个或两个以上的人所有的合伙企业以及作为虚拟法人的公司三种形式，这三种形式的企业提供了美国商品和服务的85%左右，其余的15%是由政府和非营利机构提供的。显然，在市场经济中，企业的经济活动处于一个十分重要的地位。

企业为什么要进行经营活动，或者说企业经济活动的目标是什么？

一般来说，经济学家假定企业的目标是使它的利润最大化。需指出的是，经济学家对利润的定义与会计学家不同。会计学家所说的利润是目前的、短期的利润；经济学家所说的利润则是指在长期内，通过适当方法折为现值，并且扣除了业主所提供的资本和劳动的报酬之和的利润。

虽然企业的目标是利润最大化的假设，初看起来是天经地义、理所当然的，但它确实也有局限性。

第一，赚取利润需要时间和精力，如果企业的所有者同时又是经理，他们可能觉得为了闲暇而牺牲利润更合适一些，在这种情况下，假定所有者兼经理的目标同消费者一样，都是追求效用最大化而不是追求利润最大化可能更准确一些。

第二，现实世界具有不确定性，在一个具有不确定的世界中，最大利润并没有一个明确的定义。

最后，现代公司的观察员经常说利润不是企业的唯一目标，工业发言人也常说下列目标同样是重要的：在企业界实现更好的社会地位、增加或至少保持其市场份额、塑造一个良好的雇主形象以及扮演一个有用的社会角色等。

但是利润最大化仍是一个最接近实际的假定。利润最大化的理论，指出了一个想要尽可能多赚钱的企业应该如何经营，也使那些不追求利润最大化的企业明白他们为了追求其他的目标损失了多少。

三、生产函数的概念及分类

生产函数是指能生产出最大产出量与这一产出所需要的投入之间的关系。它反映了一定物质技术的状况。生产函数可表示为：$Q=f(K, L, N, E)$。生产函数描述了一个企业如何能够生产出它的产品组合，同时，它也是决定企业的成本曲线的重要因素。

只有劳动（L）和资本（K）两种生产要素条件下，生产函数可记为：$Q=f(L, K)$。若资本的投入量固定不变，则生产函数可记为：$Q=f(L)$。

根据企业在一定时期内是否能对全部的生产要素进行调整，将生产函数分为短期生产函数和长期生产函数。短期是指企业在一定的时期内不能根据它要达到的产量来调整它全部的生产要素。具体来说，在短期内企业只能调整原材料、燃料及工人的数量，不能调整固定设备、厂房和管理人员的数量，即企业不能根据市场状况调整生产规模，而只能改变部分生产要素的投入量。长期是指企业能在这样的时期内调整所有的生产要素，因而生产规模也随之发生变动。

四、短期生产函数——一种可变生产要素的生产函数

（一）总产量、平均产量和边际产量

假定某厂商在为生产一定量产品所使用的投入要素中，只有劳动投入是可变的，其他要素均不变，则该种产品的生产情况如表 3-2-1 所示。在这里，也可以假定劳动要素以外的资本等其他某一种要素变化，其情形与只有劳动要素可变完全类似。

表 3-2-1　一种可变要素的投入与产出间的关系

要素投入量（L）	总产量（TP）	平均产量（AP）	边际产量（MP）
0	0	—	—
1	6	6.0	6
2	18	9.0	12
3	27	9.0	9
4	33	8.3	6
5	36	7.2	3
6	36	6.0	0
7	33	4.7	−3
8	27	3.4	−6

1. 总产量（Total Product，TP）

它是指一定量的某种生产要素所能生产的全部产量。就其生产函数而言，总产量可表示为：

$$TP = f(L, K) = f(L) \tag{3.1}$$

如表 3-2-1 中的第二列所示，总产量通常先随要素投入的增加而增加，达到最高点后即开始不断减少。为了更形象地表示总产量和要素投入量之间的关系，可以根据表 3-2-1 的资料绘制图 3-2-1。

2. 平均产量（Average Product，AP）

它是指平均每一单位某种可变要素的产量，即总产量与要素投入量之比，其计算公式

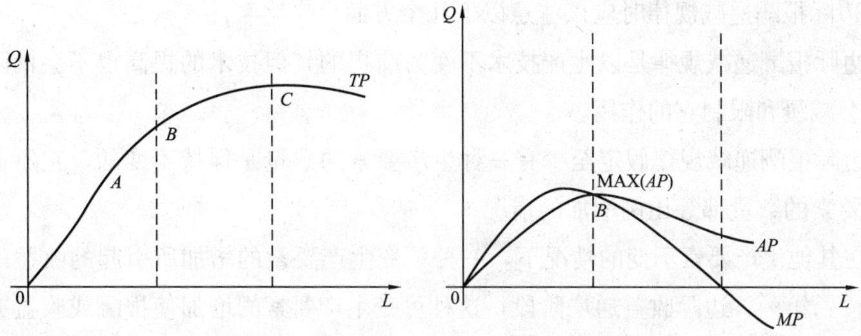

图 3-2-1　一种可变要素的投入与产出的关系

如下：

$$AP=\frac{TP}{L} \tag{3.2}$$

与总产量相对应的平均产量通常先随要素的增加而增加，达到最高点 B 后即不断下降，见表 3-2-1 中的第三列和图 3-2-1。

3. 边际产量（Marginal Product，MP）

它是指每增加一单位某种可变要素的投入所增加到的产量。其计算公式如下：

$$MP=\frac{\Delta TP}{\Delta L} \tag{3.3}$$

借助于图 3-2-1 还可以说明三条产量曲线之间的关系：

(1) 总产量与边际产量。TP 曲线上任意一点的 MP，即为该点切线的斜率。点 A 时 MP 曲线达到最高点。点 A 与点 C 之间边际产量递减，总产量曲线是在以递减的速率上升。点 C，总产量达到最大。过点 C 以后，边际产量为负数，总产量也递减。

(2) 总产量与平均产量。TP 曲线上任一点到原点的连线的斜率，就是该 TP 水平上的 AP。这种连线的斜率随着产量的增加而增大，AP 递增。过了点 B 后，这种连线的斜率递减，表示 AP 递减。

(3) 边际产量与平均产量。当边际产量大于平均产量时，平均产量递增；当边际产量小于平均产量时，平均产量递减；MP 曲线穿过 AP 曲线的最高点。

（二）边际报酬递减规律

边际报酬递减规律（The Law of Diminishing Marginal Return）是指在生产技术不变的条件下，若其他投入不变，连续不断增加某一种投入，则这一种投入的边际产出量最终会逐渐减少，它也被称为边际产量递减规律或边际收益递减规律。

理解边际报酬递减规律时应该注意以下几个方面。

(1) 边际报酬递减规律是以生产技术不变为前提的，但技术的提高也不会消除这一规律，只是会减缓和限制它的作用。

(2) 边际报酬递减规律假定至少有一种生产要素的数量是保持不变的，它不适用于所有的生产要素的数量都等比例增加的情况。

(3) 在其他生产要素不变的情况下，一种可变生产要素的增加所引起的收益的变动经历三个阶段：第一，边际收益递增阶段，这种可变生产要素的增加使报酬或收益亦递增的速度增加。因为在开始阶段，不变生产要素没有得到充分利用，可变生产要素增加可使边际收益递增，从而使总收益以递增的速度增加。第二，边际收益递减阶段，这种可变生产要素的增加使报酬或收益以递减的速度增加。因为在这一阶段，不变生产要素已接近充分利用，可变生产要素增加会使边际收益递减，但大于零，所以总收益以递减的速度增加。第三，边际收益为负，总收益递减阶段。因为不变生产要素已经充分利用，再增加可变生产要素只会使生产效率下降，使总收益减少。

(4) 边际报酬递减规律与边际效用递减规律一样无需提出理论证明。它是从生产实践中得出来的基本规律，边际产量是可以计量的。而边际效用递减规律是从消费者心理感受中得出来的，边际效用是不可计量的。

(5) 边际效用递减规律只存在于技术系数可变的生产函数中。对于技术系数固定的生产函数，由于各种生产要素不可相互替代，其组合的比例是不可改变的，所以，当改变其中一种生产要素的投入量时，边际产量突变为零，不存在依次递减的趋势。

边际收益递减规律是研究一种生产要素合理投入的出发点。在技术不变的情况下，边际收益递减规律所反映的这种现象，在生产实践、社会活动和科学实验过程中是十分明显的。

假定某一个经营者张先生经营一家快餐馆。这个餐馆的经营面积及其他资产在充分利用的情况下，每天最多可以经营快餐达 360 份。现在只有张先生一个人，他既是老板，又是采购员，还是厨师等，总之，快餐店里所有的事，都是张先生一个人亲自处理，这样的话，张先生每天能经营 26 份快餐。现在他有了一个合作伙伴，假设这位搭档与张先生的才干一样，经过他俩的分工与合作，增加的这个搭档所增加快餐盒饭会超过张先生原来经营的快餐盒饭数。假定增加的这个合作伙伴所增加的快餐盒饭为 34 份。同理，增加第二个合作伙伴，快餐店制作的盒饭 120 份。增加到 4 位合作者时，快餐店里制作的盒饭达 208 份。增加到 5、6、7、8、9 位合作者时，快餐店里经营的盒饭分别为 268、312、336、352、360 份。如果继续增加合作者，这个快餐店经营的盒饭数不但不会增加，反而会减少。这是因为合作者太多，里面会出现很多的矛盾，这些矛盾足以影响他们的经营。

（三）一种可变生产要素的合理投入

由于边际收益递减规律普遍存在，在其他生产要素投入量不变的条件下，连续增加某一种生产要素的投入量并不是越多越好。那么，厂商应如何选择某一要素的最佳投入数量呢?

通常根据厂商总产量、平均产量和边际产量的关系，将生产要素的投入分为三个阶段，如图 3-2-2 所示。从生产的三个阶段中，可以看出应投入多少劳动要素。

第一阶段：劳动的投入从 0 到 L_1，在这一阶段，边际产量大于平均产量，平均产量一直是递增的，且达到最大值；总产量始终是增加的。这说明：在这一阶段，固定要素投入量相对过多，相对于不变要素投入而言，劳动投入是不足的。正如前面张先生开快餐店的例子一样，最初，快餐店的人手非常缺少，增加帮手，所经营的盒饭不断增加。任何理性的生产者都不会在这个阶段停止生产，而是继续投入可变要素扩大生产。

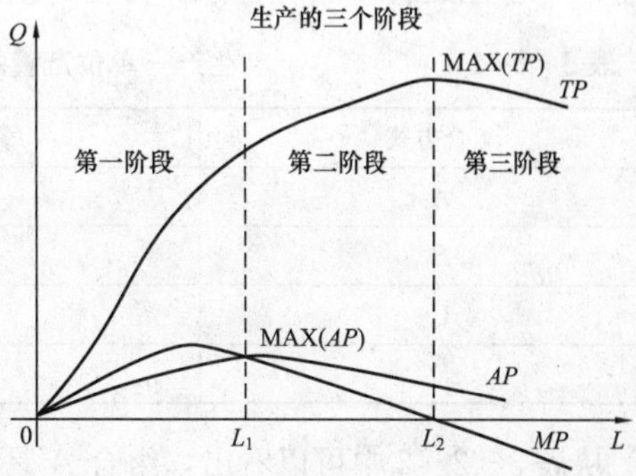

图 3-2-2 一种可变要素的合理投入区

第二阶段：劳动的投入从 L_1 到 L_2，在这一阶段平均产量递减，边际产量大于零而且总产量处于继续增加阶段。

第三阶段：劳动的投入大于 L_2，在这一阶段边际产量为负，平均产量和总产量都处于递减阶段。这说明：与第一阶段恰好相反了，现在人手过多、人浮于事了，即相对于固定要素投入来说，可变要素投入太多。过剩的可变要素不仅不能增加生产，反而使总产量减少，生产者蒙受双重损失：一是资源的浪费，二是总产量的减少。阶段三称为不经济阶段。理性的生产厂商是不会选择在这个阶段生产的。

所以，理性的厂商会选择在第二阶段上从事生产。在这一阶段具体应投入多少可变要素，还取决于资本和劳动的成本以及产品的市场价格，对此将在后面分析。

五、长期生产函数——两种可变生产要素的投入

以上分析了其他要素投入量不变，只有一种可变生产要素投入量与产出量之间的关系，并确定了可变要素的合理投入区。然而在长期的生产中，所有投入要素都是可以变动

的。下面我们假设两种生产要素可变的情形为例来考察长期生产要素的投入与产出之间的关系，并探讨厂商生产要素投入量的最优组合是如何确定的。

（一）等产量线

1. 等产量线的含义

等产量线是指在技术水平不变的条件下，生产同一产量的两种生产要素投入量的不同数量组合的轨迹。或者说是在资本和劳动者两种生产要素互相替代的条件下，要生产一定数量的产品，既可以用资本密集的方法生产，也可以用劳动密集的方法去生产。假定某企业生产一单位某种产品，资本和劳动的投入有以下几种情况，如表 3－2－2 所示。

表 3－2－2　　生产一单位产量的资本和劳动的各种组合

组合方式	资本（K）	劳动（L）
A	6	1
B	3	2
C	2	3
D	1	6

从表 3－2－2 中可以看出，组合 A 是资本密集型方法，使用了 6 个单位的资本只用了 1 个单位的劳动，随着劳动使用量的增加，逐步以劳动代替资本，到组合 D 已经是劳动密集型方法生产，使用了 6 个单位的劳动只使用了 1 个单位的资本。虽然投入的生产要素组合不同，但每种不同的要素组合都能生产出相同的产量。这些组合情况可以在坐标图中画出来。如图 3－2－3 所示。

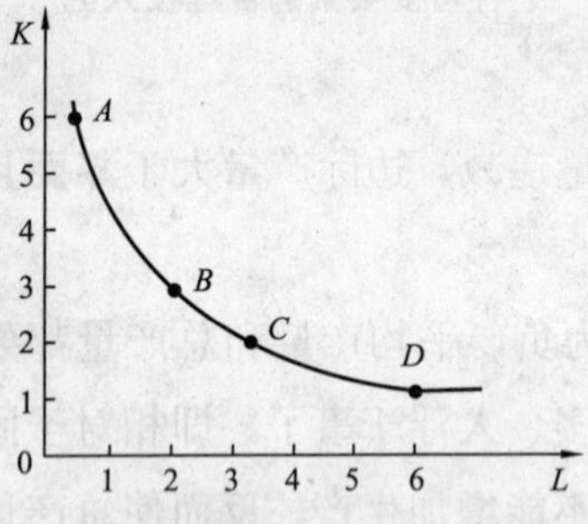

图 3－2－3　等产量线

等产量线表明了生产某一既定产量的全部可供选择的方法。因此，图 3－2－3 中显示的不仅包括表中的点，还包括等产量线上其他所有的点。

2. 等产量线的特点

（1）等产量线是一条自左上向右下方倾斜的线，其斜率为负值。这就表明，在生产者的资源与生产要素价格既定的条件下，为了达到相同的产量，在增加一种生产要素时，必须减少另一种生产要素。两种生产要素的同时增加是资源既定时无法实现的；两种生产要素的同时减少，不能保持相等的产量水平。

（2）在同一平面图上，可以有无数条等产量线。同一条等产量线代表相同的产量，不同的等产量线代表不同的产量水平。离原点越远的等产量线所代表的产量水平越高，离原点越近的等产量线所代表的产量水平越低。可用图 3-2-4 来说明这一点。

在图 3-2-4 中，Q_1，Q_2，Q_3 是三条不同的等产量线，它们分别代表不同的等产量水平，其顺序为：$Q_1<Q_2<Q_3$。

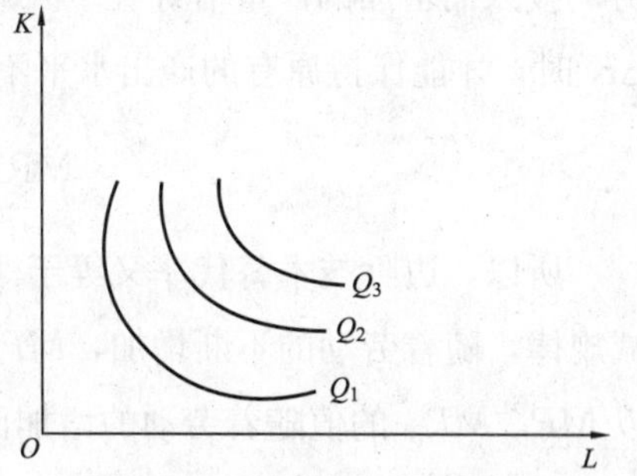

图 3-2-4　等产量线簇

(3) 在同一平面图上，任意两条等产量线不能相交。因为在交点上两条产量曲线代表了相同的产量水平，与第二个特征相矛盾。

(4) 等产量线是一条凸向原点的线。这是由边际技术替代率递减所决定的。

由于等产量线是以两要素的相互替代来维持一个固定不变的产量水平，所以，等产量线向右下方倾斜。又由于等产量线上某一点的边际技术替代率等于等产量线在该点的斜率的绝对值，所以，边际技术替代率递减规律决定了等产量线的斜率的绝对值递减。换句话说，边际技术替代率递减规律使得向右下方倾斜的等产量线必然凸向原点。

3. 边际技术替代率

边际技术替代率（Marginal Rate of Technical Substitution，MRTS）是指在技术不变的条件下，在维持相同的产量水平时，增加一种生产要素的数量与减少的另一种生产要素的数量之比。例如，在只有 L 和 K 两种生产要素的情况下，增加 L 的数量与减少 K 的数量之比就是以 L 代替 K 的边际技术替代率，记为 $MRTS_{LK}$，如以 ΔL 代表 L 的增量，ΔK 表示 K 的减少量，则边际技术替代率的计算公式可表示为：

$$MRTS_{LK}=-\Delta K/\Delta L \tag{3.4}$$

根据表 3-2-2 资料，可以做出边际技术替代率表。如表 3-2-3 所示：

表 3-2-3　　边际技术替代率一览表

变动情况	资本减少的数量（ΔK）	劳动增加的数量（ΔL）	$MRTS_{LK}$
A→B	−3	1	3
B→C	−1	1	1
C→D	−1	3	0.33

边际技术替代率亦可以用 L 和 K 的边际产量之比来表示。因为增加 1 单位的劳动，产量将增加 MP_L，若增加 ΔL 的劳动量，则产量将增加 $MP_L\times\Delta L$；而每减少 1 单位的资

本，产量将增加 MP_K，若减少 ΔK 的资本量，则产量将减少 $MP_K \times \Delta K$；只有当因增加的劳动投入而增加的产量恰好等于因减少资本而减少的产量，即 $MP_L \times \Delta LMP_L = -MP_K \times \Delta K$ 时，才能保持原有的产出水平不变。因此可得：

$$\mathrm{MRTS}_{LK} = -\frac{\Delta K}{\Delta L} = \frac{MP_L}{MP_K} \tag{3.5}$$

所以，边际技术替代率又等于两种投入要素的边际产量之比。根据前面的边际报酬递减规律，随着劳动的不断增加，MP_L 递减，而资本投入的不断减少，MP_K 不断增加，所以 MP_L/MP_K 的值随着劳动的增加而减少，即边际技术替代率的绝对值是递减的。

（二）等成本线（Isocost Curve）

1. 等成本线的含义

等成本线是指在既定的成本和生产要素价格条件下生产者可以购买到的两种生产要素的各种不同数量组合的轨迹。

假设某企业总成本为 100 元，每单位资本为 25 元，每单位劳动为 25 元。这样，在成本既定时，所能购买的资本量和劳动量就有表 3－2－4 中的 *a*、*b*、*c*、*d*、*e* 五种组合方式。

表 3－2－4　　总成本一定能购买的资本量和劳动量的各种组合

组合方式	资本量	劳动量
a	4	0
b	3	1
c	2	2
d	1	3
e	0	4

根据表 3－2－4 可以做出图 3－2－5：连接 *a*、*b*、*c*、*d*、*e* 各点的直线就是等成本线。

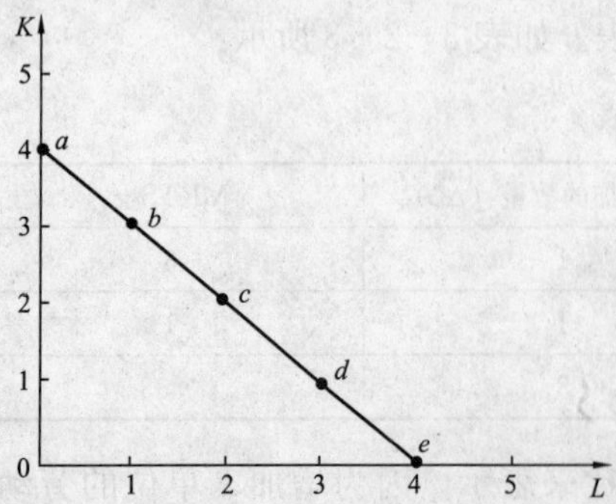

图 3－2－5　等成本线

在图 3－2－5 中，等成本线将坐标平面划分为三部分：等成本线以内的区域、等成本线以外的区域和等成本线上的各点。等成本线以外的区域表明要购买这区域的资本和劳动的组合超出既定的成本约束，即既定的成本是不够的；等成本线以内的区域表明用既定的全部成本来购买该区域的资本和劳动的组合后还有剩余，此时劳动和资本的组合不是最大的；只有在等成本线上的任何一点，才表示既定的全部成本刚好能购买到的劳动和资本的最大组合。

2. 等成本方程

等成本方程表示在既定的成本和生产要素价格条件下生产者所能购买的各种投入量之间的关系。

假定厂商的总成本为 TC，劳动的价格为 P_L，资本的格为 P_K，则等成本方程为：

$$TC = P_L L + P_K K \tag{3.6}$$

我们用劳动投入量来反映资本的投入量，可以将等成本公式（3.6）表示为：

$$K = \frac{TC}{P_K} - \left(\frac{P_L}{P_K}\right)L \tag{3.7}$$

上式说明，在总成本不变时，资本投入量随劳动投入量的变动而变动。

在上式中 TC/P_K 为等成本线的截距，它表示把全部成本用于购买资本量而不购买劳动时所能购买的资本量。等成本线的斜率为 P_L/P_K，即劳动与资本的价格比率，其大小取决于劳动与资本相对价格之值。

这种分析是基于成本和价格都不变，只要成本和要素价格发生变动，就会引起等成本线发生变化。

在总成本保持不变，劳动或资本的价格变动时，等成本线的斜率会发生改变，等成本线会发生旋转。表 3-2-5 表示生产要素价格变化引起等成本方程变化。

表 3-2-5　　生产要素价格变化引起等成本方程的变化

等成本线	资本的价格	劳动的价格	等成本方程（$TC=100$）
A	25	25	$K=4-L$
B	25	50	$K=4-2L$
C	50	25	$K=2-0.5L$

根据表 3-2-6，可以做出图 3-2-6（a）、（b）

如果总成本不变，劳动价格 P_L 上升，资本价格 P_K 不变，则截距 TC/P_K 不变，斜率 P_L/P_K 变大，则等成本线的移动如图 3-2-6（a）所示。例如，如果劳动的价格上升为 50 元，而资本价格仍为 25 元，那么 1 单位劳动就相当于 2 单位资本。在总成本为 100 时，增加 1 单位劳动就要减少 2 单位资本。这时等产量线就是图 3-2-6（a）中的 B，其斜率 2。

如果总成本不变，劳动价格 P_L 不变，资本价格上升，则截距 TC/P_K 变小，斜率 P_L/P_K 变小，则等成本线的移动如图 3-2-6（b）所示。例如，如果劳动的价格仍为 25 元，

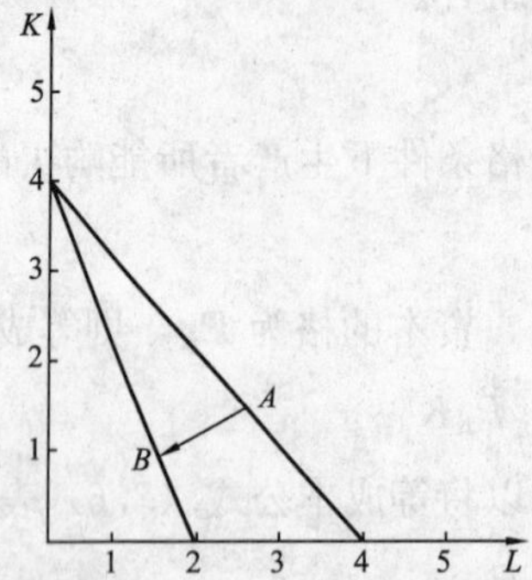

(a) 劳动价格上升

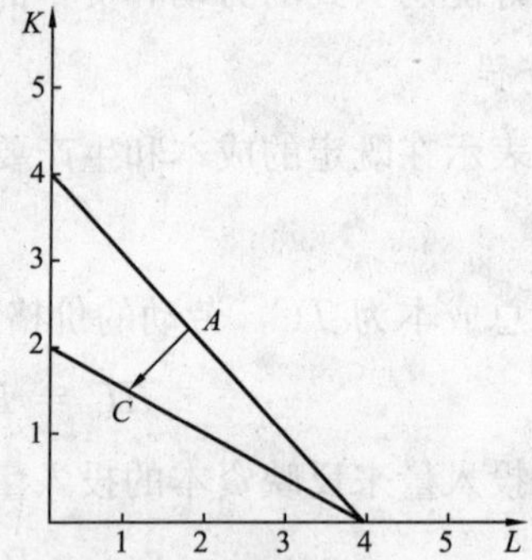

(b) 资本价格上升

图 3-2-6　生产要素价格变化对等成本线的影响

资本的价格上升为 50 元，即 2 单位劳动等于 1 单位资本。这时，为了增加 1 单位劳动就要放弃 1/2 单位资本，等成本线为图 3-2-6（b）中的 *c*，其斜率为 1/2。

由以上可以得出：劳动价格越高，等成本线越陡峭，即斜率越大；资本价格越高，等成本线越平坦，即斜率越小。等成本线的斜率可以衡量以资本计算的劳动的相对价格，即资本价格除以劳动的价格。

等成本线图（Isocost Map）表示一组等成本线，每条等成本线适用于不同的总成本水平。总成本越高，所能购买的各种投入的量越多，等成本线离原点也就越远。图 3-2-7 是一个等成本线图。

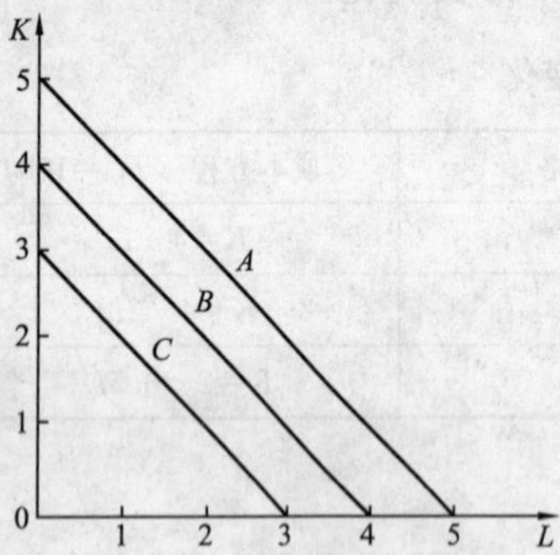

图 3-2-7　等成本线图

在图 3-2-7 中，*A*、*B*、*C* 为三条等成本线。*A* 是总成本为 125 元时的等成本线，*B* 是总成本为 100 元时的等成本线，*C* 是总成本为 75 元时的等成本线。从图中还可以看出，在投入品价格不变时，总成本增加，等成本线向右上方移动，总成本减少，等成本线向左下方移动。等成本线相当于消费均衡分析中的预算线，因此也可以称为企业预算线。

六、规模收益与规模经济

（一）规模收益

规模收益（Returns to Scale），又称规模报酬。生产规模的报酬所研究的问题是，当所有生产要素的投入量都按照同一比例同时增加时，其产量增加的情况，存在三种可能。

(1) 规模收益递增（Increasing Returns to Scale），当各种生产要素增加某一比例时，产出量的增长比例大于投入量的增长比例。即收益增加的幅度大于规模扩大的幅度。

(2) 规模收益不变（Constant Returns to Scale），当各种生产要素增加某一比例时，产出量的增长比例等于投入量的增长比例。即收益增加的幅度等于规模扩大的幅度。

(3) 规模收益递减（Decreasing Returns to Scale），当各种生产要素增加某一比例时，产出量的增长比例小于投入量的增长比例。即收益增加的幅度小于规模扩大的幅度。

（二）规模经济与规模不经济

规模经济（Economics of Scale），当所有生产要素按相同的比例增加（即生产规模扩大）时厂商所得到的好处。反之，则是规模不经济（Diseconomies of Scale）。即规模收益递增为规模经济；规模收益递减为规模不经济。

从导致规模经济与不经济的原因看，可以将规模经济分为以下几种情况：

内在经济（Internal Economies），当厂商规模扩大时由于自身内部因素所引起的收益增加。反之为内在不经济（Internal Diseconomies）。

外在经济（External Economics），行业规模的扩大使个别厂商所得到的好处。反之为外在不经济（External Diseconomies）。

七、生产要素的最优组合

在长期内，所有的生产要素的投入量都是可变的，理性的生产者都会选择最优的要素组合进行生产。现在我们就把等成本线和等产量线结合起来，研究生产者是如何选择最优的要素组合，从而实现既定产量条件下的最小成本，或者实现既定成本条件下的最大产量。

（一）产量既定成本最小的要素组合

如图 3－2－8 所示，Q 代表既定的等产量线，A_0B_0，A_1B_1，A_2B_2 代表总成本为 TC_0、TC_1、TC_2 三条等成本线。Q 与 A_2B_2 相交，与 A_1B_1 相切，与 A_0B_0 相离。这意味着，用较高的成本 TC_2 可以生产产量 Q，成本支出浪费而不经济；用较低的成本 TC_0 虽然经济，但无法生产产量 Q；而用成本 TC_1 生产产量 Q，即可行又最经济。所以等成本线与等产量线相切的切点 E 才是满足产量既定时成本最小的条件。

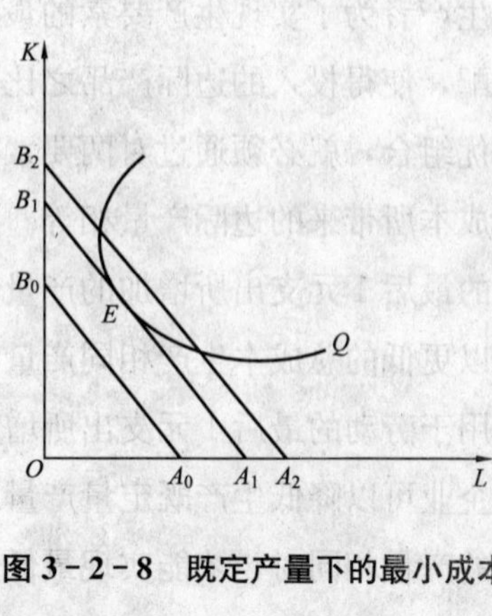

图 3－2－8　既定产量下的最小成本

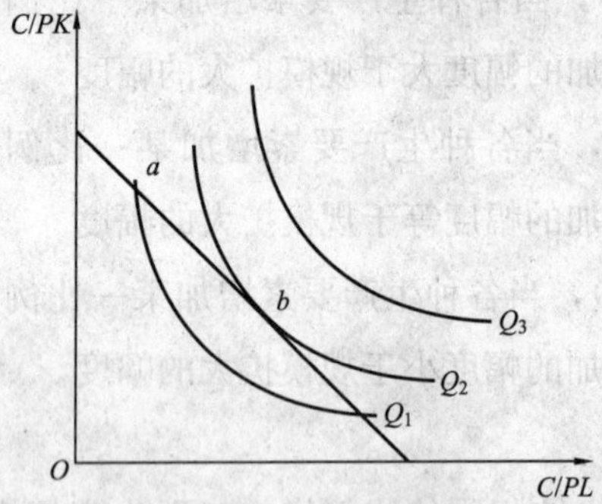

图 3-2-9 既定成本下的最大产量

（二）成本既定产量最大的要素组合

如图 3-2-9 所示，由于成本既定，所以只有一条等成本线。Q_1，Q_2，Q_3 分别代表三种产量的等产量线，且 $Q_3>Q_2>Q_1$。等成本线与 Q_3 相离，与 Q_2 相切，与 Q_1 相交。这意味着，较高水平的产量 Q_3，虽然经济，但在既定的成本条件下不可能达到；较低水平的产量 Q_1，可以在既定的成本条件下生产，但所花费的成本太高而不经济；只有在等成本线与 Q_2 相切的切点 b 才实现了生产要素的最优组合。

（三）生产者均衡条件

上述两种情况说明，要实现生产要素的最优组合，必须是一定的成本获得最大的产量，或者是一定的产量水平只需付出最小的成本。而这在图形上表现为只有等产量线和等成本线相切时的切点才能满足条件。在切点上，等产量线的切线就是等成本线，即切线的斜率就是等成本线的斜率（PL/PK），而切线的斜率就是边际技术替代率（$\text{MRSL}K=MPL/MPK$），即边际技术替代率（等产量线的斜率）等于投入品的相对价格（等成本线的斜率），用公式表示为：

$$\frac{MPL}{MPK}=\frac{PL}{PK} \tag{3.8}$$

这就是说，当用于劳动的每元的边际产量等于用于资本的每元的边际产量时，总成本达到最低。

生产者为了实现生产要素的最优组合，必须把有限的资金在不同的投入品之间作这样的分配，使得投入的边际产品之比等于投入的价格之比；或者说生产者为了实现生产要素的最优组合，就必须通过对两要素投入的不断调整，使得花费在两要素上的最后 1 单位的货币成本所带来的边际产量相等。如果从用于劳动的最后 1 元支出所增加的产量大于用于资本的最后 1 元支出所增加的产量，企业就应该少用资本多用劳动。通过这种调整，企业可以以更低的总成本生产相同产量。相反，如果从用于资本的最后 1 元支出所增加的产量大于用于劳动的最后 1 元支出所增加的产量，企业就应该少用劳动多用资本。通过这种调整，企业可以降低生产既定量产量的成本。一个企业只有在用于所有投入品的最后 1 元所增加的产量相同时，才能实现最低成本的生产技术。

这种生产要素最适组合，即成本最低技术的条件与消费者均衡的条件相似。所以，这种成本最低技术也叫生产者均衡。

■补充阅读材料

北京奥运会成本与收益分析

(1) 人居的收益和成本

收益为：资本增值与收益增值；城区强化；更多毗邻城市的低成本居所；京津冀地区区域发展和亲和力的提高。

成本为：初次购房者支付负担的增加和低成本可租居所的减少；城市强化（高密度）引发拥挤程度的增加。

(2) 体育设施的收益和成本

收益为：体育设施更好的布局；区域更好的展演场所；增加了国家级和国际运动赛场。

成本为：经营成本；设施利用不足（如价格昂贵导致经营损失）。

(3) 旅游的收益和成本

收益为：提高中国和北京（包括青岛）的国际知名度；旅游业更多就业，特别是非熟练劳动力的就业；旅游相关服务设施（例如饭店、商店）数量的增加，并可为居民使用；接待水平提高促使北京举办其他大型赛事，引发经济“溢出”。

成本为：旅游增加导致环境的成本；奥运会和相关游客带来的短期垃圾管理问题；拥挤程度的增加；额外需求的外部效应导致地方特别是热点旅游区的成本增加；奥运会后接待能力过剩的潜在威胁。

(4) 人力资本的收益

收益为：与奥运相关的就业（200 万个）；与失业相关的社会问题的减少；来自外来奥运会支持人员的技术转移，例如，生产技术、大赛筹办技能、计算机技术等；通过参与国际级别竞争提高全民体育素质。

(5) 经济的收益和成本

收益为：商务发展，北京作为政治、经济、文化中心的地位随奥运会期间的曝光率的增加而上升（国际商务人士通过参观奥运会确定投资机遇）。

成本为：旅游的增长导致通货膨胀压力，有关奥运会的投资“挤出”了其他生产性企业的投资。

资料来源：新华网，2004-8-13

■补充资料

1 史玉柱——我的四大失误

第一，盲目追求发展速度。巨人集团的产值目标可谓大矣：1995年10亿元，1996年50亿元，1997年100亿元。然而，目标越大风险越大，如果不经过科学论证，没有必要的组织保证，必然损失惨重。

第二，盲目追求多元化经营。巨人集团涉足了电脑业、房地产业、保健品业等，行业跨度太大，新进入的领域并非优势所在，又急于铺摊子，有限的资金被牢牢套死，巨人大厦大量的财务危机，几乎拖垮了整个公司。“巨人”的主业——电脑业的技术创新一度停滞，却把精力和资金投入到自己不熟悉的领域，缺乏科学的市场调查，好大喜功，没有形成成熟的多元化管理的能力。

第三，“巨人”的决策机制难以适应企业的发展。巨人集团也设立董事会，但那是空的，我个人的股份占90%以上，具体的数字自己也说不清，财务部门也算不清。其他几位老总都没有股份。因此在决策时，他们很少坚持自己的意见。由于没有股份也无法干预我的决策。总裁办公会议可以影响我的决策，但拍板的事基本由我来定。现在想起来制约我的决策机制是不存在的。这种高度集中的决策机制，在创业初期充分体现了决策的高效率，但当企业的规模越来越大、个人素质还不全面时，缺乏一种集体决策的机制，特别是干预一个人的错误决策乏力，那么，企业的运行就相当危险。

第四，没有把主业的技术创新放在一个重要的位置。从1989年的M-6401桌面排版系统、1990年的M-6402文字处理软件系统，到1993年的“巨人”中文手写电脑、“巨人”软件等，这是当初“巨人”成就辉煌的关键。电脑业进入低谷后，我忽视了技术创新这一“巨人”电脑的生命线，连续几年在业界反应平平，到1996年，“巨人”才推出了M-6407桌面排版系统。“巨人”二次创业的失败与此有很大的关系。

2 恩格尔

德国经济学家恩格尔根据他对德国某些地区消费统计资料的研究，提出了一个定理：随着收入的提高，食物支出在全部支出中所占的比率越来越小，即恩格尔系数是递减的。恩格尔系数是用于食物的支出与全部支出之比。恩格尔系数可以反映一国或一个家庭富裕程度与生活水平。一般来说，恩格尔系数越高，富裕程度和生活水平越低；反之，亦反之。一般把恩格尔系数在0.5之下作为生活到达到富裕水平的标准。恩格尔定理说明了生活必需品（食物）的收入弹性小。

做一做

从经济学的角度分析论述“众人拾柴火焰高”与“三个和尚没水喝”的道理。

■思考与练习

一、单选题

1. 下列说法中正确的是（　　）。

   A. 生产要素的边际技术替代率递减是规模报酬递减造成的

   B. 边际收益递减是规模报酬递减造成的

   C. 规模报酬递减是边际收益递减规律造成的

   D. 生产要素的边际技术替代率递减是边际收益递减规律造成的

   E. 上面说法中没有一个是正确的

2. 如果以横轴表示劳动，纵轴表示资本，则等成本曲线的斜率是（　　）。

   A. PL/PK　　B. $-PL/PK$　　C. PK/PL　　D. $-PK/PL$

   E. 都正确

3. 无差异曲线上任一点上商品 X 与 Y 的边际替代是它们的（　　）。

   A. 价格之比　　B. 数量之比

   C. 边际效用之比　　D. 边际成本之比

   E. 上述没有一个是正确的

4. 在消费者的收入均衡点以上的无差异曲线的斜率（　　）。

   A. 大于预算线的斜率

   B. 小于预算线的斜率

   C. 等于预算线的斜率

   D. 可能大于、小于或等于预算线的斜率

   E. 两者不可比较

5. 当生产函数 $Q=f(L)$ 的 APL 为正且递减时，MPL 可以是（　　）。

A. 递减且为正　　　　　　　　B. 递减且为负

C. 为零　　　　　　　　　　　D. 上述任何一种情况

6. 关于生产函数 $Q=f(L)$ 的生产的第二阶段应该（　　）。

A. 开始于 APL 开始递减处（即 APL 的最高点），终止于 MPL 为零处

B. 开始于 APL 曲线和 MPL 曲线的相交处，终止于 MPL 曲线和水平轴的相交处

C. 上述两种说法都对

7. 在维持产量水平不变的条件下，如果企业增加二个单位的劳动投入量就可以减少四个单位的资本投入量，则有（　　）。

A. $MRTS_{LK}=2$，且 $MPK/MPL=2$

B. $MRTS_{LK}=1/2$，且 $MPK/MPL=2$

C. $MRTS_{LK}=2$，且 $MPK/MPL=1/2$

D. $MRTS_{LK}=1/2$，且 $MPK/MPL=1/2$

8. 对于生产函数 $Q=f(L, K)$ 和成本方程 $C=wL+rK$ 来说，在最优的生产要素组合点上应该有（　　）。

A. 等产量曲线和等成本线相切　　　　B. $MRTS_{LK}=w/r$

C. $MPL/w=MPK/r$　　　　　　　　　D. 上述说法都对

二、判断题

1. 边际生产力递减规律与边际技术替代率递减规律的特点是一样的。（　　）

2. 如果 X 的价格增加将导致消费者买更多的 X 商品，那么他的收入将导致他买更少的 X 商品。由于同样的理由，如果 X 的价格增加将他买更少的 X 商品，那么他的收入增加将导致他买更多的 X 商品。（　）

3. 只要边际产量减少，总产量一定也减少。某种商品的效用对所有消费者来说都是一样的，只是价格不一样。（　　）

4. 等成本线平行向外移动，表明成本增加了。（　）

5. 预算线反映了消费者的收入约束。（　　）

6. 总效用曲线达到顶点时，边际效用为零。（　　）

7. 无差异曲线的形状取决于所购商品的价格。（　　）

8. 边际收益递减是规模报酬递减造成的。（　　）

三、简答题

1. 什么是边际收益递减规律？作图说明总产量、平均产量、边际产量的关系，并分

析短期中一种可变生产要素的最适投入。

2. 什么是等产量线和等成本线？作图说明两种生产要素最适组合。(16 分)

① 等产量线是表示在一定技术条件下，为生产同等数量的产品可以采用各种生产要素的不同组合方式。等成本线是表示等量的总成本可以购买的两种生产要素组合的轨迹。

②（图略）结合图形说明两种生产要素最适组合点是等产量线与等成本线的切点。

3. 叙述序数效用论的消费者均衡。

四、计算题

1. 若某消费者对 X、Y 的效用函数如下：

$U(x)=20X-X^2$，$U(y)=40Y-4Y^2$，且 $Px=2$ 元，$Py=4$ 元，现有收入 24 元，该消费者要花完全部现有收入并获得最大效用，应购买 X、Y 各多少？

2. 已知某垄断厂商短期总成本函数为 $STC=0.1Q^3-6Q^2+140Q+3000$，其反需求函数为 $P=150-3.25Q$，求该厂商的短期均衡产量和均衡价格。

3. 设某一厂商的生产函数为：$Q=-0.1L^3+6L^2+12L$（Q 为每周产量，L 为每周雇佣的劳动量），若产品、要素市场均为完全竞争市场，产品价格为 30 元，周工资率为 360 元，厂商追求最大利润，求每周雇佣的劳动量。

模块 4

分析企业经济决策

■学习目标

◇ 使学生通过本模块的学习，了解成本函数、收益与利润、四种市场结构的特征。熟悉企业长期、短期的产出决策及博弈论的运用。掌握短期成本、长期成本、利润最大化原则等的基本概念，在市场结构中厂商是如何实现均衡的。提高对经济问题的分析决策能力。

■培养的职业能力

◇ 合理的社会经济素养能力。

◇ 培养对社会经济现象的分析能力。

◇ 提高经济决策能力。

项目 1　进行成本分析

项目 2　厂商均衡和博弈论

项目1 进行成本分析

■学习目标

◇ 学会运用相关知识对生产成本进行分析。

◇ 了解成本函数、收益与利润。

◇ 掌握短期成本、长期成本、利润最大化原则等的基本概念。

◇ 熟悉企业长期、短期的产出决策。

学习任务

婚姻“四大收益”分析

春秋战国时代，有位女子要出嫁，母亲就告诉待嫁的女儿说：“到夫家后，要拼命存私房钱，免得有什么万一，将来被休了，生活无所依靠!”女子嫁到夫家后，真的遵循母亲教诲，努力存私房钱，有一天，婆婆发现媳妇存很多私房钱，责怪媳妇年攫取夫家钱财，遂令儿子休了媳妇。媳妇却没有任何难过悲伤，回到家后，就告诉母亲说：“娘说得对！还好我存了许多私房钱。”

古代尚且如此，现代社会更是这样。从某种意义上讲，现代社会是追求效益盘算收益的社会。就拿征婚广告来说吧，只要稍稍留意一下，男人大都炫耀其身份、地位、金钱来征婚，而女人则以靓丽、温柔、体贴作为资本。身份、地位、金钱，说白了就是经济实力，摆开了“买方市场”的架势，靓丽、温柔、体贴看上去很“软性”，其实这里面也包含着巨大的经济“潜价值”。美丽的女人永远是稀缺资源，而稀缺资源本身就具有经济价值。难怪专家们说：“拥有金钱哪怕是丑陋的男人，找一个靓丽的女人也易如反掌。”

那么，人们谈情说爱、喜结连理，究竟图的是哪种收益呢？有人从现代经济学的角度分析了婚姻的“四大收益”。

一是可通过劳动分工实现比较利益和递增报酬，如女主内男主外，或者女主外男主内，要比每个人既主内又主外，效率要高。

二是互相提供信用，协调人力资本投资的收益，如一人工作供养另一人读书，最后共享仕途。

三是可分享家庭共有品，如与子女在一起的天伦之乐。此外还有彼此的知识和智慧，也是可分享的共有品。所以人们常发现，妻子教育程度上升，有助于提高丈夫工资。

四是防灾保险，如生病了不至于无人照顾。

若问在印度和中国农村，女儿一般远嫁外地，为的是什么？一个合理的解释是，为了更有效地防范农业歉收的风险。

社会学家潘绥铭教授在最近的一次中国人婚姻状况调查中，得出了这样的结论：在城镇居民中，男方收入是女方的两倍，婚姻最稳定。为何呢？潘教授进一步解释道，夫妻婚姻生活能不能保持稳定，主要是在“交换”价值上能不能保持平等。从经济学角度来看，婚姻生活就是“交换”，即双方的付出和得到的“交换”。如果有一方付出和得到极不平衡，心理很容易倾斜，久而久之，婚姻就会出现裂痕。

专家指点：在本质上，婚姻就是一种投资行为，值不值得投资，要首先分析收益。结婚是一个双赢方案，因为出于自愿，并且双方受益。结婚的收益，更集中地体现在“规模效应”上——“两个人单独生活要两套厨具，两个人结婚后只需要一套厨具，这就是规模效应。”至于结婚后谁受益更大，应该是经济不独立的一方。

资料来源：马春莲，王雅平．经济学基础．北京：电子工业出版社．2013

请讨论：

1. 婚姻的本质是交换吗？

2. 如果说婚姻是投资行为，那么投入的是什么？收益又是什么？

读一读

一、成本与成本函数

常用的成本范畴有会计成本、显性成本和隐性成本、私人成本和社会成本。围绕企业生产过程着重研究的是成本函数、边际成本、平均成本和机会成本。有关成本的概念在模块 1 的项目 4“合理配置稀缺资源”中已经阐述，这里不再复述。

（一）生产成本

生产成本是指在生产实践中实际发生的成本之和，它包括总的不变成本和总的变动成本。可用公式表示为：TC(总成本)$=TFC$(总固定成本)$+TVC$(总变动成本)

总固定成本（总不变成本）是指那些短期内无法改变的固定投入所带来的成本，这部分成本不随产量的变化而变化。一般包括厂房、设备的折旧费、地租、利息、财产税和保险费等项目支出。即使在企业停产的情况下，也得支付这些费用。

总变动成本是指短期内可改变的可变投入的成本，它随产量的变化而变化。如原材料、燃料、动力支出和雇佣工人的工资等。当产量为零时，变动成本也为零，变动成本随产量的增加而增加。

平均成本（AC）是指厂商短期内平均生产每一单位产品所消耗的全部成本。公式为：

$$AC=\frac{TC}{Q}\quad（Q\text{ 为总产量}）$$

平均成本等于平均不变（固定）成本（AFC）加上平均变动成本（AVC），即

$$AC=\frac{TC}{Q}=\frac{TFC+TVC}{Q}=\frac{TFC}{Q}+\frac{TVC}{Q} \tag{4.1}$$

$$AFC=\frac{TFC}{Q}\quad AVC=\frac{TVC}{Q} \tag{4.2}$$

$$AC=AFC+AVC \tag{4.3}$$

AC（AFC，AVC）的几何意义是 TC（FC，VC）曲线上相应点与原点连线的斜率。

边际成本（MC）是总成本对产量的变化率，是指厂商在短期内增加 1 单位产量所引起的总成本的增加。比如说，一个企业生产 100 张光盘的总成本为 1000 元，如果生产 101 张光盘的总成本为 1005 元，那么生产第 101 张光盘的边际成本为 5 元。其公式为

$$MC=\frac{\Delta TC}{\Delta Q} \tag{4.4}$$

当 $\Delta Q\rightarrow 0$ 时，

$$MC=\frac{\mathrm{d}TC}{\mathrm{d}Q}=\frac{\mathrm{d}VC}{\mathrm{d}Q} \tag{4.5}$$

由于 $TC=FC+VC$，而 FC 始终不变，因此 MC 的变动与 FC 无关，MC 实际上等于增加单位产量所增加的可变成本（因为 $\mathrm{d}TC=\mathrm{d}VC+\mathrm{d}FC$，而 $\mathrm{d}FC=0$）。

MC 的几何意义：它既是 TC 曲线上又是 VC 曲线上相应点切线的斜率。

（二）成本函数

成本函数是指生产技术条件和生产要素价格既定的情况下，成本与产量之间的依存关系，成本是产量的函数。如果用 C 表示成本，Q 表示产量，则成本函数可表示为：$C=f(Q)$

我们已知产出是各种生产要素投入量的函数。为了简化分析，假定生产中只使用劳动

和资本两种生产要素，技术不变。设 Q 代表产出，L 和 K 分别代表劳动和资本，则生产函数的一般表达式为：

$$Q=f(L, K)$$

二、企业的投入选择——边际成本和最小成本法则

我们分析每个企业的投入选择时都以企业追求生产成本的最小化为前提。这一成本最小化假设，不仅对于垄断者，甚至对于一些非营利性组织也同样适用，如学校。因此，企业应力求以最低可能的成本进行生产，从而使利润或其他目标达到最大。

我们用图 4－1－1 来说明产量一定时的最小成本选择，以横轴表示 L，纵轴表示 K，Q 为等产量线，B_1、B_2、B_3 为等成本线，E_2、为 Q 与 B_2 的切点。

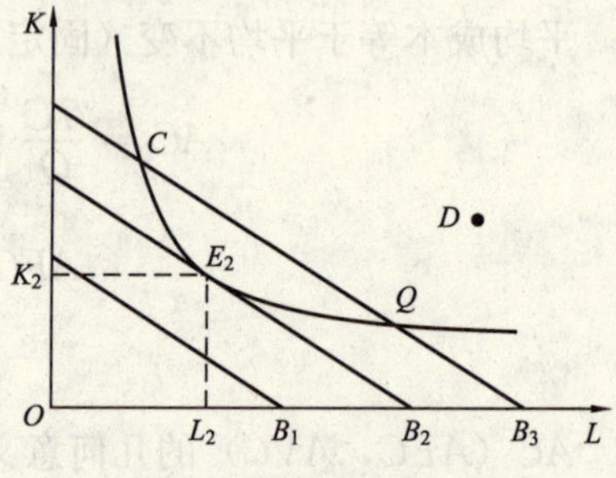

图 4－1－1 产量一定时的最小成本

当产量 Q 一定时，从图上可知在 B_1 的等成本线下，是企业无法达到的产量水平。若为 B_3，则与 Q 有两个交点，假设分别为 C、D，则只要我们调整 L 或 K 的投入量，就能沿 Q 在产量不变时降低成本，直至降 E_2 的水平，此时（L，K）所决定的便是产量一定时的最低成本组合。

当然我们还可以换一种思考方法得出最小成本组合：首先计算每一种投入的边际产量，然后用边际产量除以每种要素的价格，得到每 1 元投入的边际产量。当每 1 元投入的边际产量对于各种投入都相等时，就得到了最低成本的投入组合。也就是每 1 元的劳动、土地等对于产量的边际贡献必须正好相等。

由此可得最小成本法则：为了以最小成本生产出一定数量的产出，企业应该购买各种投入，直到花费在每种投入上的每 1 元的边际产量都相等时为止。

$$\frac{MP_L}{w}=\frac{MP_K}{r}$$

企业的这一法则类似于追求效用最大化的消费者所遵循的原则。在分析消费者选择中，我们看到为了使效用最大化，消费者购买物品时要使花费在每一消费品上的每 1 元的边际效用对于各种物品都相等。

因此，最小成本法则说明，每 1 元的单位投入的边际产量相等。如果每 1 元的单位投入的边际产量不相等，你就可以减少每 1 元的边际产量比较低的那种投入，并增加每 1 元

边际产量较高的那种投入，从而在更低的成本下得到同样的产量。

三、短期成本分析

（一）短期的定义、短期生产函数、短期生产成本函数

(1) 短期的定义。短期中，至少有一种投入不能随着产量的变动而变动。在短期，要素可以分成两大类，一类可以随着产量的变动而变动，如劳动和原材料等，叫作变动投入；另一类不能随着产量的变动而变动，如机器和厂房等，叫作固定投入。

(2) 短期生产函数的方程为：

$$Q = f(L)$$

(3) 短期生产成本函数为：

$$C = f(Q) + b$$

式中，b 为固定成本，即不随产量变动而变动的成本。

（二）短期总成本

1. 短期总成本的定义

短期总成本（STC）是指厂商在工厂规模既定条件下生产每一产量水平所耗费的最低成本。

2. 短期总成本的组成

(1) 固定成本。固定成本（FC）是指不随产量变动而变动的成本，等于投入的固定要素的价值总和。由于固定成本与产量无关，因此固定成本曲线是一条水平线，如图 4-1-2 所示。

(2) 变动成本。变动成本（VC）是指随产量变动而变动的成本，等于投入的变动要素的价值总和。若产量为零，变动成本必然为零。当产量增加时，变动成本先以递减的速度增加，然后以递增的速度增加。变动成本这种不同的变动速度是由短期生产函数中总产量的变动速度决定的，变动成本曲线如图 4-1-2 所示。

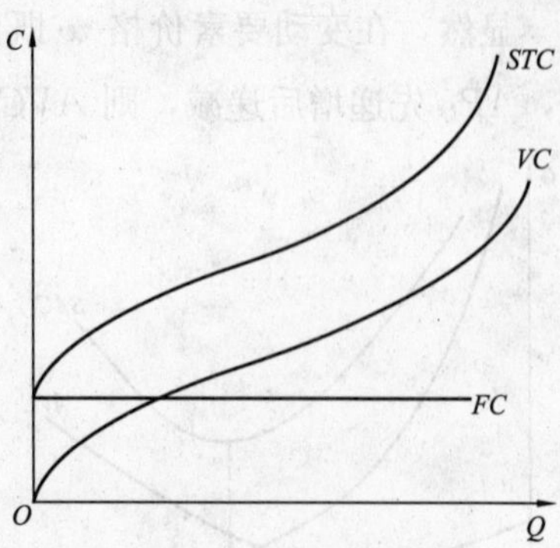

图 4-1-2 固定成本曲线、变动成本曲线与短期总成本曲线

所以，短期总成本=固定成本=变动成本，即

$$STC = FC + VC$$

3. 短期总成本曲线

由于 $STC=VC+FC$，所以只要把变动成本曲线向上垂直移动与固定成本等量的距离，就能得到一条短期总成本曲线（见图 4－1－2）。

（三）短期平均成本

1. 短期平均成本的定义

短期平均成本（SAC）是指平均每单位产品所分摊的短期总成本，其表达式为

$$SAC=\frac{STC}{Q}$$

2. 短期平均成本的组成

(1) 平均固定成本。平均固定成本（AFC）是指平均每单位产品所分摊的总固定成本，其表达式为

$$AFC=\frac{FC}{Q}$$

平均固定成本随着产量的增加而不断减少，其曲线为一条正双曲线。

(2) 平均变动成本。平均变动成本（AVC）是指平均每单位产量所分摊的总变动成本，其表达式为

$$AVC=\frac{VC}{Q}$$

因为 $AP_L=\frac{Q}{L}, VC=wL$；

所以 $AVC=\frac{wL}{Q}=w\frac{1}{AP_L}$。

显然，在变动要素价格 w 既定时，AVC 和 AP_L 负相关。受边际报酬递减规律的作用，AP_L 先递增后递减，则 AVC 先递减然后递增，AP_L 最大时，AVC 最小。平均变动成本曲线呈 U 形。

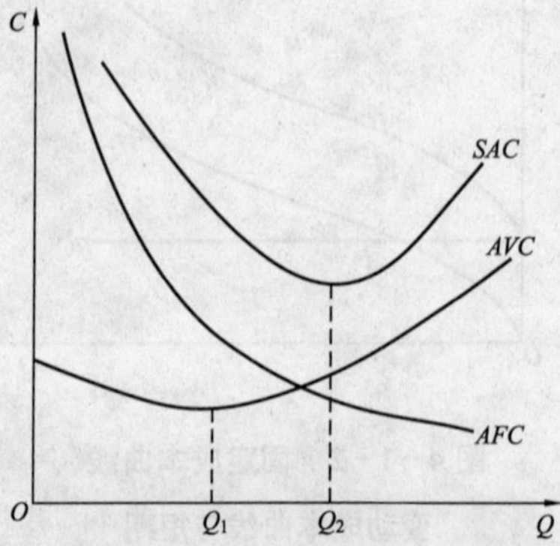

图 4－1－3 短期平均成本曲线

3. 短期平均成本曲线

因为 $STC=FC+VC$；

所以 $\frac{STC}{Q}=\frac{FC}{Q}+\frac{VC}{Q}=AFC+AVC$。

随着产量的增加，AFC 始终递减，AVC 先减少后增加，所以短期平均成本曲线也呈 U 形，并且随着产量的增加，短期平均成本曲线越来越接近于平均变动成本曲线，如图 4－1－3 所示。

4. 短期平均成本曲线的最低点位于平均变动成本曲线最低点右侧的原因

SAC 由 AFC 和 AVC 两部分组成。随着产量的增加，AFC 不断减少，AVC 先递减后递增。当 AVC 由下降变为上升以后，在一定的产量增加范围内：当 AFC 大于 AVC 时，SAC 处于下降趋势，当 AFC 等于 AVC 时，SAC 最小，当 AFC 小于 AVC 时，SAC 处于上升趋势，因此，SAC 曲线的最低点总是位于 AVC 曲线最低点右侧。产量很小时，它们之间的垂直距离很大。随着产量的增加，它们的距离越来越小。

（四）短期边际成本

1. 短期边际成本的定义及表达式

短期边际成本（SMC）是指工厂规模既定条件下，每增加一单位产量所增加的总成本。其表达式为：

$$SMC=\frac{\Delta STC}{\Delta Q},\ SMC=\frac{\Delta VC}{\Delta Q}\quad 或\quad SMC=\frac{\mathrm{d}STC}{\mathrm{d}Q},\ SMC=\frac{\mathrm{d}VC}{\mathrm{d}Q}$$

2. 短期边际成本曲线

因为 $MP_{\mathrm{L}}=\frac{\mathrm{d}Q}{\mathrm{d}L},\ VC=wL$；

所以 $SMC=\frac{\mathrm{d}VC}{\mathrm{d}Q}=\frac{\mathrm{d}(wL)}{\mathrm{d}Q}=w\frac{1}{MP_{\mathrm{L}}}$。

若变动要素的价格既定，则 SMC 与 MP_{L} 负相关，MP_{L} 先递增后递减，SMC 先递减后递增。MP_{L} 最大时，SMC 最小。SMC 曲线呈 U 形。

3. 短期边际成本、短期平均成本和短期平均可变成本的关系

短期边际成本曲线与短期平均成本曲线相交于短期平均成本曲线的最低点 N（这一点称为收支相抵点，见图 4-1-4）。在这一点上，价格为平均成本，平均成本等于边际成本（$P=AC=MC$），厂商的成本（包括正常利润）与收益相等，这时不存在经济利润，只获得正常利润。在 N 点左边，短期边际成本小于平均成本。在 N 点右边，短期边际成本大于平均成本。

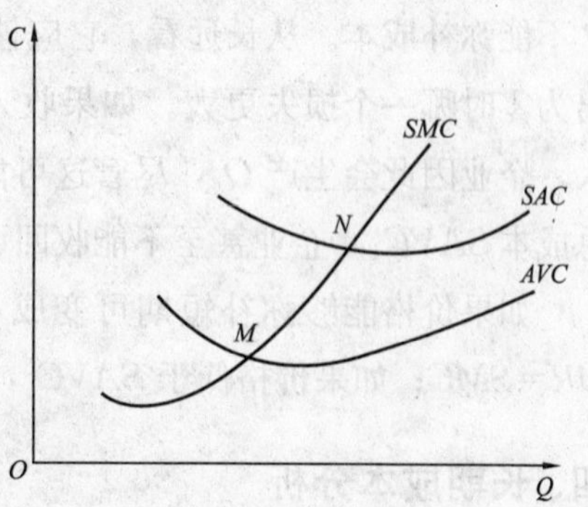

图 4-1-4 短期平均成本与短期边际成本的关系

短期边际成本曲线与短期平均可变成本曲线相交于短期平均可变成曲线的最低点 M（这一点称为停止营业点，见图 4-1-4）。在此点上的价格只能弥补平均可变成本，厂商的收益与可变成本相等，

损失的是不生产也要支付的固定成本。如果价格比这一点还要低，不能弥补可变成本，无论如何也不能生产了。

（五）企业的短期产出决策

图 4－1－5 表现了企业在短期的产出决策。当产出为 Q_1 时，短期边际成本等于边际收入，利润达到最大化。

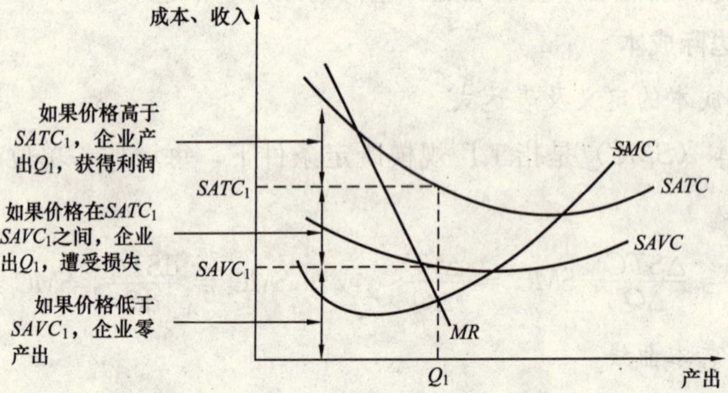

图 4－1－5　企业的短期产出决策

接下来，企业决定在短期内是否经营该业务。当产出为 Q_1 时，如果这些产出销售的价格 P 能够涵盖总成本，企业获得正利润。如果 P 高于 $SATC_1$，企业在短期获得利润，产出为 Q_1。为了推导出该产出的销售价格 P，我们还需要在图 4－1－5 中做出需求曲线。此时，仅仅设想我们在图 4－1－5 中做出了一条需求曲线，因此推导出了产量为 Q_1 时的价格 P。

假设该价格 P 低于企业在最佳产出时的平均总成本 $SATC_1$，企业在遭受损失，因为 P 不能弥补成本。从长远看，它应该退出该业务。因此，企业需要计算当产出为 Q_1 与产出为零时哪一个损失更大。如果收入高于可变成本，相对于固定成本企业还是获得了收入，企业因此会生产 Q_1，尽管这可能会遭受损失。如果 P 低于企业在最佳产出时的平均总成本 $SAVC_1$，企业甚至不能收回可变成本，那它最好选择产出为零。

如果价格能够弥补短期可变成本 $SAVC_1$，企业短期供给决策是：产出为 Q_1，此时 $MR=SMC$；如果价格低于 $SAVC_1$，企业的产出为零。

四、长期成本分析

（一）长期的定义、长期生产函数、长期生产成本函数

(1) 长期的定义。长期中，所有的投入都可以随着产量的变动而变动。

(2) 长期生产函数的方程为：

$$Q = f(L, K)$$

(3) 长期生产成本函数为：

$$C = f(Q)$$

（二）长期总成本

1. 长期总成本的定义

长期总成本（LTC）是指在工厂规模可以变动的条件下，厂商生产各种产量水平所耗费的最低成本。

2. 长期总成本函数与短期成本函数的关系

(1) 若生产规模只能做有限的划分，则长期总成本是产量与规模的函数。长期时，厂商的所有要素都可以变动，即生产规模可以调整。于是短期中的固定成本 b 在长期就成为变动成本，随着生产规模的变动而变动。这部分成本可以定义为生产规模的函数。如果用 k 表示生产规模，则有 $b=\phi(k)$。于是长期总成本是产量 Q 与生产规模 k 的二元函数，其表达式为：

$$LTC = f(Q) + \phi(k)$$

显然，长期成本由两部分组成：一部分与生产规模的变动有关，另一部分与某一特定规模下的产量变动有关。如果厂商有 k_1，k_2，…，k_n 个生产规模可供选择，相应地就可以得到 n 个生产规模既定条件下的短期成本函数：

$$C_1 = f_1(Q) + \phi(k_1), C_2 = f_2(Q) + \phi(k_2), \cdots, C_n = f_n(Q) + \phi(k_n)$$

实际上，长期成本函数是由 n 个短期成本函数综合而成的。如果说短期成本函数表示在一个特定的生产规模下生产各种产量水平所耗费的最小的成本，那么长期成本函数表示在 n 个可供选择的生产规模下生产各种产量水平所耗费的最小的成本。

(2) 若生产规模可以做无限细分，则长期总成本就是产量的函数。假如生产规模可以无限细分，以至于每一单位产量水平都对应着一个成本最低的生产规模，即生产规模可以随着产量的变动而变动，那么，生产规模也可以表示为产量的函数，即 $k=k(Q)$。于是，长期总成本的两个组成部分由于都是产量的函数，可以合二为一，其表达式为：

$$LTC = f(Q) + k(Q) = LTC(Q)$$

(3) 长期总成本与短期总成本的关系：$LTC \leqslant STC$。

这是因为在长期，厂商可以选择最优工厂规模来生产各种产量水平。在短期，厂商只能在既定的工厂规模下通过调整变动要素量来生产各种产量水平。因此，除非生产某一产量水平所采用的工厂规模是最优的［此时 $LTC(Q)=STC(Q)$］，否则生产某一产量水平所耗费的短期总成本一定大于在最优规模下生产同等产量水平所耗费的长期总成本（可用扩展线说明）。

3. 长期总成本曲线的推导

(1) 规模有限变动下的长期总成本曲线是各条短期总成本曲线交点以下的线段的连线。

(2) 规模无限细分下的长期总成本曲线是短期总成本曲线下的包络线，它与每一条短期成本曲线相切，即长期总成本曲线与各条短期总成本曲线有且仅有一个共同点。

4. 长期总成本曲线与短期总成本曲线的区别

(1) 曲线形状的决定因素不同。短期总成本曲线的形状由边际报酬递减规律决定，而长期总成本曲线的形状由规模报酬变动规律决定。

(2) 长期总成本曲线始于原点。因为在长期不存在固定成本，所以产量为零时，长期成本也为零，如图 4-1-6 所示。

（三）长期平均成本

1. 长期平均成本的定义

长期平均成本（*LAC*）是指在工厂规模可以变动的条件下，平均每单位产品所分摊的长期总成本。

2. 长期平均成本曲线的推导

(1) 规模有限变动下的长期平均成本曲线为各条短期平均成本曲线交点以下的线段的连线。

(2) 规模无限细分下的长期平均成本曲线就是短期平均成本曲线的下包络线。由于曲率不同，只有 *LAC* 曲线的最低点才与 *SAC* 曲线的最低点相切，如图 4-1-7 所示。在长期中，生产者按这条曲线做出生产计划、确定生产规模，因此，长期平均成本曲线又称计划曲线。

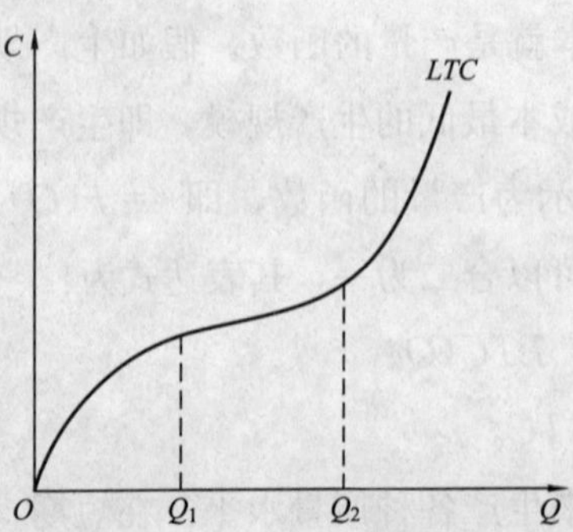

图 4-1-6　长期总成本曲线

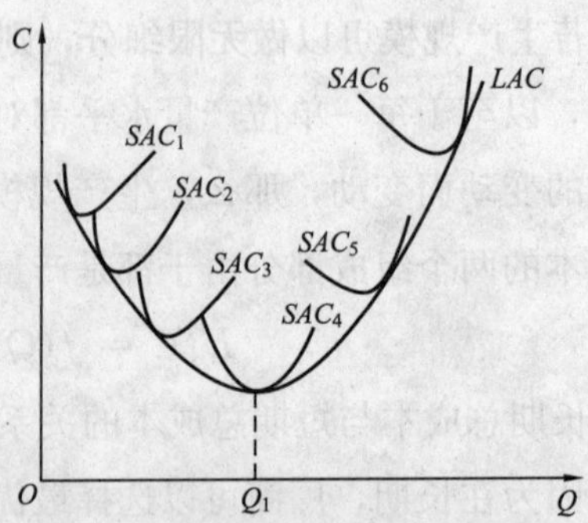

图 4-1-7　长期平均成本曲线

（四）长期边际成本

1. 长期边际成本的定义

长期边际成本（*LMC*）是指在工厂规模变动的条件下，厂商每增加1单位产量所增加的长期总成本。

2. 长期边际成本曲线的推导

LMC 曲线可以从众多条短期边际成本曲线中推导出来。然而 *LMC* 曲线不是短期边际成本曲线的包络线。*LMC* 曲线是与每一产量上的最优工厂规模相对应的短期边际成本的轨迹。

3. 长期边际成本曲线呈U形的原因

LMC 曲线穿过长期平均成本曲线的最低点，如图4-1-8所示。在生产过程中，固定与可变两种投入要素的边际产量都是递减的，但规模收益却是递增的。规模收益递增意味着随着产量的增长，增产每1单位产量所需的投入越来越少，因而边际成本递减。尽管如此，边际成本最终会上升。这一方面是因为边际产量递减规律，另一方面是因为资源的相对稀缺性。当生产规模越来越大时，对各种投入的需求也随着增长，大量的需求加剧了这些资源的稀缺性，要获得它们便越来越困难，即它们的机会成本越来越高。即使生产过程呈递增规模收益，但由于资源的价格上涨，边际成本还是会上升。因此，长期边际成本曲线呈U形。

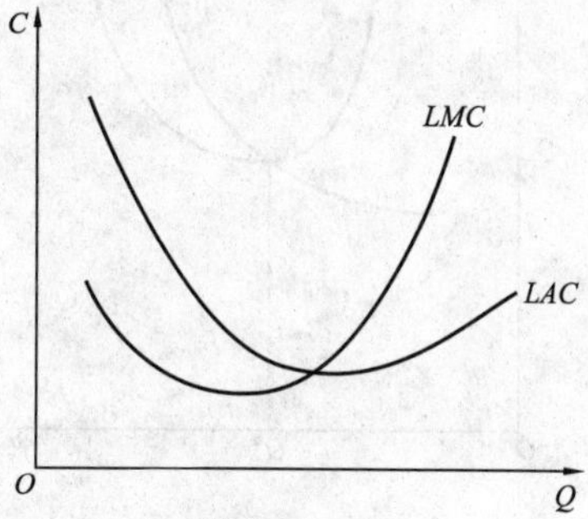

图4-1-8 长期边际成本与长期平均成本关系

（五）企业的长期产出决策

我们现在可以描述一个企业如何选择长期产出水平。决策分为两部分。首先，企业衡量自己的边际成本和边际收入，然后决定在长期的最佳产出水平。它应该在 $LMC=MR$ 的水平上进行生产。如果在任何特定的产出水平，边际收入超过边际成本，企业增加产出能获得更多边际收入，因而企业应增加产出；当边际成本超过边际收入时，企业在生产最后一个单位时受到边际损失，应该减少产出。只有当边际收入等于边际成本时，通过改变产出水平再也没有空间提高运营利润了。因此，利润最大化的最佳产出水平，也就是边际收入等于边际成本时的产出水平。

但是，企业还需要检验是否经营该项业务。如果它已经选择了最有利的产出水平，它在该水平能否获利？如果它在每一产出水平上都是亏损的，在这种情况下，边际情况只是找出了亏损最少的产出水平，可能产出为零也比一直遭受损失要好得多。

假设 Q^{**} 是 $LMC=MR$ 点的产出水平，如果在这一产出水平，产出的销售价格（可以从需求曲线推导出来）超过了生产这些产出的平均成本 LAC，企业获得永久性利润，应该待在这个行业。但是，如果在最佳产出水平 Q^{**}，企业是亏损的，因为 LAC 超过了销售价格，企业要彻底关闭才能获得改善。

注意一下两个这阶段的观点。首先我们利用边际分析（$LMC=MR$）找到最佳产出，然后我们利用平均分析（比较该产出水平的 LAC 和价格）决定最佳产出是否足够好，以判断企业能否长期待在这个行业。如果企业在最佳产出的水平仍然受损，它应该退出该行业。

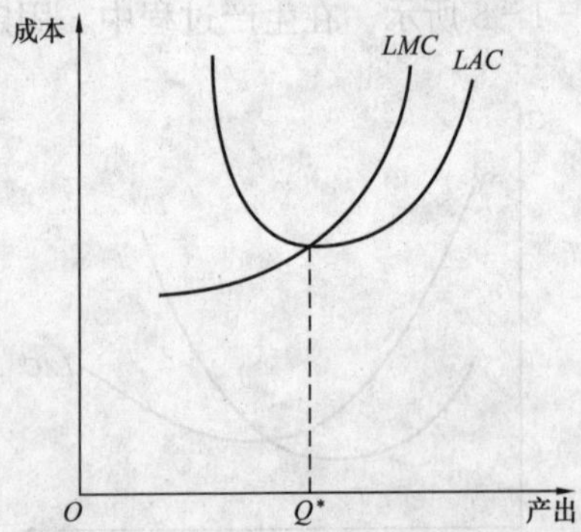

图 4-1-9　边际成本和平均成本

最佳产出 Q^{**} 在一般情况下并不等于图 4-1-9 中的长期平均成本最低处的 Q^{*}。图 4-1-9 完全是分析成本。企业的产出水平同时取决于成本和收入。如果需求足够强，产出水平高于最低有效规模是有利可图的，因为通过提高产出能仍获得利润。反之，如果需求太低，企业可能选择低于最低有效规模的水平，提高产出的任何努力都会大幅度降低价格。相对于降低平均成本而言，降低价格的损失更大。如此，我们完成了对于长期生产决策的分析。

五、收益与利润最大化

（一）收益与利润

1. 总收益、平均收益与边际收益

收益是指企业出售产品和劳务所获得的货币收入。收益包括总收益、平均收益和边际收益。

总收益（TR）是企业销售一定量产品所得到的全部收入，其表达式为：

$$TR = P \cdot Q = AR \cdot Q$$

平均收益（AR）是企业销售每 1 单位产品平均所得到的收入，其表达式为：

$$AR = \frac{TR}{Q}$$

边际收益（MR）是指企业每增加销售 1 单位产品所增加的收入，其表达式为：

$$MR=\frac{\Delta TR}{\Delta Q}$$

2. 利润

利润一般指经济利润，也称超额利润、纯利润，是指企业总收益减去总成本的差额。收益是出售产品所得到的钱，利润是收益与成本的差额。

企业有无经济利润及经济利润的多少，是其进行生产经营活动决策的主要依据，是企业对生产资源进行配置和重新配置的一项重要指标。

经济利润与会计利润的不同：

会计利润＝总收益－会计成本

经济利润＝总收益－会计成本－机会成本

在正常情况下，机会成本大于0，所以会计利润大于经济利润。企业的利润最大化不是会计利润最大化，而是经济利润最大化。

（二）利润最大化原则

$MR=MC$ 是最大利润原则，在此处决定产量和价格厂商利润最大或者亏损最小，如图4－1－10所示。

如果 $MR>MC$，产量定在 Q_1，由于生产太少，定价太高，损失的利润为左边阴影三角形；如果 $MR<MC$，产量定在 Q_2，由于生产太多，定价太低，损失的利润为右边阴影三角形。只有在 $MR=MC$ 处，定产为 Q^*，定价为 P^*，利润最大。

如图4－1－11所示，在 $MR=MC$ 处决定产量 Q_A，在 Q_A 对应的 AR 处决定价格 P_A。

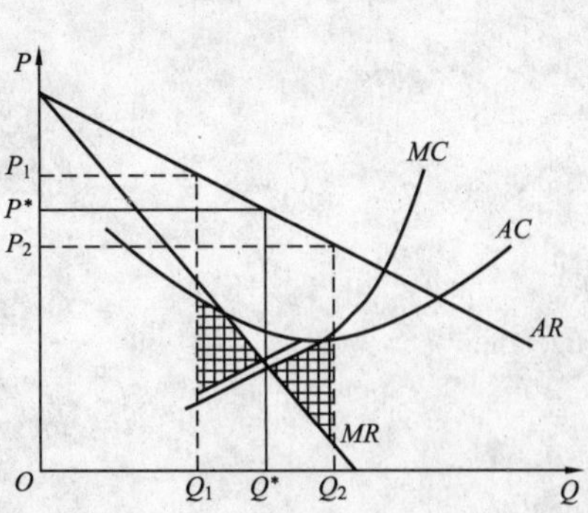

图4－1－10　在 MR＝MC 处利润最大

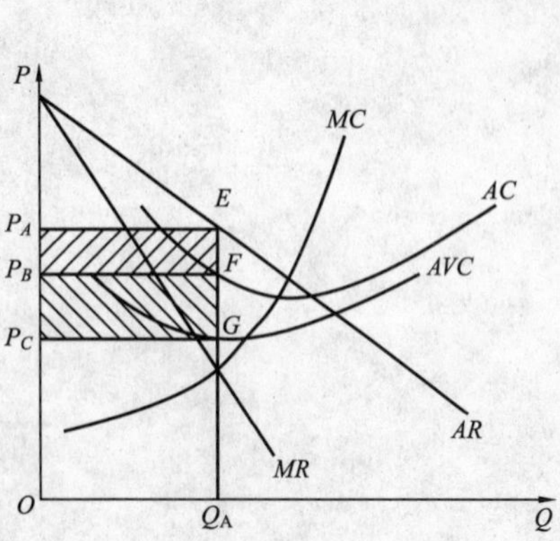

图4－1－11　用平均收益曲线和平均成本曲线表示的利润

可以看到，P_AEFP_B这个阴影矩形面积就是厂商生产Q_A的最大经济利润，P_BFGP_C这个阴影矩形面积就是厂商生产固定成本FC。上述两个阴影矩形面积相加就是厂商生产Q_A的贡献利润。而P_CGQ_AO所代表的矩形面积就是厂商生产Q_A的变动成本。

做一做

以自己为例，分析上大学的机会成本。

项目 2　厂商均衡和博弈论

■学习目标

◇ 学会运用相关知识对社会经济现象进行分析决策。

◇ 了解四种市场结构的特征、博弈论的概念及运用。

◇ 掌握在市场中厂商是如何实现均衡的。

◇ 培养对社会经济现象的分析决策能力。

学习任务

商业竞争的原则之区别定价

对需求弹性较小的购买者制定较高价格，对需求弹性较大的顾客制定较低价格。

塑料门窗型材是建筑行业使用的塑钢门窗主体材料，20 世纪 90 年代后期以来在我国迅速发展。加拿大皇家集团于 1997 年在上海设立子公司，定位在塑窗型材的高端产品市场，经营业绩良好。然而进入 2001 年下半年后，市场环境发生巨变，受市场旺盛需求的刺激，各地纷纷上马塑窗型材生产项目，供给能力很快扩大，加上铝门窗技术也有重要改进，在全国掀起一股声势强劲的销售热浪，塑窗型材市场向供大于求方向转变。

随着市场竞争压力日趋激烈，企业纷纷大幅度降价销售，未随之降价的皇家产品虽在沿海地区销量没有太大变化，但内地市场销量明显下滑。公司营销人员经调研分析，建议对定价方式进行调整。如对购买不同数量段客户调整为不同价格，最高打折幅度可随购买量递增到 18%；对于消费淡季下单的客户给折扣低价；对于经济欠发达、消费水平较低地区的客户，进一步额外降价。该企业决策层接受了这一价格调整建议，收到了较好效果。

资料来源：卢锋，IT 经理世界. 2003－8－28

请思考：

1. 企业为什么要采取区别定价？

2. 塑料门窗型材从最初进入市场到市场竞争激烈，市场结构发生了什么变化？

读一读

我们知道不管在什么样的市场结构中，厂商都是以追求利润最大化为目标。厂商要实现其利润的最大化，必须对收益和成本进行比较，前面我们学习了利润最大化的原则是 $MR=MC$。在不同的市场结构中，厂商如何确定自己的产量与价格，实现利润最大化目标，是厂商在竞争中的一项经济决策。

通常，经济学家对市场结构的划分是以市场集中程度、行业进入限制、产品差别、厂商集中率来划分的，具体如表 4-2-1 所示。

表 4-2-1　　不同市场结构的特点

特点	完全竞争	垄断竞争	寡头垄断	完全垄断
厂商数量	很多	较多	少数	1家
产品性质	相同	有差别	相同或有差别	没有接近的替代品
进入障碍	无	无	适中	高
厂商对价格的控制	无	一些	相当大	相当大或受管制
集中率	0	低	高	100
HHI	小于1000	1000～1800	大于1800	10 000
举例	一些农产品	一些轻工产品	重工业品如汽车、钢铁、石油	公用事业如水、电、铁路

注　HHI（赫芬达尔—赫希曼指数），是指用市场上50家最大厂商（如果不足就是所有厂商之和）市场份额百分比的平方和来表示。HHI指数越大，说明市场集中度越大，反之，HHI指数越小，则市场集中程度越小。

一、完全竞争市场

完全竞争又称为纯粹竞争。完全竞争市场是指竞争充分而不受任何阻碍和干扰的一种市场结构。

（一）完全竞争市场的特征和完全竞争厂商决策的内容

1. 完全竞争市场的特征

(1) 买卖双方都是价格的接受者而非决定者。市场上有许多的买者和卖者，买卖双方都是价格的接受者，都按既定的价格进行交易。

(2) 产品同质。市场上每一个厂商提供的商品大体上都相同。

(3) 买卖双方都具有完全信息。在市场上，所有信息对买者和卖者来说都是完全的。

(4) 厂商可以自由地进出行业。在长期，没有进退这个行业的任何技术、资本或法律的限制。

完全竞争市场是一种理想的市场，虽然在现实生活中并不存在，但完全竞争市场是人们完善市场（机制）的参照系。

2. 完全竞争厂商的决策内容

在价格既定的条件下，完全竞争厂商为了取得最大利润，必须在以下三个方面进行选择：

(1) 继续生产？还是退出行业？

(2) 如果留在某一行业，那么，是进行生产，还是暂时停业？

(3) 如果进行生产，该生产多少？

（二）完全竞争厂商的需求曲线和收益曲线

1. 完全竞争条件下厂商的需求曲线和市场需求曲线

完全竞争厂商是市场既定价格的接受者，需求曲线是一条平行于横轴的水平线，需求弹性无穷大，如图 4－2－1（a）所示。对整个行业来说，市场需求曲线是一条向右下方倾斜的曲线，供给曲线是一条向右上方倾斜的曲线，整个行业的产品价格是由供给和需求决定的均衡价格，如图 4－2－1（b）所示。

2. 完全竞争厂商的边际收益曲线

由于完全竞争厂商的产品价格并不随着销售量的变化而变化，故完全竞争厂商的边际收益等于产品价格，即完全竞争厂商的边际收益曲线与需求曲线重合，如图 4－2－1（a）所示。

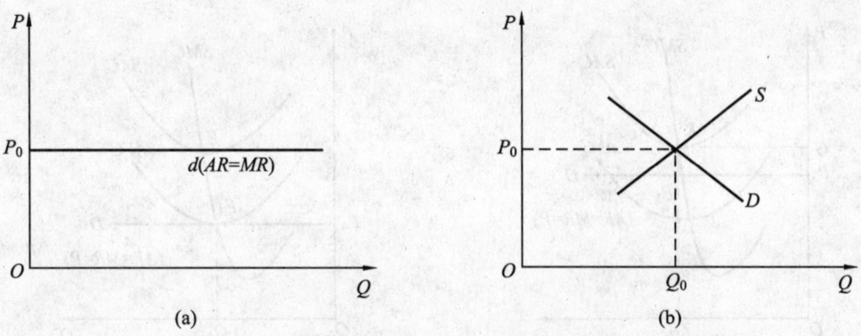

图 4－2－1　完全竞争条件下厂商的需求曲线和市场需求曲线

3. 总收益曲线

$TR=P\cdot Q$，总收益与需求量正相关，因此，如果以横轴代表示需求量 Q，纵轴代表

总收益 TR，则总收益曲线是从原点出发向右上方倾斜的一条直线，其斜率为固定不变的销售价格，如图 4-2-2 所示。

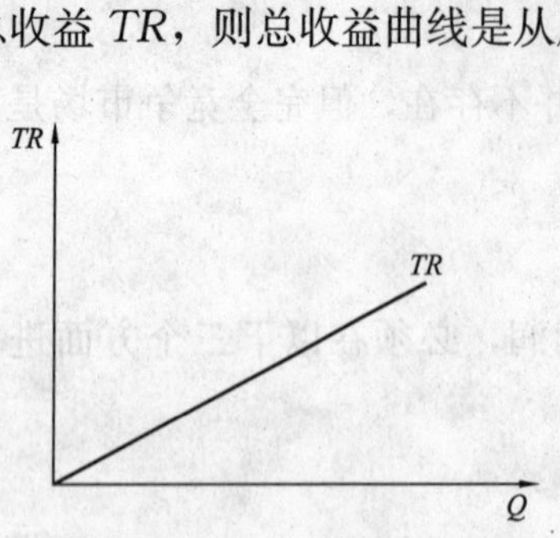

图 4-2-2　总收益曲线

（三）完全竞争厂商的短期均衡与短期供给曲线

1. 完全竞争厂商的短期均衡

(1) 完全竞争厂商短期均衡的三种情况。

1) 获得超额利润。如图 4-2-3 (a) 所示，市场价格为 OP_1，对单个厂商来说，需求曲线是从 P_1 引出的一条平行线 D。这条需求曲线同时也是平均收益线与边际收益线，并且与价格 P_1 相等。厂商为了实现最大利润就要使边际收益等于边际成本。边际收益曲线与边际成本曲线交于 E_1 点，E_1 点确定的均衡产量为 OQ_1，此时的平均成本为 KQ_1，平均收益为 E_1Q_1，因而厂商的超额利润＝总收益 ($OP_1E_1Q_1$ 的面积)－总成本 ($OGKQ_1$ 的面积)。

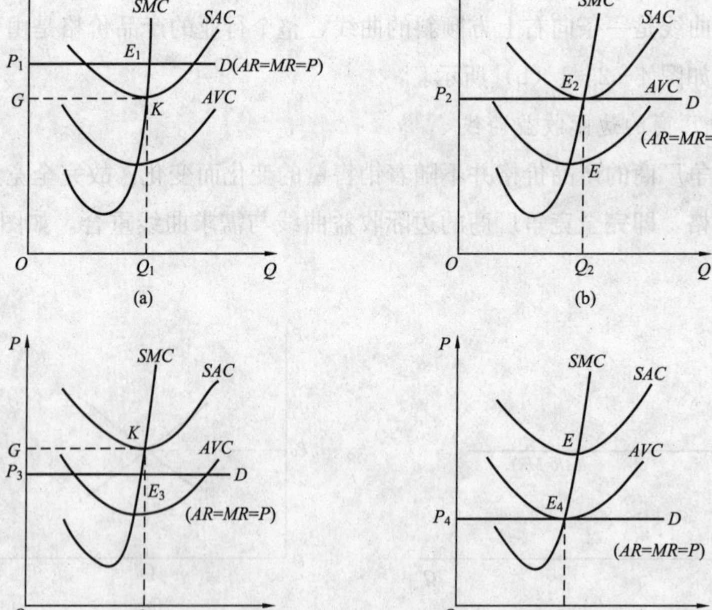

图 4-2-3　完全竞争厂商的短期均衡

2) 收支相抵（超额利润为零）。如图 4-2-3 (b) 所示，市场价格为 OP_2，厂商的需求曲线同时也是平均收益线与边际收益线，是从 P_2 引出的一条平行线，并且与短期成本曲线相切于短期边际成本曲线和短期平均成本曲线的交点 E_2（E_2 是短期成本的最低点）。此时，总收益＝总成本＝OPE_2Q_2 的面积，超额利润为零。

3）遭受亏损。

① 亏损但继续营业，如图 4-2-3（c）所示。市场价格为 OP_3，边际收益曲线在短期边际成本曲线低于短期平均成本曲线的地方与边际成本曲线相交于 E_3 点，由 E_3 点决定的均衡产量为 OQ_3，平均成本为 KQ_3，平均收益为 E_3Q_3，平均成本大于平均收益，总成本大于总收益。但是，总收益在补偿变动成本以后还有部分剩余，或多或少可以弥补部分固定成本，使得亏损总额小于固定成本；如果不营业，就会亏损全部固定成本，大于营业时的亏损额。因此，只要 $AVC<AR<SAC$，厂商就应该继续营业。

② 停止营业，如图 4-2-3（d）所示。市场价格为 OP_4，厂商存在亏损。这时，需求曲线与平均变动成本曲线相交于 E_4 点，即价格为 OP_4 时，所得收益恰好抵偿平均变动成本。若价格低于 OP_4，则厂商不但不能弥补固定成本，就连变动成本也无法弥补，此时厂商就无法生产。因此，当 $AR<AVC$ 时，厂商停止营业。完全竞争厂商 AVC 曲线的最低点叫停止营业点（E_4 点）。

(2) 短期均衡原则。在短期内，厂商均衡的条件是边际收益等于边际成本，即 $MR=MC$ 且 $AR>AVC$（适用于任何厂商）。

2. 完全竞争厂商的短期供给曲线

为了追求利润最大化，完全竞争厂商总是根据 $P=MC$ 原则（$P>AVC$）决定其均衡产量。而边际产量递减规律引起边际成本随着产量的增加而上升，使得厂商的产品供给量与产品价格同方向变动，最终使供给曲线向右上方倾斜。

(1) 完全竞争条件下厂商的短期供给曲线。产品价格的任何变动都要求 SMC 相应变动（因为要保证 $P=SMC$），进而要求均衡产量相应变动（SMC 是产量的函数）。这样，在价格和均衡产量之间形成了一一对应关系，这种对应关系就是完全竞争厂商的短期供给曲线。厂商均衡时 $P=SMC$，因此厂商的短期供给曲线正好与 SMC 曲线重合。

(2) 完全竞争条件下市场的短期供给曲线。显然，导致供给曲线向右上方倾斜的原因就是厂商追求利润最大化的行为动机与边际产量递减引起的边际成本递增综合作用的结果。将各竞争厂商的短期供给曲线进行水平加总，就可以得到完全竞争市场的短期供给曲线。

（四）完全竞争市场的长期均衡

在长期中，各个厂商都可以根据市场价格来充分调整其全部生产要素和产量，也可以自由进入或退出该行业。厂商在长期中要做出两个决策：生产多少，以及退出还是进入这一行业。如图 4－2－4 所示，当出现供给小于需求，价格水平高（P_1），有超额利润存在，厂商会扩大生产，其他行业的厂商也会涌入该行业。于是，该行业的供给增加，价格下降为 OP 时，超额利润消失。反之，如果出现供给大于需求，价格降为（P_2），有亏损存在，厂商会缩小生产，或者退出该行业。于是，整个行业的供给减少，价格上升，个别厂商需求曲线 D_2 向上移动，亏损消失。如果既无超额利润又无亏损，厂商的产量不再调整，于是就实现了长期均衡。在完全竞争市场，厂商长期均衡的条件是：$MR=MC=AR=AC$。

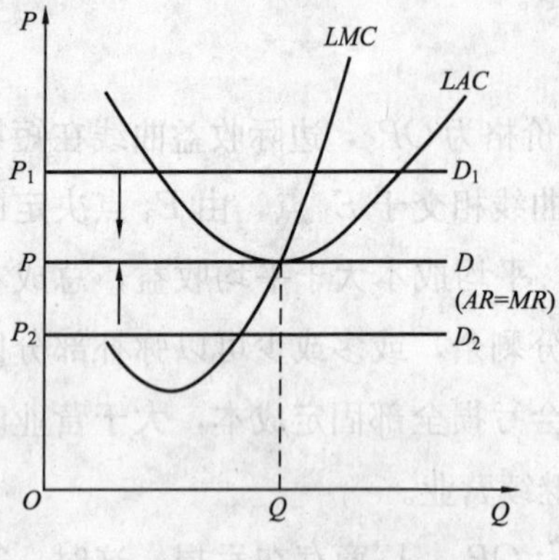

图 4－2－4 完全竞争市场的长期均衡

二、完全垄断市场

完全垄断市场指的是一家厂商供给整个市场。完全垄断简单地说就是独家销售。

（一）完全垄断市场的形成原因

（1）自然垄断。自然垄断是指某个厂商的长期平均成本随着产量的增加而递减，以至于整个行业的产品由一家厂商生产比两家或更多家厂商生产所耗费的平均成本低。

（2）没有相近的替代品与之竞争。如对原材料的控制及其他形式的行业“进入壁垒”。

（3）由于立法原因，其他厂商无法进入这一市场。如专利、政府对经营权的特许与控制。

（二）完全垄断厂商的需求曲线和收益曲线

1. 完全垄断厂商的需求曲线

完全垄断厂商在市场上是价格的制定者，因此，完全垄断厂商的需求曲线向右下方倾斜。

2. 完全垄断厂商的边际收益曲线与总收益曲线

（1）完全垄断厂商的边际收益曲线。由于需求曲线向右下方倾斜，完全垄断厂商的边际收益曲线也向右下方倾斜且位于需求曲线的左下方，如图 4－2－5（a）所示：厂商增加产量、降低价格时，不仅新增加的产量按较低的价格销售，而且原先的产量也按较低的价格销售，使得边际收益小于价格。

如果需求曲线是线性的，那么边际收益曲线与需求曲线在纵轴上的截距相等；边际收益曲线在横轴上的截距是需求曲线在横轴上的截距的一半。

(2) 完全垄断厂商的总收益曲线。由于边际收益曲线向右下方倾斜，厂商的总收益曲线便是一条抛物线，如图 4-2-5 (b) 所示。

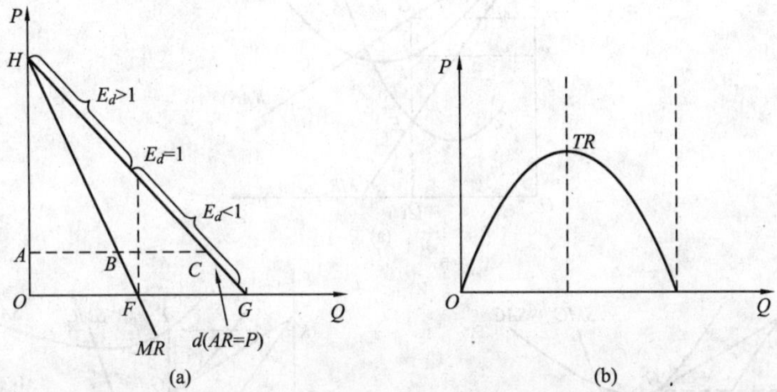

图 4-2-5　完全垄断厂商的需求曲线、边际收益曲线和总收益曲线

（三）完全垄断厂商的均衡

1. 完全垄断厂商的短期均衡

完全垄断市场，厂商生产的目的是为了追求利润最大化，因此，其利润最大化的原则也是边际收益等于边际成本。与完全竞争厂商一样，完全垄断厂商短期均衡的情况也有获得垄断利润、收支相抵与亏损三种。

(1) 获得垄断利润。如图 4-2-6 (a) 所示，SMC 曲线与 MR 曲线交于 E_1 点，此时的产量为 OQ_1，从 Q_1 点向上的垂线就是产量为 OQ_1 时的供给曲线，它与需求曲线 d 交于 G 点，由此决定了价格水平 OP_1。垄断利润 = 总收益（OP_1GQ_1 的面积）− 总成本（$OKFQ_1$ 的面积）。

(2) 收支相抵。如图 4-2-6 (b) 所示，SMC 曲线与 MR 曲线交于 E_2 点，决定产量为 OQ_2，此时，SAC 曲线与 AR 曲线相切于点 G，所以这时的平均成本与平均收益相等，从而总收益与总成本都是 OP_2GQ_2 的面积，即收支相抵。

(3) 亏损。如图 4-2-6 (c) 所示，SMC 曲线与 MR 曲线交于 E_3 点，决定的产量为 OQ_3，此时平均成本为 FQ_3，平均收益为 GQ_3。显然，总收益小于总成本，P_3KFG 的面积为亏损部分。

2. 完全垄断厂商的长期均衡

完全垄断厂商在长期不仅可以收支相抵，也可获得利润，因为其他厂商不能进入能获得利润的垄断行业。因此，完全垄断厂商的长期均衡条件：$MR=LMC$ 且 $AR\geqslant LAC$（见图 4-2-7）。

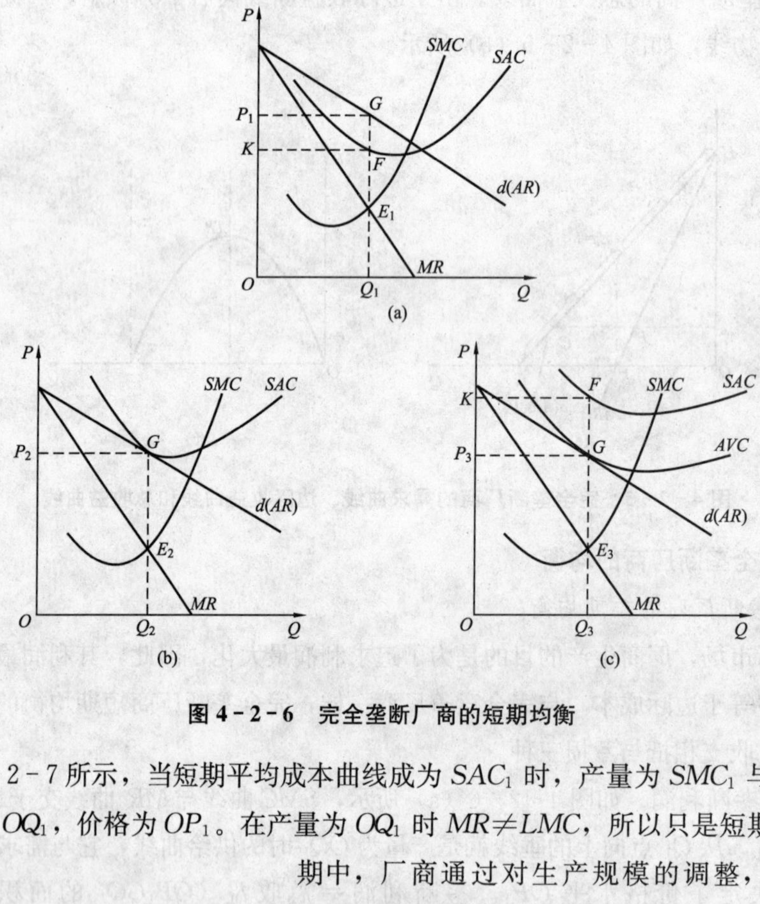

图 4-2-6　完全垄断厂商的短期均衡

如图 4-2-7 所示，当短期平均成本曲线成为 SAC_1 时，产量为 SMC_1 与 MR 的交点 E_1 所决定的 OQ_1，价格为 OP_1。在产量为 OQ_1 时 $MR\neq LMC$，所以只是短期均衡。在长期中，厂商通过对生产规模的调整，实现 $MR=LMC$。假设厂商将生产规模调整为 SAC_2 和 SMC_2 时，产量为 Q_2，价格为 P_2，此时 $MR=LMC$，实现长期均衡。

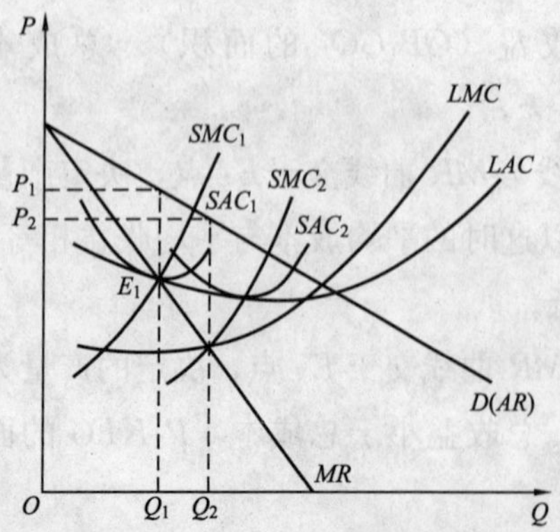

图 4-2-7　完全垄断市场的长期均衡

三、垄断竞争市场

垄断竞争市场是既存在竞争又存在垄断的市场结构，是现实经济生活中最为常见的一种市场结构。垄断竞争市场具有市场集中率低，而且没有进入限制，产品有差别的特征。

（一）垄断竞争厂商的需求曲线

垄断竞争厂商由于对价格有一定的控制力，面对的需求曲线也向右下方倾斜，其边际收益曲线位于需求曲线的左下方。

1. 主观或预期的需求曲线

生产集团内，典型厂商变动产品价格而其他厂商的价格保持不变时，该厂商面对的需求曲线叫主观需求曲线，也叫预期需求曲线。主观需求曲线用来说明典型厂商变动价格的动机，如图 4-2-8 所示的曲线 D_1。

2. 客观或实际的需求曲线

生产集团内，典型厂商变动产品价格而其他厂商也同样变动价格时，该厂商面对的需求曲线叫作客观需求曲线。客观需求曲线用来描述典型厂商变动价格的结果，也叫作实际需求曲线。因为在同一生产集团内，各厂商的产品、成本状况与需求曲线相同，当一家厂商觉得有必要变动价格时，其他厂商也一定会变动价格，如图 4-2-8 所示的曲线 D_2。

3. 主观需求曲线比客观需求曲线平坦的原因

若其他厂商的价格不变，某厂商单独降低价格，那么该厂商不仅能增加自己原有顾客的购买量，而且还能将其他厂商的部分顾客吸引过来。于是该厂商的销售量会大幅度增加；反之，若该厂商单独提高价格，不仅减少自己原有顾客的销售量，而且还会将自己原有的部分顾客推给其他厂商，该厂商的销售量会大幅度减少。相对于客观需求曲线，一定量的价格变动会引起更多的需求量变动，故主观需求曲线比较平坦。

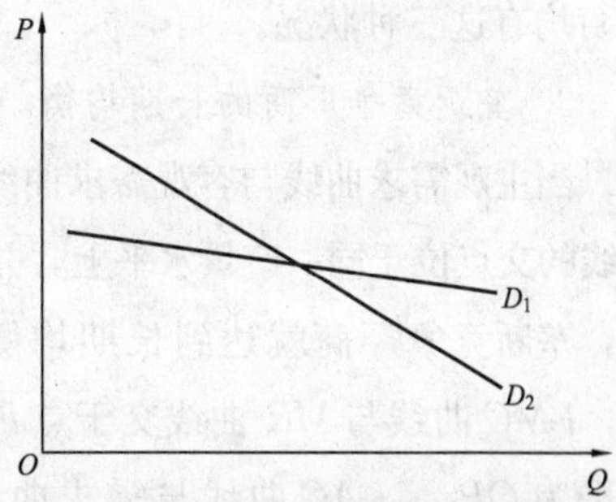

图 4-2-8 垄断竞争市场的需求曲线

（二）垄断竞争厂商的均衡

1. 垄断竞争厂商实现均衡的方法

垄断竞争厂商实现均衡的方法有变动价格、增加产品差别与增加销售费用三种。第一种方法是价格竞争，后两种方法是非价格竞争。下面仅说明垄断竞争厂商如何变动价格以获得最大利润。

2. 垄断竞争厂商的短期均衡

当主观需求曲线与客观需求曲线的交点同 MR 曲线（与主观需求曲线相对应）与 SMC 曲线的交点位于同一产量水平时，垄断竞争厂商就达到短期均衡。因为此时 $MR=$

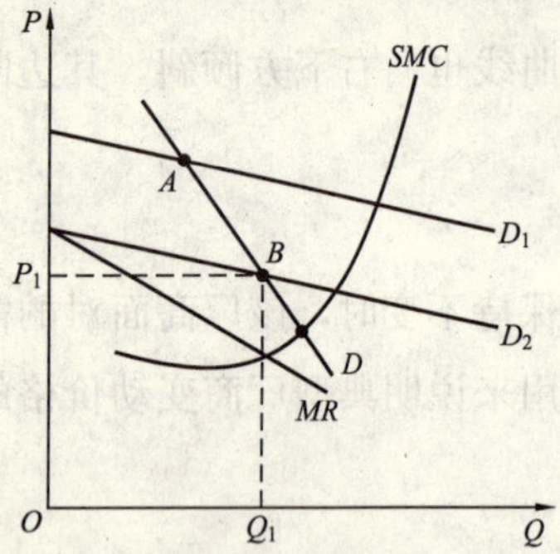

图 4-2-9　垄断竞争厂商的短期均衡

SMC，典型厂商已经实现了利润最大化，没有调整价格与产量的必要，如图 4-2-9 所示。

在图 4-2-9 中有两条需求曲线 D 与 D_1，D_1 是其他厂商价格不变时一家厂商的需求曲线，D 是其他厂商价格变动时一家厂商的需求曲线。各厂商均认为自己的需求曲线为 D_1。因为厂商数目众多，如果厂商通过降价来增加销量，其他厂商并不会采取相同的方法，但所有厂商都这么想这么做，大家都降价的结果使 D_1 下降，当下降至 D_2 时，$MR=MC$，实现了短期均衡。即厂商从价格 A 点开始不断下降，当产量为 OQ_1，价格为 OP_1 时，需求曲线从 D_1 移到了 D_2，实现了短期均衡。

垄断竞争厂商的短期均衡也有三种不同的状况，即赢利（$AR>SAC$）、收支相抵（$AR=SAC$）与亏损（$AVC<AR<SAC$）。实际上，由于规模不能调整，任何厂商的短期均衡均有这三种状况。

3. 垄断竞争厂商的长期均衡

当主观需求曲线与客观需求曲线的交点同 MR 曲线（与主观需求曲线相对应）与 LMC 曲线的交点位于同一产量水平上，并且在该产量上，主观需求曲线与长期平均成本曲线相切时，垄断竞争厂商就达到长期均衡，如图 4-2-10 所示，LMC 曲线与 MR 曲线交于点 E，产量为 OQ_1，价格水平为 OP_1，LAC 曲线与需求曲线相切于点 F。此时平均收益与平均成本相等，均为 FQ_1，不存在超额利润，各厂商不再调整自己的产量，实现了长期均衡。垄断竞争厂商的长期均衡条件为 $MR=LMC$ 且 $AR=LAC$。

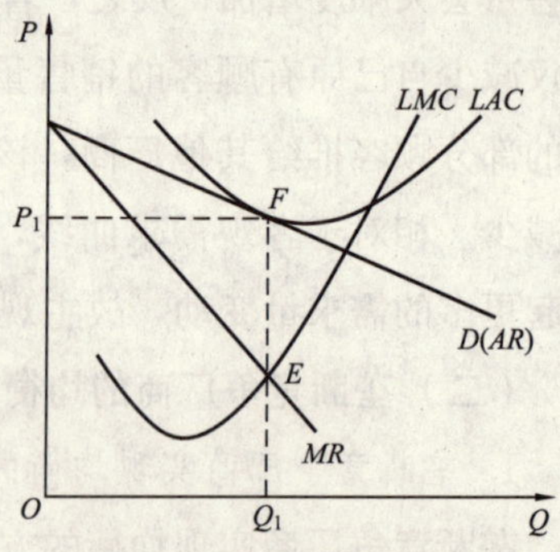

图 4-2-10　垄断竞争厂商的长期均衡

因为 $MR=LMC$，垄断竞争厂商的规模既定不变；$AR=LAC$，则生产集团内的厂商数量不变。显然，垄断竞争厂商长期均衡时也是收支相抵。

四、寡头垄断市场

它是指少数几家厂商控制某种产品的绝大部分或者整个市场生产和销售的市场结构。

寡头垄断厂商间有较强的依存性，厂商规模巨大而数量很少；寡头垄断市场具有相对稳定性；行业门槛高；垄断厂商行为的结果具有不可预知性。

寡头垄断市场相当普遍，如汽车制造、家电、石油、钢铁、通信、航空、电子设备制造、国际航空运输、超市零售等行业。在一些寡头行业中，每个厂商都生产几乎相同的产品，而在另一些寡头行业中，产品是有差别的。寡头垄断是少数几个相互竞争的生产者的市场，是价格的参与者。寡头的产生主要是由于规模经济，在某些行业中，只有产量达到相当大的水平时，才能实现规模经济。为了达到相当大的产量就需要巨大的投资，同时由于每个厂商产量都非常高，所以，只要有几家这样的厂商，就可以满足全部市场的需求。这样，在这种行业中就形成了寡头的市场结构。

寡头市场并不存在自然的和法律的进入限制，但存在规模经济所引起的进入限制。从理论上来说，任何厂商都可以进入寡头市场，但实际上由于这种市场上厂商规模很大，初始投资很大，而且，原有厂商已经控制了市场，所以，要进入是相当困难的。此外，该行业中的原有厂商也会想尽各种办法阻止新厂商进入。所以，寡头行业的进入限制实际非常大，一旦已有几家厂商站稳某个行业，其他厂商就很难进入。由此可见，寡头垄断市场的成因和垄断市场很相似，只是在程度上有所差别而已。寡头垄断市场是比较接近垄断市场的一种市场结构。

五、现代寡头理论：博弈论的运用

博弈是一种参与者在策略上相互影响的情景。你选择的行动（策略）的结果取决于其他人的选择。参与博弈的决策者称为参与者，他们的选择称为行动。博弈由参与者、参与者的感受、博弈的规则和博弈的界限或边界四个要素构成。

经济学中的博弈论又被称为对策论、游戏论。它是关于竞争者如何根据环境对手和竞争对手的情况观察变化，采取最优策略和行为的理论。如前所述，寡头市场的特点是各个寡头之间相互依存，各个寡头间的相互作用才形成均衡市场。

著名的博弈论例子是“囚徒困境”。假设两个犯罪嫌疑人甲和乙共同作案后，被警察抓住，检察官把他们分别关在两个房屋审讯。检察官对甲和乙分别说，如果你们两人都坦白，你们都将被判刑 5 年；如果两人都抵赖，因证据不足而各判刑 1 年；如果其中一人坦白，另一人抵赖，那么坦白者释放，抵赖者判刑 8 年。于是，每个囚徒都面临两种选择：坦白或抵赖。然而，不管同伙选择什么，每个囚徒的最优选择是坦白：如果同伙抵赖、自已坦白的话放出去，不坦白的话判1年，坦白比不坦白好；如果同伙坦白、自己坦白的话判5年，不坦白的话判8年，坦白还是比不坦白好。结果，两个嫌疑犯都选择坦白，各判刑5年。如果两人都抵赖，各判1年，显然这个结果好。但这个帕累托改进办不到，因为它不能满足人类的理性要求。

“囚徒困境”中的“甲坦白，乙坦白”就是占优策略均衡解。囚徒困境所反映出的深刻问题是，人类的个人理性有时能导致集体的非理性——聪明的人类会因自己的聪明而作茧自缚。寡头市场的典型例子是空调业价格战。对寡头市场来说，规模经济至关重要，只有当这个市场仅有几家大企业，逐步形成每家企业都规模十分大时，整个行业才有效。但这种寡头并不是一开始就形成的，而是在竞争中形成的。社会经济生活中，这种例子也不少见，如广告战、关税战、军备竞赛等。

当前我国的高档餐饮行业也面临着激烈的竞争，价格战的序幕业已拉开。

做一做

大猪和小猪共住一个猪圈，为吃食竞争。猪圈一侧有一个踏板，另一侧有一个食槽。每踩一次踏板，自动投食机就会向食槽投放一点饲料。这样，一只猪去踩踏板，另一只猪就会抢先吃到食物——如果小猪去踩踏板，大猪就会在小猪跑来之前吃光食物；如果大猪去踩踏板，则有机会在小猪吃光之前跑来抢到一点残羹。

资料来源：张立娟，王彩霞. 每天学点经济学. 北京：金城出版社，2009

请分析：

1. 两只猪会采取什么策略呢？
2. 例举你生活中相似的例子并加以分析。

■补充资料

约瑟夫·熊彼特与熊彼特竞争

在强调创新对市场经济的重要作用的经济学家中，最著名的是约瑟夫·熊彼特。熊彼特的事业开始于奥地利（从1919年春到该年10月，担任奥匈帝国财政部长），以作为哈佛大学杰出的经济学教授而结束。他关于经济的看法与竞争均衡模型有显著的差别。该模型关注的是均衡，即在这种情况下，世界的状态不再会发生变化，他质疑的就是这种均衡概念；对熊彼特来说，经济总是处于流动状态，而经济学家的职责就是了解引起这些变化的力量。

熊彼特指出，经济系统以创造性的毁灭过程为特征。通过生产新产品或采用低成本的生产工艺，创新者能够确立在市场中的支配地位。但是，最终当新的创新者取代了他的地位时，这种支配地位就会被摧毁。

熊彼特担心他看到的那些正在形成的巨型公司会抑制创新，从而停止这种创造性的毁灭过程。不过，到目前为止，他的担忧并没有依据；事实上，许多巨型企业（如 IBM 公司）并不能操纵创新过程，也不能保证自己领先于新兴的竞争对手。

现代熊彼特主义者常常转向生物学，以此来帮助他们理解变革的过程。他们将变化描述为进化。他们观察到一种缓慢的变化过程，包含许多随机因素以及最适于生存的厂商——在特定的环境下，这些厂商无论是由于幸运还是确实技高一筹，能够开发出优于其竞争对手的新产品或新的经营方式——力图生存下去，并且其行为会扩展到其他厂商。

由于对创新的敬重与理解日渐加深，不少经济学家认为自己是熊彼特主义者，奥地利熊彼特协会每年颁奖表彰具有“熊彼特传统”的人。1994 年，该奖被授予美国人特德·特纳（Ted Turner），他是有线新闻网（CNN）的创始人。

■思考与练习

一、选择题

1. 随着产量的增加，短期平均固定成本（　　）。

A. 增加　　B. 不变　　C. 减少　　D. 先增加，后减少

2. 当（　　）时，厂商应停止营业。

A. $AC<AR$　　B. $P<AVC$　　C. $AR<AVC$　　D. $MR<MC$

3. 企业使其利润最大化意味着（　　）。

A. $MR>MC$　　B. 使总收益和总成本之间的差距最小

C. $MR=MC$　　D. 以上都不对

4. 经济学中是根据（　　）划分短期与长期的。

A. 时间长短　　B. 可否调整产量　　C. 可否调整产品价格

5. 使用自有资金也应计算利息收入，这种利息从成本角度看是（　　）。

A. 固定成本　　B. 隐含成本　　C. 会计成本　　D. 生产成本

6. 假如增加 1 单位产量所增加的成本小于增加前的平均成本，那么在产量增加后平均成本将（　　）。

A. 下降　　B. 上升　　C. 不变　　D. 都有可能

7. 已知产量为 500 单位时，平均成本是 2 元，产量增加到 550 单位时，平均成本等于 2.50 元，在这个产量变化范围内，*MC*（　　）。

A. 上升，并且 *MC*>*AC*　　B. 上升，并且 *MC*<*AC*

C. 下降，并且 *MC*<*AC*　　D. 下降，并且 *MC*>*AC*

8. 在厂商的停止营业点上，应该满足（　　）。

A. *AR*=*AVC*　　B. 总亏损等于 *TFC*

C. *P*=*AVC*　　D. 以上说法都对

9. 总不变成本是指那些短期内无法改变的固定投入所带来的成本，这部分成本不随产量的变化而变化，一般包括（　　）。

A. 厂房和资本设备的折旧费　　B. 地租、利息

C. 财产税　　D. 广告费和保险费

10. 即使厂商不生产也必须支付的成本叫（　　）。

A. 平均可变成本　　B. 边际成本

C. 平均成本　　D. 不变成本

11.（　　）的投入对农夫而言最可能是不变成本。

A. 财产的保险费　　B. 化肥

C. 用于灌溉的水　　D. 种子

12.（　　）是指成本与产量之间的数量关系。

A. 会计成本　　B. 机会成本　　C. 边际成本　　D. 成本函数

13. 在完全竞争条件下，如果厂商把产量调整到平均成本曲线最低点所对应的水平（　　）。

A. 它将取得最大利润　　B. 没能获得最大利润

C. 它是否获得最大利润仍无法确定　　D. 它一定亏损

二、判断题

1. 边际成本与平均成本同时递增，同时递减。（　　）

2. 以经济学家的观点看，当具有理性的个人、组织或政府，无论承担一个项目或投资一个项目，购买一种物品或另一种物品都应该计入全部会计成本。（　　）

3. 在短期内，随着产量的增加，AFC 逐渐变小，AC 曲线与 AVC 曲线之间的垂直距离越来越小，但绝不会相交。(　　)

4. 平均成本等于平均不变（固定）成本（AFC）加上平均变动成本（AVC）。(　　)

5. AC（AFC，AVC）的几何意义是 TC（FC，VC）曲线上相应点与原点连线的斜率。(　　)

6. 平均产量最大时，平均成本最低。(　　)

7. SAC 绝不会小于 LAC。(　　)

8. 当 LAC 曲线下降时，LAC 曲线切于 SAC 曲线的最低点。(　　)

9. 长期成本曲线上的每一点都与短期成本曲线上的某一点相对应，但短期成本曲线上并非每一点都与长期成本曲线上的某一点对应。(　　)

10. LTC 绝不会大于该产量上有最优生产规模所决定的 STC。(　　)

11. $SMC=LMC$，并且小于 LAC 时，LAC 曲线处于上升阶段。(　　)

12. 我们掌握沉没成本的意义就在于当你认识到某项支付属于沉没成本时，就不能让它影响你理性的决策。(　　)

三、简答题

1. 比较完全竞争厂商的长期均衡与垄断厂商的长期均衡

2. 从博弈论的角度分析成语：破釜沉舟、哀兵必败。

四、计算题

1. 某公司面对以下两段需求曲线：

$P=25-0.25Q$（当产量为 0—20 时）$P=35-0.75Q$（当产量超过 20 时）

公司成本函数为：$TC_1=200+5Q+0.25Q_2$

试求：(1) 说明该公司属何种市场结构的行业。

(2) 公司最优价格和产量是多少？这时利润（亏损）有多少？

(3) 如果成本函数改为 $TC_2=200+8Q+0.25Q_2$，最优价格和产量是多少？

2. 设某企业只生产 A 产品，已知每件产品平均变动成本为 7 元，固定成本总额为 24 000 元，单位产品售价为 15 元，求：

(1) 企业在计划期内需要销售多少件产品才能达到盈亏平衡？

(2) 预计企业在计划期内可销售 A 产品 6000 件，企业可得多少利润？

3. 已知垄断者的成本函数为 $TC=6Q+0.05Q_2$，产品的需求函数为 $Q=360-20P$，求：

（1）利润为极大的销售价格、产量和利润。

（2）假如政府限定最高售价已由是垄断者在该价格下提供的产量为最大，求解为此所规定的最高限价，求垄断者按此限价会产生的产量和赚得的利润。

（3）求解垄断者收支相抵的价格和产量。若政府规定的价格即为收支相抵的价格，求垄断者按此限价会生产的产量和赚得的利润。

模块 5

分析收入分配的规律

■学习目标

◇ 通过本模块的学习，了解产品如何分配，熟悉收入分配原理，掌握洛伦兹曲线、基尼系数、工资、利息、利润等基本知识，并能就我国的收入分配原则进行分析。

■培养的职业能力

◇ 合理的社会经济素养能力。

◇ 培养对社会经济现象的分析能力。

◇ 培养合理的金钱价值观。

项目 1　熟悉收入分配原理

项目 2　把握收入确定的方法

项目 3　明白收入再分配的政策

项目 1　熟悉收入分配原理

■学习目标

学会运用相关知识对社会经济现象进行分析。

◇ 了解产品是如何分配，熟悉收入分配原理。

◇ 掌握洛伦兹曲线、基尼系数的基本概念。

◇ 培养对社会经济现象的分析能力。

学习任务

明星收入与经济学

无论在国外还是国内，影视和体育明星们的收入都是天文数字。在美国，像泰尔·伍兹和朱利娅·罗伯茨这样的大牌明星年收入达几千万美元并不奇怪。Kate Moss 代言 St. Tropez 一个产品的酬劳就是 400 万美元，Kate Blanchett 以 1000 万美元签约 Armani。在国内，明星们的年收入也不下几百万元。如周迅片酬逼近 450 万，而赵薇也从《画皮》时候的 100 万涨至 350 万；男星方面，葛优突破 600 万，陈坤突破 250 万大关等。

明星们这种生产要素的高价格和高收入是由其供求关系决定的。在这种要素供给极为短缺时，决定明星价格的主要因素还是公众和企业的支付愿望与支付能力。一种生产要素的价格（或这种要素所有者的收入）是否合理取决于它的决定机制。如果这种高收入由政府人为决定，无论多少都不合理（如政府给钱让北大、清华教授增加工资就不合理）；如果这种高收入是市场决定的，无论多少都合理。

资料来源：陈鸿雁. 经济学原理. 北京：电子工业出版社. 2010

请思考：

1. 从经济学的角度分析明星们的这种高收入是否合理？他们的这种收入公平吗？
2. 明星的高收入有利于效率吗？

读一读

分配理论要解决为谁生产的问题，也就是要解决生产要素价格决定问题。生产要素的价格与产品的价格一样，是由生产要素的需求与供给决定的。因此分配理论就是价格理论在分配问题上的应用，分配是由价格决定的。

一、生产要素的需求

生产要素是投入生产过程的经济资源，是对生产发生作用的人力、物力和财力。它主要包括劳动、土地、资本和企业家才能。

要素价格决定于要素的供给和需求。要素的供给来自要素所有者，他们出售要素是为了获得收入。要素的需求来自厂商，他们购买要素是为了谋取利润。例如，劳动者的收入就是工资，即劳动的价格；资本所有者的收入就是利息，即资本的价格；土地所有者的收入就是地租，即土地的价格；企业家的收入就是利润，即企业家才能的价格。所以说生产要素价格的决定问题就是要素所有者的收入分配问题。

（一）生产要素需求的特点

1. 生产要素的需求者是生产者而不是消费者

在产品市场上，需求来自消费者，消费者为了直接满足自己的吃、穿、住、行等需求而购买商品，因此对这些消费品的需求是“直接”需求。与此不同，在生产要素市场上，需求不是来自消费者，而是来自生产者。

2. 生产要素的需求是“引致需求”或“派生需求”

厂商对生产要素的需求就是由于消费者对产品的需求所导致的派生需求，也可称为“引致需求”。如厂商购买劳动力、原材料和其他一些生产要素不是为了直接消费，而是为了生产出用于出售的产品和服务以获得收益，追求利润的需要，它是由消费需求引致的一种需求。

3. 厂商对生产要素的需求是一种联合需求或相互依存的需求

任何生产行为所需要的都不是一种生产要素，而是多种生产要素的共同作用。如果只增加一种生产要素而不增加另一种，就会出现边际收益递减现象。而且，在一定的范围内，各种生产要素也可以互相代替。生产要素相互之间的这种关系说明它的需求之间是相关的。

（二）生产要素需求曲线

生产要素需求的联合性与派生性决定了它的需求比产品的需求要复杂得多。下面分别介绍完全竞争市场和不完全竞争市场下的生产要素需求。

1. 完全竞争市场对生产要素的需求

首先我们得了解什么是边际生产力（*MPP*）与边际要素成本（*MFC*）。

边际生产力（*MPP*）就是指在其他条件不变的情况下，增加 1 单位生产要素所增加的产量。或这种生产产量所带来的收益。就其本质而言，边际生产力与边际产量是一致的。但其具体表现而言，边际生产力有两种形式：

(1) 以实物形式所表示的生产要素的边际生产力——边际物质产品。

$$MPP_L = \frac{\Delta Q}{\Delta L} \quad MPP_K = \frac{\Delta Q}{\Delta K}$$

(2) 以货币形式所表示的生产要素的边际生产力——边际收益产品，它等于边际物质产品与生产要素的价格。

$$MPR_L = MPP_L \cdot P_L \quad MPR_K = MPP_K \cdot P_K$$

边际要素成本——(MFC) 指每增加1单位要素成本所引起的总成本的增加量。

$$MFC_L = \frac{\Delta TC}{\Delta L} \quad MFC_K = \frac{\Delta TC}{\Delta K}$$

在完全竞争的产品市场，厂商面临一条水平的产品需求线，产品价格不随要素投入量和产量的变动而变动。由于边际收益 (MR)＝边际成本 (MC)＝价格 (P)，所以，厂商对生产要素的需求就取决于该市场要素的边际收益；厂商是既定市场价格的接受者，MFC 也就是一个单位要素的本身价格。

根据边际收益递减规律，在其他条件不变的情况下，生产要素的边际生产力是递减的。所以，生产要素的边际收益曲线是一条向右下方倾斜的曲线。

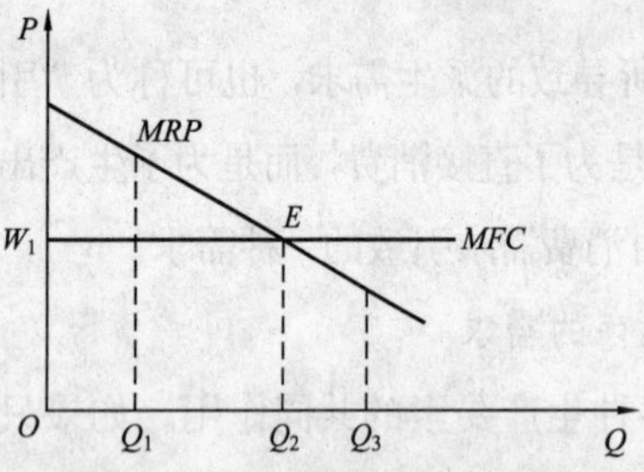

图 5-1-1 生产要素需求曲线

如果 MFC＜MRP，因为增加1单位要素所增加的收益大于所增加的成本，厂商就增加该要素的需求量；反之，结果相反。当1单位要素的所带来的收益恰好等于该要素的成本时，即 MRP＝MFC，厂商对该要素的需求处于均衡状态（见图 5-1-1）。整个行业的生产要素需求是各个企业需求之和，也是一条向右下方倾斜的曲线。

2. 不完全竞争市场上的生产要素需求

在不完全竞争市场上，对一个厂商来说价格也是可变的，边际收益并不等于价格。边际收益取决于生产要素的边际生产力与价格水平。生产要素的需求曲线仍然是一条向右下方倾斜的线。与完全竞争市场上的需求曲线相比，两者的生产要素需求曲线的斜率不同。在生产要素为同一价格时，不完全竞争市场上的生产要素的需求量小于完全竞争市场上的需求量。

（三）生产要素的供给

生产要素有多种多样，不同种类的生产要素各有自己的特点。一般来说，可以把生产要素分为三类。

第一类，自然资源。在经济分析中假定这类资源的供给是固定的。

第二类，资本品（生产资料）。资本品是被生产的物品，它的供给价格因而与其他产品一样，决定于它的生产成本。它与供给数量成正比关系，与价格同方向变动，供给曲线向右上方倾斜。

第三类，劳动。劳动供给取决于工资变动所引起的替代效应和收入效应。随着工资增加，由于替代效应的作用，家庭用工作代替闲暇，从而劳动供给增加。同时，随着工资增加，由于收入效应的作用，家庭需要更多闲暇，从而劳动供给减少。向后弯曲的劳动供给曲线是指起先随工资上升，劳动供给增加，当工资上升到一定程度之后，随工资上升，劳动供给减少的劳动供给曲线，如图 5－1－2 所示。

在图 5－1－2 中，横轴 L 代表劳动供给量，纵轴 W 代表工资率（每小时劳动的工资），LS 为劳动供给曲线。当工资水平低于 W_0 时，替代效应大于收入效应，劳动供给随工资增加而增加，劳动供给曲线向右上方倾斜。当工资水平高于 W_0 时，收入效应大于替代效应，劳动供给随工资增加而减少，劳动供给曲线向左上方倾斜。LS 是一条向后弯曲的曲线。

（四）生产要素价格的决定

生产要素的价格与产品的价格一样，在完全竞争市场上是由生产要素的供求决定的。根据以上对生产要素供求的分析，一般而言，生产要素的需求曲线向右下方倾斜，供给曲线向右上方倾斜，这样就可以用图 5－1－3 说明生产要素市场价格的决定。

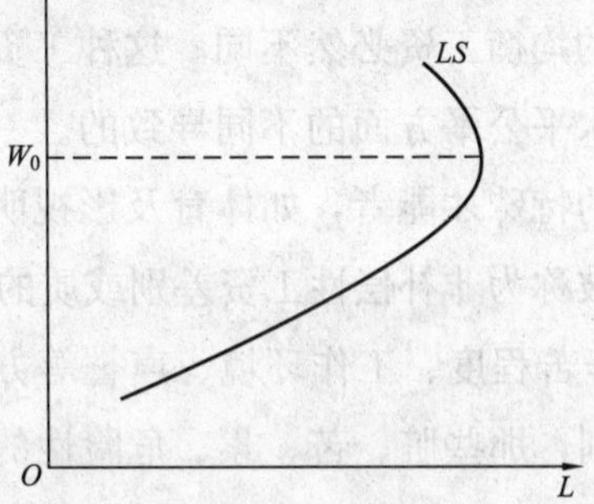

图 5－1－2 劳动供给曲线

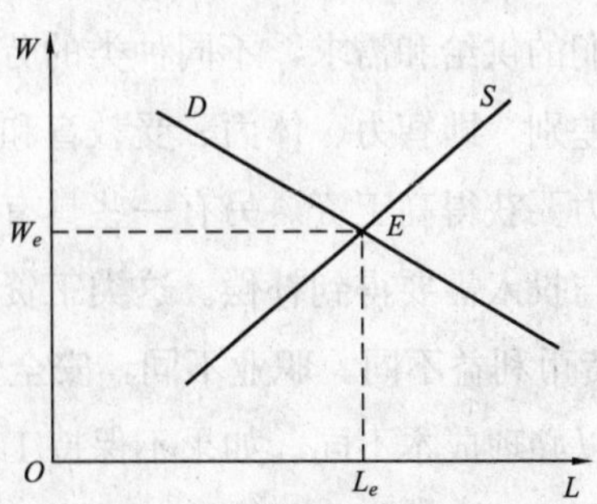

图 5－1－3 生产要素价格的决定

在图 5－1－3 中，生产要素（劳动）市场的需求曲线 D 与供给曲线 S 相交，决定了生产要素（劳动）的市场均衡价格为 W_e，均衡数量为 L_e，这与产品价格和数量的决定完全一样。

二、我国收入分配的基本原则

（一）我国的收入分配制度

我国主要是实行按劳分配为主体、多种分配方式并存的制度，把按劳分配和按生产要素分配结合起来，坚持效率优先、兼顾公平，允许一部分地区、一部分人先富起来，带动和帮助后富，逐步实现共同富裕。

2002 年，江泽民同志在十六大报告中进一步指出：“确立劳动、资本、技术和管理等生产要素按贡献参与分配的原则，完善按劳分配为主体，多种分配方式并存的分配制度。……放手让一切劳动、知识、技术、管理和资本的活力竞相迸发，让一切创造财富的源泉充分涌流。”十六大报告使邓小平同志的收入分配理论达到了系统化、理论化的成熟高度。

多种生产要素参与收入分配，在某种程度上加剧了贫富两极分化的局面。

2012 年，胡锦涛同志在十八大报告中，就收入分配改革问题作出安排：“发展成果由人民共享，必须深化收入分配制度改革，努力实现居民收入增长和经济发展同步，劳动报酬增长和劳动生产率提高同步，提高居民收入在国民收入分配中的比重，提高劳动报酬在初次分配中的比重。”十八大报告中针对收入分配的公平提出“初次分配和再分配都要兼顾效率和公平，再分配更加注重公平。多渠道增加居民财产性收入”。同时指出，规范收入分配秩序，保护合法收入，增加低收入者收入，调节过高收入，取缔非法收入。

（二）收入分配不公平的原因

（1）劳动的质量不同。假设劳动市场完全都处于完全竞争中，不同种类的劳动的价格均取决于它们的供给和需求，不同种类的劳动力的均衡工资必然不同。这种工资的差别是劳动力质的差别，即智力、体力、受教育和训练水平公平方面的不同导致的。一般教育程度高的劳动力要获得高工资。另有一些具有天赋的特殊才能者，如体育及影视明星，由于他们的天赋与投入需要得到补偿。这类工资差别被称为非补偿性工资差别或质的差别。

（2）非货币利益不同。职业不同，安全性、辛苦程度、工作环境、声誉等方面有时差别很大，所以心理成本不同。如果不保持工资差别，那些脏、苦、累、危险性的工作就没人愿意做，就难以保证这些部门的劳动供求均衡。如矿工、警察、飞行员等要支付较高的工资。这类工资差别被称为补偿性工资差别。

（3）市场的不完全竞争。现实生活中，劳动市场是属于不完全竞争的，信息的不对称，造成工资上的差别，如对不同职业收入差异的信息缺乏了解，乡土观念重，对进入条件的限制等因素，造成劳动者在不同地区、不同行业间流动受阻，也会造成工资不同。

(4) 歧视。对种族、性别、宗教、年龄、户籍和其他特征不同的人提供不同的机会，工资也会不同。

(5) 来自财产收入的不公平是收入不公平的主要根源。如继承权的存在，各种利润的分配等。

当然，特权和腐败也会造成不公平竞争，进而导致贫富差异扩大，但这种情况在正常的市场经济社会中是非法的。

随着经济的发展，法制的健全，我国的收入分配制度也越来越趋向合理化。

三、衡量社会收入分配状态的标准

(一) 洛伦兹曲线

洛伦兹曲线是用来衡量社会收入分配（或财产分配）平均程度的曲线。

为研究国民收入在国民之间的分配，美国统计学家洛伦兹于 1905 年提出了著名的洛化兹曲线。他首先将一国总人口按收入由低到高排队，然后考虑收入最低的任意百分比人口所得到的收入百分比。例如，收入最低的 20%、40%人口等所得到的收入百分比。如果将一国人口分为 5 个等级，各占人口的 20%，按他们在国民收入中所占的份额的大小可以做出表 5-1-1。

表 5-1-1　　洛伦斯曲线表

等　级	人口（%）	人口累计百分比（%）	收入百分比（%）	收入累计百分比（%）
1	20	20	5	5
2	20	40	11	16
3	20	60	16	32
4	20	80	24	56
5	20	100	44	100

根据表 5-1-1 的资料，可以做出如图 5-1-4 所示的洛伦兹曲线。

在图 5-1-4 中，横轴代表人口百分比，纵轴代表收入百分比。OY 为 45°线，在这条线上，每 20%的人口得到 20%的收入，每 40%的人口得到 40%的收入，这表明收入分配绝对平等，称为绝对平等线。在洛伦斯曲线 ODY 上，每 60%的人口只得到 16%的收入，每 80%的人口只得到不足 30%的收入，这表明收入分配不平等，折线 OPY 线表示收入绝对不平等，它意味着经济中极少数的人得到了社会100%的收入，是绝对不平等线。一个国家的收入分配状况既非绝对平均，又非绝对不平均，因而实际的洛伦兹曲线位于绝对平均线与绝对不平均线之间。洛伦兹曲线将 OYP 三角形分成了两部分，一部分为 A，另一部分为 B，显然 A 的面积越小，洛伦兹曲线与绝对平均线越接近，说明收入分配越平等；A 的面积越大，即洛伦兹曲线弯曲的弧度越大，它与绝对不平均线越接近，它所代表的收入分配就越不平等。

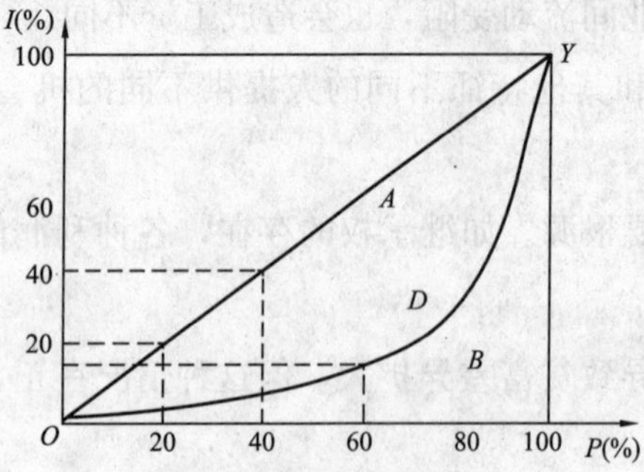

图 5-1-4　洛伦兹曲线

（二）基尼系数

基尼系数是根据洛伦兹曲线计算出来的，是反映收入分配平等程度的指标，其计算公式为：

$$基尼系数=\frac{A}{A+B}$$

如图 5-1-4 所示，A 为实际收入线 ODY 与绝对平等线 OY 之间的面积，B 为实际收入线 ODY 与绝对不平等线 OPY 之间的面积。

当 $A=0$ 时，基尼系数为 0，表示该国收入绝对平等；当 $B=1$ 时，基尼系数为 1，表示该国收入绝对不平等。实际基尼系数总是大于 0 而小于 1。基尼系数越小，收入分配越平均；基尼系数越大，收入分配越不平均。

按国际上通用的标准，基尼系数小于 0.2 表示绝对平均，0.2～0.3 表示比较平均，0.3～0.4 表示基本合理，0.4 为临界点，0.4～0.5 表示差距较大，0.5 以上表示收入差距悬殊，即存在两极分化。中国改革开放以后，收入的不平等程度逐渐加大。1978—1990 年，城镇个人收入的基尼系数从 0.185 提高到 0.23，农村个人收入的基尼系数从 0.212 提高到 0.31，到 2002 年某些大城市的基尼系数已超过 0.4。近十年来，中国全国居民收入的基尼系数如下：2003 年 0.479，2004 年 0.473，2005 年 0.485，2006 年 0.487，2007 年 0.484，2008 年 0.491，2009 年 0.490，2010 年 0.481，2011 年 0.477，2012 年 0.474。这说明我国开放以后，收入的不平等程度逐渐加大，不过从 2009 年开始，基尼系数逐渐回落。

运用洛伦兹曲线与基尼系数可以对各国收入分配的平均程度进行对比，也可以对各种政策的收入效应进行比较。作为一种分析工具，洛伦兹曲线与基尼系数都是很有用的。

除了洛伦兹曲线和基尼系数外，衡量社会收入分配状况的指数还有库兹涅茨指数、阿鲁瓦利亚指数和收入不良指数。库兹涅茨指数是最富有的20%的人口在收入中所占的份额，这一指数最低值为0.2，指数越大，收入差别越大。阿鲁瓦利亚指数是最穷的40%人口在收入中所占的份额，这一指数最高值为0.4，指数越低，收入差别越大。收入不良指数为最高收入的20%人口与最低收入的20%人口在收入分配中份额之比，这一指数最低值为1，指数越高，收入差别越大。这些指数衡量的结果与基尼系数的趋势相同。

做一做

随着市场经济的发展，大学教育亦从精英化向大众化转变，就业形势越来越成为社会关注的焦点。更多的大学生在进行着社会实践活动，在校期间，从事兼职工作已成为校园中较普遍的现象。从经济学的观点阐述大学生兼职工资是按哪种形式发放的？工资待遇是否合理？

项目 2　把握收入确定的方法

■学习目标

学会分析收入的组成及决定因素

◇ 了解收入的组成及决定因素。

◇ 掌握工资、利息、利润等基本概念。

◇ 分析收入的来源。

学习任务

当代中国的"打工皇帝"

当代中国最贵的职业经理人非唐骏莫属。

1962 年生于江苏省常州市的唐骏，1984 年毕业于北京邮电学院，后留学日本、美国。

1994 年加入微软公司，担任微软总部 Windows NT 开发部门的高级经理；

2001 年，因工作出色，上海微软大中国区技术支持中心先后升级为亚洲区支持中心、全球支持中心，唐骏不仅担任全球支持中心总裁，还兼任微软合资公司——上海微创公司总裁等职务；

2002 年，唐骏出任微软中国总裁；

1998 年、2000 年和 2001 年，他是微软公司唯一一位 3 次被授予比尔·盖茨总裁杰出奖和杰出管理奖的员工。

唐骏领导下的微软（中国），因为 13 亿中国人的巨大需求，在销售方面成绩卓著。微软（中国）是微软全球唯一连续 6 个月（2002 年 7 月到 2003 年 1 月）创造历史最高销售纪录的分公司。微软（中国）2003 财年（2002 年的 7 月到 2003 年 6 月 30 日）成为微软全球 82 家分公司中销售业绩增长最快的分公司。

他本人也多次获得中国信息产业年度经济人物、中华十大英才管理人物、中国十大科技人物、中国十大 IT 风云人物和中国十大最有价值职业经理人等殊荣。

2004 年，唐骏以微软中国荣誉总裁身份从微软辞职，并以 260 多万股股票期权出任盛大网络公司总裁。

唐骏在盛大期间，盛大网络成功在纳斯达克上市，斥 9170 万美元控股韩国 Actoz，《传奇》开始免费运营，正式入股新浪，试推“盒子”，推出“风云计划”等三大计划……件件都是大手笔，也奠定了盛大业界老大的地位。

2008 年 4 月 16 日，作为中国最耀眼的职业经理人，唐骏以 10 亿元转会费投奔新东家新华都集团，担任公司首席执行官兼总裁。唐骏也因此被冠以中国“打工皇帝”的称号。对此，唐骏表示：“我只是希望给中国职业经理人树立起标杆，推动中国职业经理人制度的完善。”自此，中国“明星”职业经理人唐骏跳出服务十多年的 IT 领域，毅然选择投入传统行业的怀抱。

唐骏新加盟的新华都集团，是福建省的一家民营企业，董事长陈发树以 199.3 亿元资产被《福布斯》杂志评为 2007 年内地富豪榜第 16 名。

到 2010 年 5 月 14 日，“2010 新财富 500 富人榜”，新华都集团以 270 亿元资产排名第 10 位。

新华都的传奇增长速度与唐骏的贡献是分不开的。

资料来源：马春莲，王雅平. 经济学基础. 北京：电子工业出版社. 2013

请思考：

1. 作为职业经理人，唐骏在获得收入的同时，提供给雇主的是什么？
2. 用经济学的眼光看，唐骏年薪 10 亿元这个价格是由哪些因素决定的？
3. 唐骏有哪些值得我们学习的地方？

读一读

一、工资理论

工资是劳动力所提供劳务的报酬，也是劳动这种生产要素的价格，它构成劳动者的收入。劳动者提供了劳动，获得了作为收入的工资。工资除通常意义上的工资和薪金外，奖金、加班费、各种福利和津贴等也都属于工资的范畴。劳动者总是在一定时期提供劳动服务，所以劳动的价格（工资）按单位时间计算，以时间工资率表示，如小时工资、周薪、月薪和年薪等。

（一）完全竞争市场上工资的决定

在完全竞争的劳动市场上，工资是由劳动的供求关系决定的。劳动的需求与供给共同

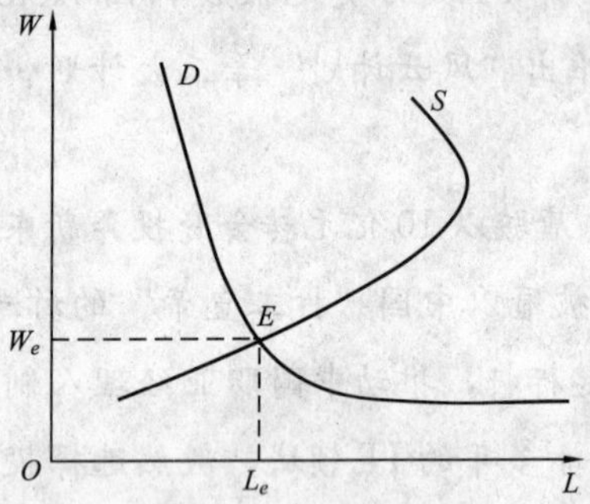

图 5-2-1　工资的决定

决定了完全竞争市场上的工资水平，可用图 **5-2-1** 来说明这一点。在图 5-2-1 中，劳动的需求曲线 D 与劳动的供给曲线 S 相交于 E，这就决定了工资水平为 W_e，这一工资水平等于劳动的边际生产力。这时劳动的需求量与供给量都是 L_e。劳动的需求与供给发生变化都会使均衡的工资水平发生变化，当劳动的需求大于供给时，工资会上升，从而增加劳动的供给，减少劳动的需求；反之，当劳动的需求小于供给时，工资会下降，从而减少劳动的供给，增加劳动的需求，使劳动的供求实现平衡。

（二）不完全竞争市场上工资的决定

不完全竞争是指劳动市场上存在着不同程度的垄断。这种垄断有两种不同的情况：一种是买方垄断，即企业对劳动购买的垄断，这时劳动的供给是由众多相互竞争的劳动者提供的劳动所形成的；另一种是卖方垄断，即劳动者对劳动的垄断，劳动者组成工会，垄断了劳动的供给。在这种不完全竞争的劳动市场上，工会对工资的决定通常起着重大的作用。我们着重分析工会在工资决定中的作用。

西方经济学把工会及其他职业协会视为控制劳动供给的垄断者，并认为工会以这种垄断来影响工资的决定，具体有以下方式。

1. 工会影响工资的方式

(1) 增加对劳动的需求。在劳动供给不变的条件下，通过增加对劳动的需求的方法来提高工资，不但会使工资增加，而且可以增加就业。因为劳动作为一种生产要素，它的需求是由产品需求派生而来的，因此，工会增加劳动需求的最主要方法就是增加产品的需求，如增加出口、限制进口、实行贸易保护政策等。

在图 5-2-2 中，劳动需求曲线，由 D_0 移到 D_1，则它与劳动供给曲线的交点由 E_0 移到 E_1，决定了工资水平由 W_0 增加到 W_1，同时就业人数也从 L_0 增加到 L_1。

(2) 减少劳动的供给。在劳动需求不变的条件下，通过减少劳动的供给同样可以提高工资，但这种情况会使就业减少。工会减少劳动供给的方法主要包括限制移民、延长学徒期限、限制非工会会员受雇、禁止使用童工、减少工作时间等。

在图 5-2-3 中，劳动供给曲线由 S_0 移到 S_1，则它与劳动需求曲线的交点由 E_0 移到 E_1，决定了工资水平由 W_0 增加到 W_1，同时就业人数也从 L_0 减少到 L_1。

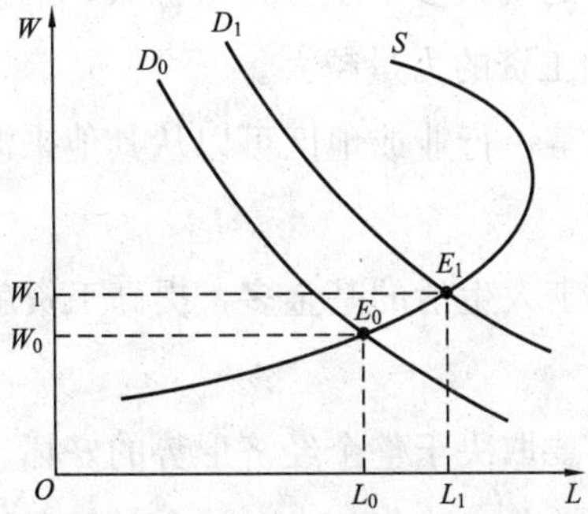

图 5-2-2　增加劳动需求提高工资

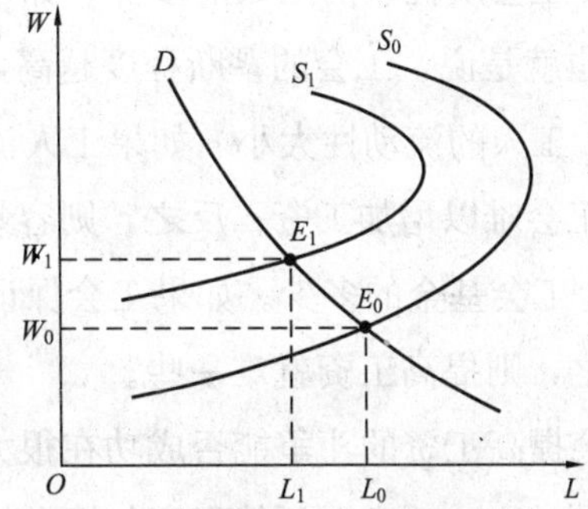

图 5-2-3　减少劳动供给提高工资

(3) 最低工资法。最低工资法是规定企业支付给工人的工资不能低于某个水平（最低工资）的法律。工会迫使政府通过立法规定最低工资，这样在劳动的供给大于需求时也可以使工资维持在一定的水平上。

在图 5-2-4 中，劳动需求曲线 D 与劳动供给曲线 S 相交于 E，决定的工资水平为 W_0，就业人数为 L_0。政府规定的最低工资水平为 W_1，高于均衡工资水平，即 $W_1 > W_0$。在这高水平的工资上，劳动的需求量为 L_D，劳动的供给量为 L_S，明显有 $L_S > L_D$，这样就会出现一定的失业人口。

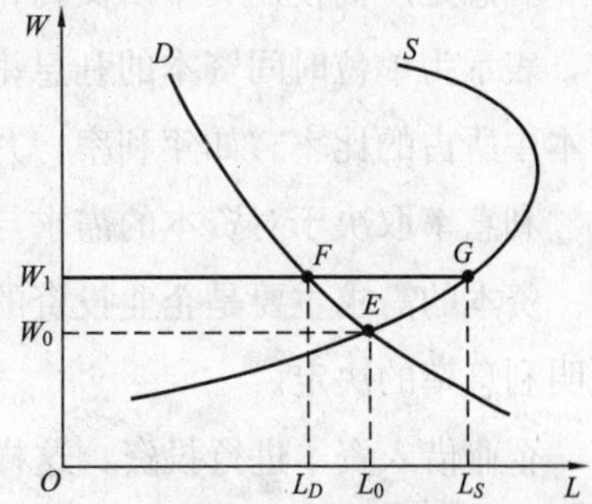

图 5-2-4　最低工资

2. 影响工会对工资决定影响程度大小的因素

工会对工资的影响是有一定限度的，从劳动的需求来看要受到 3 种因素的影响。

(1) 产品的需求弹性。劳动需求也是一种派生需求，取决于对产品的需求。如果产品的需求弹性大，则工资增加引起产品价格上升，会使产品需求量大幅减少，从而工资无法增加；如果产品需求弹性小，则工资增加较为容易。

(2) 劳动在总成本中所占的比例。如果劳动在总成本中所占比例大，工资增加引起总成本增加，则工资增加就有限；如果劳动在总成本中所占比例小，工资增加对总成本影响不大，则工资增加较为容易。

(3) 劳动的可替代性。如果劳动不易被其他生产要素代替，则提高工资就很容易；如果劳动可以较容易地被其他生产要素代替，则工资的提高就有限。

从劳动的供给来看，也要受到 3 种因素的影响。

(1) 工会所控制的工人的多少。如果工会控制的工人多，工会力量强大，则易于增加工资。也就是说，工会的垄断程度越高，要求增加工资的力量越大。

(2) 工人的流动性大小。如果工人流动性大，某一行业或地区可以从其他来源得到工人，则工会难以增加工资；反之，则容易增加工资。

(3) 工会基金的多少。如果工会保证罢工期间工人生活的基金多，提高工资就容易一些；反之，则提高工资就难一些。

工会提高工资的斗争能否成功在很大程度上还要取决于整个经济形势的好坏、劳资双方的力量对比、政府干预的程度与倾向性、工会的斗争方式与艺术、社会对工会的同情和支持程度等。工会只有善于利用各方面的有利条件，才能在提高工资的斗争中取得胜利。从西方国家的历史和现实来看，工会在维护工人权益方面还是起了重要作用的。

二、利息理论

利息是厂商使用资本所支付的价格，它构成资本所有者的收入。利息也是时间的函数，表示为单位时间资本的利息率。利息率是利息在每一单位时间内（如一年内）在货币资本中所占的比率。如年利率、月利率等。

利息率取决于对资本的需求与供给。资本的供给与需求相等时的利息率称为均衡利息率。资本的需求主要是企业投资的需求。资本的供给主要是储蓄，所以可用投资与储蓄来说明利息率的决定。

企业借入资本进行投资，这样投资就取决于利润率与利息率之间的差额。利润率与利息率的差额越大，即利润率越高于利息率，纯利润就越大，企业也就越愿意投资。反之，企业也就越不愿意投资。这样，在利润率既定时，利息率就与投资呈反方向变动，从而资本的需求曲线是一条向右下方倾斜的曲线。

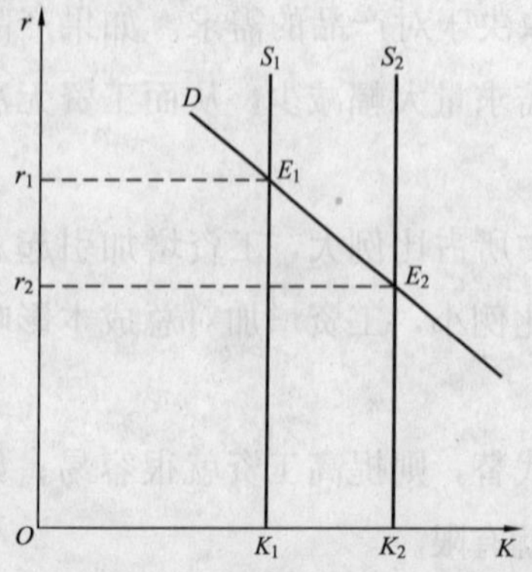

图 5-2-5 利息率的决定

假定资本的数量在短期内为既定，那么资本的短期供给曲线是一条垂直线。利息率是由资本的需求与供给双方共同决定的，可用图 5-2-5 来说明利息率的决定。在图 5-2-5 中，横轴 OK 代表资本量，纵轴 Or 代表利息率，D 为资本的需求曲线，S_1 为资本的短期供给曲线，这两条曲线相交于 E_1，决定了利息率水平为 r_1，资本量为 K_1。当资本的需求曲线不变时，短期供给曲线由 S_1 右移至 S_2，利率也由 r_1 降至 r_2。

人们进行储蓄，放弃现期消费是为了获得利息。利息率越高，人们越愿意增加储蓄，利息率越低，人们就会减少储蓄。这样，利息率与储蓄呈同方向变动，从而资本的长期供给曲线是一条向右上方倾斜的曲线。

三、地租理论

地租是使用土地支付的价格，它是土地所有者的收入。地租是单位时间的函数，表示为地租率。

地租由土地的需求与供给决定。土地的需求取决于土地的边际生产力，土地的边际生产力是递减的。因此，土地的需求曲线是一条向右下方倾斜的曲线。但土地的供给是固定的，不能再生产，直接等于自然数量。这样，土地的供给曲线就是一条与横轴垂直的线，其供给弹性为零。地租的决定可以用图 5-2-6 来说明。

在图 5-2-6 中，横轴 ON 代表土地量，纵轴 OR 代表地租，垂线 S 为土地的供给曲线，表示土地的供给量固定为 N_0，D 为土地的需求曲线，D 与 S 相交于 E，决定了地租为 R_0。

由于土地完全缺乏弹性，地租完全决定于需求，需求水平越高，地租就越高。随着人口增加，经济增长，对土地的需求不断增加，因而地租就有不断上升的趋势。这一点可用图 5-2-7 来说明。

在图 5-2-7 中，土地的需求曲线由 D_0 移动到 D_1，就表明土地的需求增加了，但土地的供给仍为 S，S 与 D_1 相交于 E_1，决定了地租为 R_1。R_1 高于原来的地租 R_0，说明由于土地的需求增加，地租上升了。

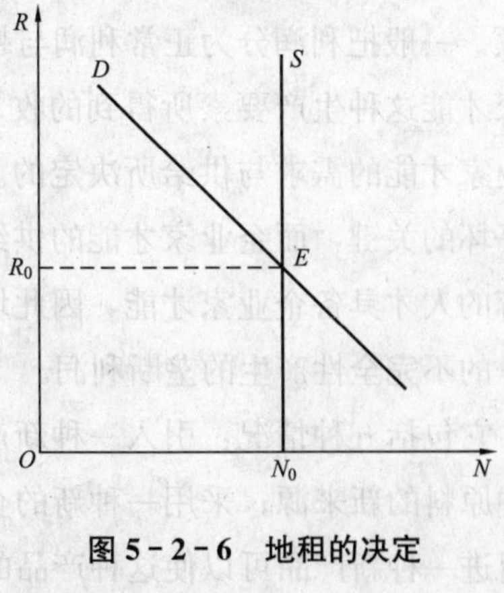

图 5-2-6　地租的决定

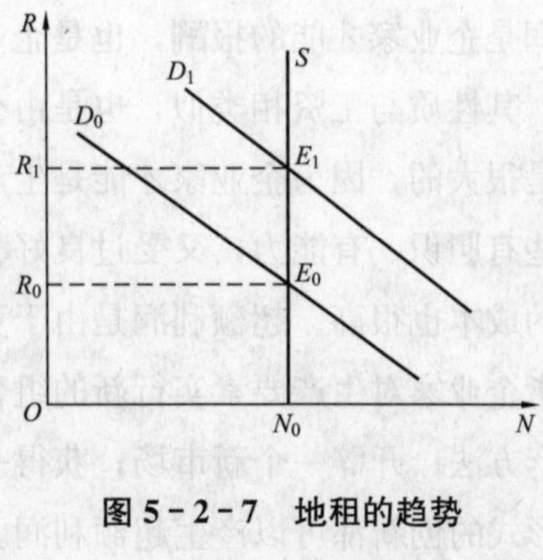

图 5-2-7　地租的趋势

从对地租的分析中还引申出了两个重要的经济概念：准地租与经济租。

准地租又称准租金或准租，是英国经济学家马歇尔提出的一个概念。准地租指固定资产在短期内所得到的收入，因其性质类似地租，而被马歇尔称为准地租。在短期内，固定资产是不变的，与土地的供给相似。不论这种固定资产是否取得收入，都不会影响其供给。只要产品的销售价格能够补偿平均可变成本，就可以利用这些固定资产进行生产。

在这种情况下，产品价格超过其平均可变成本的余额，代表固定资产的收入。这种收入是由于产品价格超过弥补其可变平均成本的余额而产生的，其性质类似地租。准地租只在短期内存在，在长期内固定资产也是可变的，固定资产的收入就是折旧费及其利息收入，这样，也就不存在准地租了。

如果生产要素的所有者所得到的实际收入高于他们所希望得到的收入，则超过的这部分收入就被称为经济租。这种经济租类似消费者剩余，也称为生产者剩余。例如，劳动市场上有 A 和 B 两类工人各 100 人。A 类工人素质高，所要求的工资为 200 元，B 类工人素质低，所要求的工资为 150 元。如果某种工作 A 和 B 两类工人都可以担任，那么企业在雇用工人时，当然先雇用 B 类工人。但在 B 类工人不够时，也不得不雇用 A 类工人。假设某企业需要工人 200 人，他就必须雇用 A 和 B 两类工人。在这种情况下，企业必须按 A 类工人的要求支付 200 元的工资。这样，B 类工人所得到的收入就超过了他们的要求。B 类工人所得到的高于 150 元的 50 元收入就是经济租。其他生产要素所有者也可以得到这种经济租。准地租与经济租是不一样的，准地租仅在短期内存在，而经济租在长期中也存在。

四、利润理论

利润是指厂商的销售收入扣除成本后的余额。一般把利润分为正常利润与超额利润。

正常利润是企业家才能的报酬，也是企业家才能这种生产要素所得到的收入。它包括在成本之中，其性质与工资相类似，也是由企业家才能的需求与供给所决定的。对企业家才能的需求是很大的，因为企业家才能是生产好坏的关键，而企业家才能的供给又是很少的。只有那些有胆识、有能力，又受过良好教育的人才具备企业家才能，因此培养企业家才能所耗费的成本也很高。超额利润是由于竞争的不完全性产生的垄断利润。

创新是指企业家对生产要素实行新的组合。它包括五种情况：引入一种新产品；采用一种新的生产方法；开辟一个新市场；获得一种原料的新来源；采用一种新的企业组织形式。这五种形式的创新都可以产生超额利润。引进一种新产品可以使这种产品的价格高于其成本，从而产生超额利润。采用一种新的方法和新的企业组织形式，都可以提高生产效率降低成本。创新是社会进步的动力，因此创新所获得的超额利润是合理的，是社会进步必须付出的代价，也是社会对创新者的奖励。

风险是从事某项事业时失败的可能性。由于未来具有不确定性，人们对未来的预测有可能发生错误，风险的存在就是普遍的。在生产中，由于供求关系发生难以预料的变动，由于自然灾害、政治动乱及其他偶然事件的影响，也存在着风险，而且并不是所有的风险都可以用保险的方法加以弥补。这样，从事具有风险的生产就应该以超额利润的形式得到补偿。

利润可以鼓励或刺激企业家承担不确定性风险，刻意创新，有利于技术进步和经济增长。利润还是调节行业供给的指示器，它引导经济资源流向社会最需要、生产效率最高的行业，促进经济资源的合理配置。而由市场竞争的不完全性所带来的垄断利润是对产品消费者和要素所有者的“剥削”收入，应当积极限制和实行社会调节。

做一做

选择你所在的城市，分析其房价的组成及合理性？大学毕业后，按照你的职业规划，你能在什么时候自行购房？

项目 3　明白收入再分配的政策

■学习目标

理解国家收入再分配政策所起到的作用是什么

◇ 熟悉公平与效率问题。

◇ 了解税收和社会福利政策。

◇ 能运用理论知识分析国家如何兼顾公平与效率。

学习任务

瑞典：世界上最著名的高福利国家

瑞典拥有一套“从摇篮到坟墓”的庞大社会保障体系。其社会福利保障主要有六大类。

（1）儿童保障

孩子出生后，父母亲可以享受 480 天的亲子假（其中父亲至少使用 60 天），同时享受相当于原本收入 80％的家长津贴，家长津贴最高可达 284 200 瑞典克朗。而且每一个 1～16 岁儿童每个月都可领取到大约 1050 克朗的儿童津贴。父母有权请假照顾患病的孩子，最多每个孩子每年 60 天，国家社保会承担 80％的工资。

（2）教育保障

除从小学到大学一律实行免费教育外，一年级到九年级学生可以在学校享受免费午餐，16～20 岁的高中生每月享受约 1050 克朗的学生津贴，大学生每个月可获得助学金和低息学习贷款，政府以此鼓励人们深造。大学在瑞典只是普及教育，所以瑞典人口素质很高。如果一个人在大学读书，除了政府不收学费外，在校期间每月还发 7500 克朗。

（3）医疗与病休保障

每个人第一次就医时都会得到一张全国通用的就医卡，上面标明历次的就医费用，一般挂号费为每次 120 克朗，一年内累计 900 克朗后即免费。如需用药，则持医生开具的处方到药店购药，一年内如果药费累计超过 3000 克朗即可享受免费用药。而其他的费用，如治疗费、住院费，甚至包括特殊情况往返医院或诊所的路费等则享受全免。如果你因病不能正常工作，还可以享受病假津贴，用于弥补患者因病而减少的收入损失，相当于正常收入的 80%。

(4) 失业保障

失业者可以从国家得到相当于在职收入 80%的失业救济金。

(5) 住房保障

这主要是一种向低收入的有孩子家庭和低收入的退休者家庭提供的社会保障。根据收入的多少，没有孩子的家庭每月大致可以领取 1000 克朗的住房补助；一个孩子的家庭每个月最高可以领取到 2500 克朗的住房补助；两个孩子的可以领取 3175 克朗；三个孩子可领到 3900 克朗。

(6) 养老保障

全国所有人无论有没有工作过，都可以在年满 65 岁后领取到最低限额的养老金。退休后就可领取退休金。瑞典的退休老人可以享受许多减免待遇和生活便利。比如，进收费的公共场所或乘坐汽车，只收取 80%的费用；老人院里的一日三餐和起居都有专人负责，行动不便的老人一个电话便可以找到专职的护士上门服务，费用则由政府负担；待在家里的老人如果生病，他的任一亲戚甚至是朋友每年可以有两个月的带薪假期来照顾老人，需要长期照看的，则可在社会保障署领取一定的补助金。

资料来源：马春莲，王雅平. 经济学基础. 北京：电子工业出版社. 2013

请思考：

社会福利的作用是什么?

读一读

一、平等与效率

社会收入分配中平等与效率是个永恒的主题。平等是指社会各成员收入分配平均，效率是指资源配置有效，并得到充分利用。收入分配要兼顾平等和效率。

（一）平等与效率的含义

平等是指社会各成员收入分配平均，效率是指资源配置有效，并得到充分利用。收入分配要兼顾平等和效率。

（二）收入分配的标准

西方经济学家认为，收入分配有三种标准。

（1）贡献标准，即按社会成员所作出的贡献分配国民收入。这也就是我们在分配理论中介绍过的，按生产要素的价格进行分配。这种分配标准能保证经济效率，但由于各社会成员能力大小的不同，机遇上的差别，又会引起收入分配的不平等。

（2）需要标准，即按社会成员对生活必需品的需要分配国民收入。

（3）平等标准，即按公平的准则来分配国民收入。

后两个标准有利于收入分配的平等化，但不利于经济效率的提高；但是第一个标准有利于经济效率却会引起收入分配的不平等。这就是经济学中所说的平等与效率的问题，它们之间是永恒的矛盾。

（三）收入分配的原则

若想收入分配有利于经济效率的提高，则要按贡献来分配，这样有利于鼓励每个社会成员充分发挥自己的能力，在竞争中取胜。经济效率的高低则体现在经济增长的速度上。在市场经济中，许多国家实行“效率优先，兼顾公平”的收入分配原则。但这种分配方式会使不平等加剧，甚至会出现严重的两极分化。因此，在收入分配中，不仅要效率优先，还要兼顾公平。公平是每个人的理想，但社会要做到完全公平，有可能降低社会生产效率，增加政府负担，在现实中实行起来颇为困难。以收入分配平等化为例，各种收入平等化政策对于缩小贫富之间的差距，改善贫困者的地位和生活条件，提高他们的实际收入水平，确实起到了相当大的作用，对于社会的安定和经济发展也是有利的。但是，增加个人所得税和各种各样的社会保障使人们生产的积极性下降，社会生产效率下降，同时也增加了政府负担。

收入分配的平等可以用三种标准来衡量：一是劳动分配率，即劳动收入在国民收入中所占的比例；二是洛伦兹曲线与基尼系数；三是工资的差异率。收入分配政策的目标，就是既要有利于经济效率，又要有利于平等。收入分配的基本原则是贡献标准，如果把公平作为一个社会经济政策的目标，那么，政府就对社会的分配进行调节，政府主要是通过“再分配”的杠杆进行调节。

二、收入再分配政策

通过政府的收入再分配政策来缓和收入分配不公平的现象，在一定程度上可以实现收入分配平等化。收入再分配政策主要包括税收政策和社会福利政策。

（一）税收政策

个人所得税是税收的一项重要内容，它通过累进所得税制度来调节社会成员收入分配的不平等状况。

累进所得税制就是根据收入的高低确定不同的税率，对高收入者按高税率征税，对低收入者按低税率征税。以我国为例，自 2011 年 9 月 1 日起调整后，按收入的高低分为 7 个税率等级，如表 5－3－1 所示（其中月收入 3500 元及以下的部分免征个人所得税）。

表 5－3－1　　2012 年中国个人所得税税率表

级数	全月应纳税所得额（含税级距）	税率（%）	速算扣除数
1	不超过 1500 元	3	0
2	超过 1500 元至 4500 元的部分	10	105
3	超过 4500 元至 9000 元的部分	20	555
4	超过 9000 元至 35 000 元的部分	25	1005
5	超过 35 000 元至 55 000 元的部分	30	2755
6	超过 55 000 元至 80 000 元的部分	35	5505
7	超过 80 000 元的部分	45	13 505

其他各国的所得税也是这种累进税制，只是具体的税率规定不同。这种累进所得税，有利于纠正社会成员之间收入分配不平等的状况，从而有助于实现收入的平等化。但这种累进所得税不利于有能力的人充分发挥自己的才干，对社会来说也是一种损失。此外，在个人所得税方面，还区分了劳动收入税与非劳动收入税。对劳动收入按低税率征收，而对非劳动收入（股息、利息等收入）按高税率征收。

除了公认的所得税外，还有：遗产税和赠与税，即对财产的转移征收税收；财产税，即对不动产（如土地、住房等）征收税收；消费税，即对某些商品和劳务（尤其是奢侈性商品和劳务）的消费征收税收等。

（二）社会福利政策

如果说税收政策是要通过对富人征收重税来减少富人的收入，那么，社会福利政策则是要通过给穷人补助来实现收入分配平等化。因此，我们把社会福利政策作为收入分配平等化的一项重要内容。

1. 社会福利政策的内容

(1) 社会保障和社会保险。社会保障和社会保险主要有以下内容：失业救济金制度，即对失业工人按一定标准发放能使其维持生活的补助金；老年人年金制度，即对退休人员按一定标准发放年金；残疾人保险制度，即对失去工作能力的人按一定标准发放补助金；对有未成年子女家庭的补助；对收入低于一定标准（即贫困线）的家庭与个人的补助。这些补助金主要是货币形式的，也有以发放食品券等实物形式的，其资金来源，或是个人或企业交纳的保险金，或是政府的税收。

(2) 医疗保险与医疗援助。医疗保险包括住院费用保险、医疗费用保险，以及出院后部分护理费用的保险，这种保险主要由保险金支付。医疗援助则是政府出资资助医疗卫生事业，使每个人都能得到良好的医疗服务。

(3) 提供就业机会与培训。政府可以通过改善贫困人士就业的能力与条件，来实现收入分配的平等化。首先，主要目标是实现机会均等，尤其是保证所有人的平等就业机会，并按同工同酬的原则支付报酬。其次是使穷人具有就业的能力，包括进行一些职业培训、实行扫盲运动、给青年交流工作经验提供场所、实行半工半读计划以及使穷人有条件读书等。这些都有助于提高贫困人士的文化和工作能力，使他们能在社会中有立足之地。

(4) 对教育事业的资助。对教育事业的资助包括兴办国立学校，设立奖学金和大学生贷款，帮助学校改善教学条件，资助学校的科研等。从社会福利的角度来看，对教育事业的资助有助于提高公众的文化水平与素质。这样也是有利于收入分配平等化的。

(5) 改善住房条件。可以兴建廉租房、经济适用房；对私人出租的房屋实行房租限制；提供低利息率的长期贷款，实行住房房租补贴等。这种政策改善了穷人的住房条件，也有利于实现收入分配平等化。

这些福利政策，对改善穷人的地位和生活条件，提高他们的实际收入水平，确实起到了相当大的作用，对于社会的安定和经济发展也是有利的。但这些政策也可能导致以下的后果：一是容易降低社会生产效率，各种各样的社会保障使人们有不劳而获的思想，导致生产的积极性下降，社会生产效率下降；二是容易增加政府的负担，这种巨额的福利支出，成为各国财政赤字的主要原因。

2. 帕累托最优与帕累托改进

(1) 帕累托最优。帕累托最优是由意大利经济学家帕累托提出来的一种经济状态，是指资源分配的一种理想状态，即假定固有的一群人和可分配的资源，从一种分配状态到另一种状态的变化中，在没有使任何人境况变坏的前提下，也不可能再使某些人的处境变好。换句话说，就是不可能再改善某些人的境况而不使任何其他人受损。

一般来说，达到帕累托最优时，会同时满足以下 3 个条件：

1) 交换最优。即使再交易，个人也不能从中得到更大的利益。此时对任意两个消费者，任意两种商品的边际替代率是相同的，且两个消费者的效用同时得到最大化。

2) 生产最优。这个经济体必须在自己的生产可能性边界上。此时对任意两个生产不同产品的生产者，需要投入的两种生产要素的边际技术替代率是相同的，且两个生产者的产量同时得到最大化。

3）产品混合最优。经济体产出产品的组合必须反映消费者的偏好。此时任意两种商品之间的边际替代率必须与任何生产者在这两种商品之间的边际产品转换率相同。

如果一个经济体不是帕累托最优，则存在一些人可以在不使其他人的境况变坏的情况下使自己的境况变好的情形。普遍认为这样低效的产出的情况是需要避免的，因此帕累托最优是评价一个经济体和政治方针的非常重要的标准。

从市场的角度来看，一家生产企业，如果能够做到在不损害对手的利益的情况下又为自己争取到利益，就可以进行帕累托改进，换而言之，如果是双方交易，这就意味着双赢的局面。

综上可知，一方面，帕累托最优是指没有进行帕累托改进余地的状态；另一方面，帕累托改进是达到帕累托最优的路径和方法。帕累托最优是公平与效率的“理想王国”。

（2）帕累托改进。帕累托改进是指在不减少一方的福利时，通过改变现有的资源配置而提高另一方的福利。帕累托改进可以在资源闲置或市场失效的情况下实现。

在资源闲置的情况下，一些人可以生产更多并从中受益，但又不会损害另外一些人的利益。在市场失效的情况下，一项正确的措施可以消减福利损失而使整个社会受益。帕累托最优和帕累托改进是微观经济学，特别是福利经济学常用的概念。福利经济学的一个基本定理就是所有的市场均衡都是具有帕累托最优的。但在现实生活中，通常的情况是有人有所得就有人有所失，于是经济学家们又提出了“补偿准则”，即如果一个人的境况由于变革而变好，他能够补偿另一个人的损失而且还有剩余，那么整体的效益就改进了。这就是福利经济学的另外一个著名的准则卡尔多—希克斯改进（Kaldor - Hicksim - Provement）。

做一做

结合我国经济发展的实际，应如何解决收入分配问题，处理效率与公平之间的关系？

■补充资料

漏 桶 效 应

“漏桶效应”说的是，假设沙漠上有两块居民区，一块居民区水源丰富，另一块无水。实现两地均等占有水资源的方法是把有水地方的水送到无水的地方，直至两地的水一样多时为止。但运水的工具是一只漏桶，在送水的过程中会有一定量的水漏掉。这些漏掉的水就是效率损失，损失的多少取决于桶上漏洞的大小。当然，为了社会稳定，即使有漏桶效应存在也不能选择使一个地方水很多，而另一个地方没有水。在社会收入分配中维持公平不可避免会出现决策失误、政策迟延、管理费用提高等问题，这些好比是运水桶上的漏洞，都会使社会资源在配置和利用中造成损失。水桶中漏出的水是为实现一定的公平所必须付出的代价。根据漏桶效应，收入分配不能绝对均等，从资源利用效率看，实现的均等程度越高，效率损失越大。因为能力大的人与能力小的人、勤劳的人与懒惰的人得到同样的收入时，就没人干活了。给能力不同、贡献不同的人以完全平等的收入，这实际上是一种最大的不公平，因为贡献小的人显然剥削了贡献大的人。

资料来源：李国政. 经济学基础. 北京：中国农业大学出版社，2008

■思考与练习

一、填空题

1. ________是按社会成员所做出的贡献分配国民收入。

2. ________之间是永恒的矛盾。

3. 我国累进所得税制采用________级税率制度。

4. 收入再分配政策可以缓和________的现象，主要包括________和________政策。

5. 生产要素所有者的收入就是________。

6. 劳动者的收入就是________，即劳动的价格；资本所有者的收入就是________，即资本的价格；土地所有者的收入就是________，即土地的价格；企业家的收入就是________，即企业家才能的价格。

7. 厂商对生产要素的需求就是由于消费者对产品的需求所导致的________，也可称为________。

8. 根据________可以计算出反映收入分配平等程度的指标，称为基尼系数。

二、选择题

1. 引起一个社会收入分配不平等的原因有（　　）。

A. 经济发展水平的差异　　B. 社会制度上存在的问题

C. 人的个体差异　　D. 不同阶层人的收入差别

2. 政府的收入再分配政策在一定程度上可以实现收入分配均等化，主要政策有（　　）。

A. 税收政策　　B. 经济政策

C. 政治政策　　D. 社会福利政策

3. 劳动的边际生产力曲线上的每一点都反映了（　　）。

A. 劳动的价格

B. 劳动的供求关系

C. 企业对劳动的需求

D. 劳动的价格和企业对劳动需求的关系

4. 劳动的供给曲线是一条（　　）。

A. 垂直线　　B. 折弯的供给曲线

C. 向前弯曲的供给曲线　　D. 向后弯曲的供给曲线

5. 因为土地的数量是固定的，所以土地对价格的供给弹性为（　　）。

A. 缺乏弹性　　B. 富有弹性

C. 完全弹性　　D. 完全无弹性

6. 地租的变动取决于（　　）。

A. 土地的供求关系　　B. 土地的需求

C. 土地的供给　　D. 土地的价格

7. 按国际上通用的标准，基尼系数为（　　）是描述收入差距的临界点。

A. 0.3　　B. 0.4　　C. 0.5　　D. 0.6

8. 创新是指企业家对生产要素实行新的组合，包括（　　）。

A. 引入一种新产品　　B. 采用一种新的生产方法

C. 开辟一个新市场　　D. 获得一种原料的新来源

E. 采用一种新的企业组织形式

三、判断题

1. 在生产要素市场上，需求不是来自消费者，而是来自生产者。（　　）

2. 厂商对生产要素的需求也是对多种生产要素的“共同需求”。（　　）

3. 在其他条件不变的情况下，生产要素的边际生产力是递增的。（　　）

4. 在市场经济中，是按同时兼顾效率与公平的市场原则进行个人收入分配的。（　　）

5. 各国的收入再分配政策中首先是经济政策。（　　）

四、名词解释

1. 基尼系数

2. 洛伦兹曲线

3. 利润

五、问答题

1. 如何理解在收入分配中“效率优先，兼顾公平”这句话的含义？

2. 引起收入分配不平等的原因有哪些？

3. 社会福利政策主要包括哪些内容？

模块 6

分析经济政策影响

■学习目标

◇ 使学生通过本模块的学习，了解 GDP 的核算方法、总需求与总供给模型、失业与通货膨胀的关系、经济增长方式选择，熟悉市场失灵的成因及其应对措施、经济增长与生态环境的协调，掌握经济增长的含义、特征及要素，并能运用乘数理论及相关知识对现实生活中的经济现象作出分析。

■培养的职业能力

◇ 培养理性消费观念。

◇ 树立生态环保意识。

◇ 提高社会经济现象分析能力。

项目 1　核算国民收入

项目 2　收入与支出

项目 3　市场失灵与政府管制

项目 4　懂得失业与通货膨胀的关系

项目 5　推动经济增长与生态环境的协调发展

项目 1　核算国民收入

■学习目标

提高社会经济现象分析能力

◇ 了解 GDP 的核算方法、总需求与总供给模型。

◇ 国民收入中的恒等关系。

◇ 掌握乘数理论及其模型的现实运用。

学习任务

GDP 的回归：增长不等于发展

让 GDP 回归到它的本来面目正在成为一种共识。

2004 年 1 月 21 日，国务院新闻办举行记者招待会，时任国家统计局局长李德水表示，经初步核算和评估，2003 年中国国内生产总值为 116 694 亿元，比上年增长 9.1%，是 1997 年以来增长最快的年份。人均 GDP 首超 1000 美元，预计 2004 年 GDP 的增长将超 7%。

中国经济的强劲增长是一个不争的事实，人们已经习惯了中国的国民生产总值长期保持较高的增长率。值得注意的是，李德水同时宣布 2003 年 GDP 数据的初步核算结果在发布之前已邀请国家发展和改革委员会、财政部、中国人民银行、国家外汇管理局官员和中国社会科学院、北京大学的专家进行了开门评估。这在中国还是首次。李德水说，今后，国家统计局要把 GDP 核算的开门评估作为一项制度坚持下去。与以往的做法相比，季度 GDP 的核算增加了初步核实和最终核实两个步骤。

联想到此前各界对中国 GDP 的核算方法和真实性的质疑，此次“GDP 新政”昭示了中国国家发展战略调整的一个信号。以更宽广的眼光来审视，它意味着只注重数量增长，忽视质量、效益和可持续发展，不计环境代价和社会成本的传统增长方式的终结。

长期以来，对 GDP 的迷恋甚至是崇拜到处弥漫，GDP 成了衡量一切、涵盖一切的唯一指标。特别是一些地方政府，检验发展的指标已经被理所当然地理解成了经济发展的速度。经济发展了，官员得到升迁的机会就大。有些地方为了 GDP 数字的增长忽视了社会成本，忽视效益、效率、质量，不计增长的代价和方式。根据中科院可持续发展战略课题组牛文元教授的统计，中国的高速增长是用生态赤字换取的，“扣除这部分损失，纯GDP只剩下78%”。

GDP增长不顾效益和质量的话，必然会产生虚热，甚至演变成风险和危机。在2003抗击SARS的经验总结会上，胡锦涛总书记明确指出：“增长不等于发展。”

中国从“第六个五年计划”开始，原来的“国民经济五年计划”已经加上了4个字，改为“国民经济与社会发展五年计划”，片面追求传统的名义GDP的理念在新的发展观下应做出调整，GDP应该回归它的自身，而不是被过分迷信和赋予太多的政治含义和标准。

GDP的回归应该包含以下几层含义：

首先，GDP并不能涵盖一切，它只是一个重要指标，但不是万能。

GDP衡量的只是一国（或一个地区）所有常住单位在一定时期内生产活动（包括产品和劳务）的最终成果，是国民经济各行业在核算期内增加值的总和（各行业新创造价值与固定资产转移价值之和）。它像一把尺子、一面镜子，衡量着所有国家与地区的经济表现。

但GDP并不是衡量福利的完美指标，它并没有把市场之外进行的活动的价值包括进来。它没有包括的另一种东西是环境质量，它也没有涉及收入分配。

其次，对于传统GDP数字的迷恋应该终止，为求GDP的增长不择手段必将陷入“增长的异化”——没有发展的增长，虚假无效的增长，短期行为的增长，不能持续的增长，结构失衡的增长，配置失灵的增长，机会主义的增长，偏离公正的、危害社会的增长。

最后，除了用传统GDP来衡量一国的经济发展速度之外，还应该引进一些新的衡量标准，树立新的发展观。这在全球经济学界早已形成共识，比如，一些经济学家提出了纯经济福利的概念；1989年美国经济学家戴利和科布提出了一套衡量国家进步的指标，其中包括计算财富分配状况的指标；1995年联合国环境署提出可持续发展指标，包括社会（目标是消除贫穷）、经济、环境、政府组织及民间方面的指标。同年世界银行开始利用绿色GDP来衡量一国或地区的真实国民财富。

美国参议员罗伯特·肯尼迪在1968年竞选总统时，激烈地批评了传统GDP这种经济衡量指标：“国内生产总值”并没有考虑到我们孩子的健康、他们的教育质量或者他们游戏的快乐。它也没有包括我们的诗歌之美或者婚姻的稳定，没有包括我们关于公共问题的争论的智慧或者我们公务员的廉政。它既没有衡量我们的勇气，我们的智慧，也没有衡量我们对祖国的热爱。简言之，它衡量一切，但并不包括使我们的生活有意义的东西。

追求GDP的最终目的，应该是全民的不断进步的幸福生活。就大多数情况而言，GDP是衡量经济增长和社会福利的一个好指标，重要的是我们在为GDP的高速增长欢欣鼓舞时，还要记住它包括了什么，遗漏了什么。

此次“GDP新政”昭示了中国国家发展战略调整的一个信号，以更宽广的眼光来审视GDP。它意味着只注重数量增长，忽视质量、效益和可持续发展，不计环境代价和社会成本的传统增长方式的终结。

资料来源：崔东红，戴卫东．经济学原理．北京：电子工业出版社．2012

请思考：

我国2011年GDP的增长速度为9.3%，2012年GDP的增长速度为7.7%，2013年上半年GDP的增长速度为7.6%，结合上述观点讨论我国“十二五”有关GDP的总体规划：稳增长、调结构、促改革。

读一读

我国国家统计局于1993年正式使用“国内生产总值”这个指标作为我国国民经济核算的核心指标。一个国家的宏观经济状况可以用一些经济指标来说明，其中最重要的指标是国内生产总值。国内生产总值的增长速度、增长的质量是经济学家和各国政府关心的一个重要问题。

一、国内生产总值的核算

（一）国内生产总值概述

国内生产总值（Gross Domestic Product，GDP），是指一个国家境内某一时期内（一般为一年）所生产的所有最终产品和劳务的市场价值总和。理解这一概念，要注意以下几个问题。

第一，国内生产总值是按“国土”原则计算的。不管产品和劳务的提供者是哪国公民，只要是在本国领土上生产的，均被列入国内生产总值的计算范围，不包括本国公民在外国境内所生产的产品的价值。

第二，国内生产总值的核算周期是一年。计算GDP时不应包括以前所生产的产品价值。例如，2011年某洗衣机生产厂生产20 000台洗衣机，当年卖掉15 000台，剩下5000台，2012年全部售出。在计算2012年国内生产总值时，不能把2011年生产但在2012年出售的洗衣机的价值计算在内，因为5000台的洗衣机的价值已经计入2011年的国内生产总值。

第三，国内生产总值核算对象是最终产品和劳务。最终产品和劳务，是由最终使用者购买的产品和劳务（即旅游、服务、卫生、教育等行业提供的劳务，按其所获得的报酬计入国内生产总值中），而不被用做投入品以生产其他产品和劳务。例如，汽车和面包就是最终产品，人寿保险和理发属于最终劳务。

中间产品和劳务，是作为其他产品和劳务生产过程中的投入品存在的产品和劳务。例如，印刷厂使用的油墨和纸张。

第四，国内生产总值的核算标准是市场价格。GDP通常以现行的市场价格来衡量产品的价值。这样计算出来的国内生产总值存在两个问题：其一是不经过市场的自给性产品和劳务无法统计；其二是价格是变动的。所以，国内生产总值不仅要受最终产品数量变动的影响，而且还要受价格水平变动的影响。

（二）名义GDP和实际GDP

名义GDP又称货币GDP，是按当年价格计算的全部产品和劳务的市场价值。例如，2012年的名义GDP是以2012年的市场价格计算的当年所生产的产量的价值。名义GDP每年都在发生变化，其原因有两个：其一是物质产量的变化；其二是市场价格的变化。实际GDP是以从前某年为基期，按一个不变的价格计算出来的全部最终产品和劳务的市场价值。

为了消除价格对一国生产的产品和劳务数量的影响，通常用一个不变的价格计算最终产品的价值，即计算实际GDP。

一般来说，如果一个国家在某一时期（比如t期）所生产的最终产品数量分别为Q_1，Q_2，…，Q_n，而当期的价格分别为P_{t1}，P_{t2}，…，P_{tn}，则t期的名义GDP为：

$$\text{名义 GDP} = P_{t1}Q_1 + P_{t2}Q_2 + \cdots + P_{tn}Q_n = \sum_{i=1}^{n} P_{ti}Q_i \tag{6.1}$$

如果这些最终产品在基期的价格为P_{01}，P_{02}，…，P_{0n}，则按基期衡量的该国t期的实际GDP为：

$$\text{实际 GDP} = P_{01}Q_1 + P_{02}Q_2 + \cdots + P_{0n}Q_n = \sum_{i=1}^{n} P_{0i}Q_i \tag{6.2}$$

从以上分析可以知道，名义GDP既反映了实际产量的变动，又反映了价格的变动，而实际GDP只反映产量的变动。只有根据实际GDP，才能准确地反映国民经济的实际增长情况。因此，经济学家一般以实际 GDP 作为宏观经济学的基本核算指标。

（三）国内生产总值的核算方法

1. 支出法

支出法又称产品支出法、产品流动法或最终产品法。这种方法是从产品的使用方式出发，将一国在一定时期内（一般指一年）所有经济单位用于最终产品的支出加总起来，用以测算 GDP 的方法。最终产品按其用途可以分为四类：消费品和劳务（个人支出）、政府购买的产品与劳务（政府支出）、投资品（企业投资支出）、外国购买净额。

(1) 消费。它包括一年内居民除购买住房以外的一切产品与劳务的支出。它代表了经济中直接用于满足消费者欲望的那些产品的支出。消费（用 C 来表示）＝耐用品消费＋非耐用品消费＋劳务支出。

(2) 投资。投资（用 I 来表示）是指厂商与居民不用于现期消费的那部分产品的价值。总投资包括增加资本存量的净投资、补偿资本存量耗损的折旧和存货这三项。所谓存货投资是指净存货，即年终存货减去年初存货。

(3) 政府购买。政府购买是指政府在产品与劳务上的支出（用 G 来表示），包括各级政府如中央政府、地方政府购买产品与劳务的支出，但不包括转移支付（如政府给居民的转移支付）。这些转移支付是以失业救济金、抚恤金等形式发放给居民的。

(4) 净出口。净出口是指出口产品与进口产品的差额，用 X 表示出口，M 表示进口，则净出口＝$X-M$。

把上面四个项目加总，用支出法核算的国内生产总值的公式为：

国内生产总值(GDP)＝消费支出(C)＋投资支出(I)＋政府购买(G)＋净出口($X-M$)，即：

$$\text{GDP} = C + I + G + (X - M) \tag{6.3}$$

2. 收入法

收入法又称要素收入法。这种方法是从收入的角度出发，把生产中形成的各种收入加起来，即把劳动所得到的工资、土地所得到的地租、资本所得到的利息和企业家才能所得的正常利润加起来核算的国内生产总值。在采用收入法计算 GDP 时，一般包括以下项目。

(1) 工资和薪金。它是指受雇于企业、政府和居民的雇员所挣得的工资薪金和其他福利补助金。它包括实际工资、福利补助、应支付的社会保险金和应缴纳的所得税。

(2) 租金。它包括个人出租土地、房屋等得到的租赁收入、生产者的专利权、版权的收入等。

(3) 净利息。它是指个人储蓄所提供的货币资金在本期的所有利息，包括股息、债券利息等。

(4) 业主收入。它包括非公司制企业（如独资企业、合伙制企业），自由职业者如律师、医生、店铺主等的实得收入以及应交纳的税收。他们使用自有资金，自我雇佣或自我劳动应得的报酬。其收入由两部分构成：资本（包括土地）收入和劳务收入。

(5) 公司税前利润。利润代表生产中资本所作的贡献。这项收入包括三个部分：一是公司所得税、社会保险金，为政府征收；二是股东红利，支付给股东；三是公司未分配的利润，是扩大经营规模所需的资金来源之一。

(6) 企业间接税和转移支付。企业间接税是指企业向政府缴纳的营业税、消费税、货物税、关税等，不同于称为直接税的公司利润税（所得税）。企业缴纳的间接税，将附于产品成本之上从销售价格中得到补偿。转移支付是指公司对非营利性组织的公益活动的扣除和消费者无法清偿的呆账。

(7) 资本折旧。它是为了维持原有资本存量的完整而做出的支出。

把上面七个项目加总，用收入法核算的国内生产总值的公式为：

GDP＝工资和薪金＋租金＋净利息＋业主收入＋公司税前利润＋企业间接税和转移支付＋资本折旧

用收入法核算的国内生产总值是所有要素的收入，在扣除了应缴纳的各种税收之后，要素所有者把收入用于购买消费品和储蓄。以 C 表示消费，S 表示储蓄，T 表示税收，则收入法核算的国内生产总值也可以表示为：

$$\text{GDP} = C + S + T \tag{6.4}$$

3. 部门法

部门法按提供产品与劳务的各个部门的产值来核算国内生产总值。这种核算方法反映了国内生产总值的来源，所以又称生产法。

在用这种方法核算国内生产总值时，各物质生产部门要把所使用的中间产品的产值扣除，仅核算部门的增值。商业、服务等部门也按增值核算。卫生、教育、行政等无法核算增值的部门则按该部门职工的工资收入来核算，以工资代表他们所提供的劳务价值。

按以上三种方法核算所得出的结果，从理论上说应该是一致的，因为它们是从不同的角度来核算同一国内生产总值。但实际上，这三种方法所得出的结果往往不一致。国民经济核算体系以支出法为基本方法，即以支出法所核算出的国内生产总值为标准。如果按收入法与部门法核算出的结果与此不一致，就要通过误差调整项来进行调整，使之达到一致。

（四）国民收入核算中的其他总量

国民收入核算的总量指标包括五项：国民生产总值、国内生产净值、国民收入、个人收入、个人可支配收入。前面已经介绍了国内生产总值，下面介绍国民生产总值和其他四项指标。

1. 国民生产总值（Gross National Product，GNP）

国民生产总值（GNP）是指一年内本国常住居民所生产的最终产品和劳务的市场价值总和，其以人口为统计标准。在国民收入统计中，常住人口包括居住在本国的本国公民、暂居外国的本国居民、常住本国但未入本国国籍的居民。GNP 与 GDP 的关系如下：

GNP＝GDP＋本国公民在国外生产的最终产品和劳务的市场价值总和－外国公民在本国生产的最终产品和劳务的市场价值总和

2. 国内生产净值（Net Domestic Product，NDP）

国内生产净值是在一个国家或地区的领土上，在一定时期（通常为一年）内所生产的最终产品和劳务按市场价格核算的净值，即新增加的产值。其关系式可表示为：

NDP＝GDP－折旧

3. 国民收入（National Income，NI）

国民收入是一国在一定时期各种生产要素的收入之和，即工资、利息、租金和利润的总和。因为间接税虽构成产品价格，但不成为要素收入；相反，政府给企业的津贴虽不列入产品价格，但成为要素收入。其与 NDP 的关系用公式表示为：

NI＝NDP－企业间接税＋政府津贴＝工资＋利息＋租金＋利润

4. 个人收入（Personal Income，PI）

个人收入是指一个国家的个人在一定时期（通常为一年）内，从各种来源所得到的收入总和，包括劳动收入、企业主收入、租金收入、利息和股息收入、政府转移支付和企业转移支付。

在现实生活中，人们经常提到的个人收入指的是某个人或某个家庭在某个时期（通常是一年）所获得的总的款项和现金，这种意义上的个人收入包括劳动报酬、财产收入、政府转移支付。在经济学中，个人收入的构成可用公式表示为：

PI＝NI－(公司未分配利润＋公司利润税＋公司和个人缴纳的社会保险费)＋(政府对个人支付的利息＋政府对个人的转移支付＋企业对个人的转移支付)

=工资和薪金+企业主收入+个人租金收入+个人利息收入+
政府和企业对个人的转移支付－公司和个人缴纳的社会保险费

5. 个人可支配收入（Personal Disposable Income，PDI）

个人可支配收入是指一个国家一年内个人可以支配的全部收入。从个人收入中减去个人所得税，就成为个人可以自由支配的收入。个人可支配收入不是用于消费，就是用于储蓄。个人可支配收入用公式表示为：

PDI=PI－个人所得税=消费+储蓄

二、总需求与总供给

（一）总需求

总需求是经济社会对产品和劳务的需求总量，通常以收入水平来表示。总需求由消费需求、投资需求、政府需求和国外需求构成。

总需求函数被定义为收入和价格水平之间的关系。它表示在某个特定的价格水平下，经济社会需要多高水平的收入。总需求函数一般同产品市场与货币市场有关。

总需求曲线是表示物品和劳务的总需求量与价格水平之间函数关系的图像，即总需求曲线表示经济中均衡的总支出量随着价格总水平变动而变动的轨迹。一般地，总需求曲线也可以由总需求函数加以表示记成AD，以Y表示使得经济处于均衡的总支出AE的水平，P表示价格总水平，则总需求函数可以表示为：

$$Y = AD(P)$$

一般说来，随着价格总水平的提高，总支出水平下降；反之，价格总水平降低，总支出水平提高。也就是说，经济中的总支出量与价格总水平之间呈反方向变动。这说明，与单个商品的需求曲线一样，总需求曲线是一条向下方倾斜的曲线。

1. 总需求曲线的形成

由以上分析知道，价格总水平的变动对总支出水平产生反方向影响。这种影响关系可以由总支出与总收入的均衡分析推导出来。

如图6-1-1所示，在每一价格水平上，经济中的消费支出取决于收入，而投资支出则取决于利息率。消费与投资所决定的均衡收入由收入与支出相等的均衡条件表示出来。如图6-1-1（a）所示，总支出曲线与45°线的交点确定均衡的收入量。图6-1-1（b）则表示价格总水平与使得收支相等的总支出水平之间的对应关系，即经济的总需求曲线。

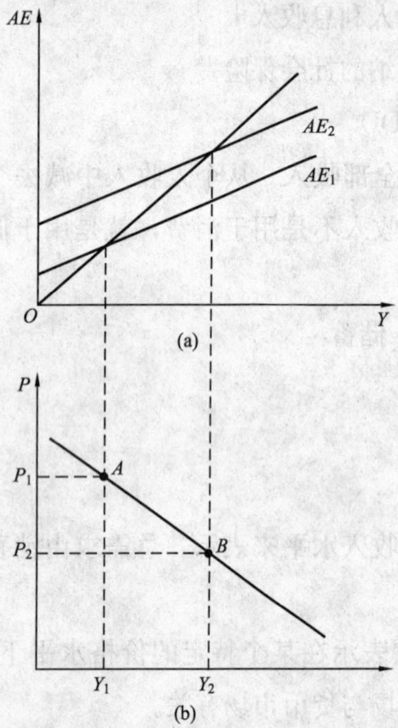

图 6-1-1 总需求曲线的形成

对应于图（b）中一个特定的价格，比如 P_1，在 M 既定的条件下，经济中实际货币量由 $m_1 = M/P_1$ 表示出来。从而决定相应的消费支出和投资支出，如图中的 AE_1。对应于这一总支出，在 45°线上，经济中均衡的总支出水平为 Y_1，由此得到价格总水平 P_1 对应的总支出，在图（b）中得到总需求曲线上的一个点。

当价格总水平下降时，比如在图（b）中由 P_1 下降到 P_2，经济中的消费支出和投资支出都会增加，从而总支出曲线向上移动，如图（a）中的 AE_2。总支出曲线向上移动，均衡产出水平提高，如图中的 Y_2，由此得到价格总水平 P_2 对应的均衡总支出，从而得到图（b）中总需求曲线上的又一个点。

在图（b）中把每一价格总水平所对应的横轴上的产出水平描绘成一条曲线，即可以得到总需求曲线 AB。由于随着价格总水平的下降，消费和投资支出增加，因而总需求曲线是一条向右下方倾斜的曲线。

上面得到的总需求曲线可以很容易地推广到包含政府部门在内的三部门经济。在三部门经济中，总支出等于消费、投资与政府购买之和。由于政府购买可以认为是政府控制量，因而它是一个常数。这样，在每一收入水平上，消费、投资加政府购买将继续随着价格水平的提高而下降，因而包含政府的三部门经济的总需求曲线也是一条向右下方倾斜的曲线。其推导过程与图 6-1-1 给出的情况完全相同，只是其中的 AE 包含政府购买项而已。

2. 总需求曲线的移动

在一个特定的价格总水平下，任何引起总支出变动的因素都将导致总需求曲线的移动。具体地说，在三部门经济中引起总需求变动的主要因素是消费需求、投资需求和政府支出。如图 6-1-2 所示，总支出增加，总需求曲线向右上方移动；反之，总支出减少，总需求曲线向左下方移动。

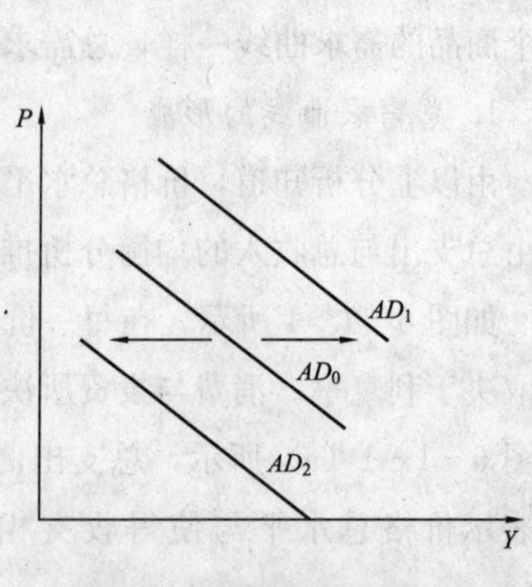

图 6-1-2 总需求线的移动

首先，在其他条件不变的情况下，消费者的需求增加，每一价格总水平对应的总支出增加，从而总需求曲线向右上方移动；反之，需求减少，总需求曲线向左下方移动。在既定的收入条件下，由于消费与储蓄呈反方向变动，因而储蓄增加将使得总需求下降，从而使总需求曲线向左下方移动，而储蓄减少，总需求曲线向右上方移动。

此外需要注意，在包含政府部门的经济中，由于政府的净税收（税收减去转移支付，并简称为税收）会影响家庭部门的可支配收入，因而政府的税收通过消费影响总需求。具体地说，当政府增加税收时，家庭部门的可支配收入减少，从而消费减少，总支出水平下降，导致总需求曲线向左下方移动；反之，政府减少税收，则总需求曲线向右上方移动。

其次，投资增加导致总支出增加，从而使得总需求曲线向右上方移动；反之，投资减少，总需求曲线向左下方移动。

再次，由于投资主要取决于利息率，而利息率又由货币市场的均衡所决定，因而当货币供给量增加时，利息率下降，从而投资增加；反之，货币供给量减少，投资减少。这就是说，增加货币供给量将导致总需求曲线向右上方移动；而减少货币供给量，导致总需求曲线向左下方移动。

最后，与私人投资变动的效果一样，政府购买增加，经济中的总需求曲线向右上方移动；政府购买减少，总需求曲线向左下方移动。

以上分析将对说明经济的波动以及政府对经济的调节提供依据。

（二）总供给

总供给是经济社会的总产量或总产出，它描述了经济社会的基本资源用于生产时可能有的产量。一般而言，总供给主要是由劳动力、生产性资本存量和技术决定的。总供给函数是表示总产量和一般价格水平之间的关系，其几何图形表示为总供给曲线。

价格水平影响总产量的基本过程。首先，价格水平的变化影响实际工资。若名义工资不变，则实际工资与价格水平成反比。其次，实际工资的变化又影响劳动市场的供求。劳动供给与实际工资同方向变动，劳动需求与实际工资反方向变动；劳动供求决定实际就业量。因此若其他条件不变，实际工资就通过劳动市场影响就业量。再次，就业量的变化影响总产量。若其他条件不变，总供给随就业量的增加而增加，反之亦然。

因此，一般价格水平通过影响实际工资、劳动市场供求关系以及就业量而最终影响总产量。所以说总供给分析的中心内容是分析宏观生产函数，因为生产函数是描述在一定技术条件下的投入量与产出量之间的关系。而宏观生产函数的变量在很大程度上与劳动市场理论有关。

由于劳动的边际产品随劳动投入的增加而降低，所以劳动的需求函数是实际工资的减函数。劳动需求曲线如图 6-1-3 所示。宏观经济学认为，上述微观经济学意义上的劳动需求与实际工资的关系，对于总量意义上的劳动市场也是成立的，N_d表示劳动需求量，则劳动需求函数可以表示为：

$$N_d = N\left(\frac{W}{P}\right)$$

与劳动需求类似，总量意义上的劳动供给也被认为是实际工资的函数，可以表示为：

$$N_s = N\left(\frac{W}{P}\right)$$

式中，N_s表示劳动供给量。

劳动供给是实际工资的增函数。实际工资低时，劳动的供给量小；实际工资高时，劳动的供给量大。劳动供给曲线如图 6-1-4 所示。

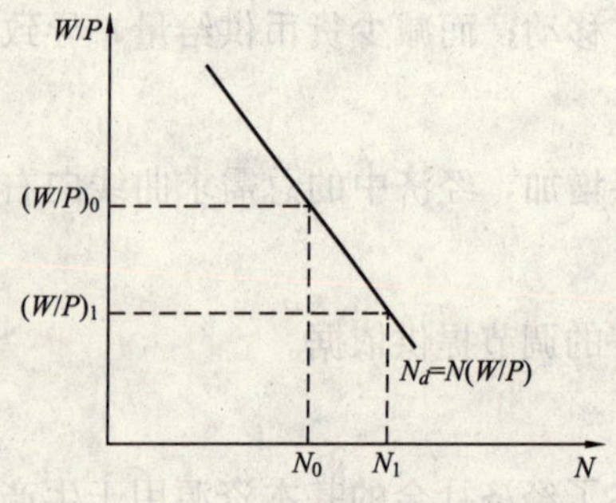

图 6-1-3　劳动市场的需求函数

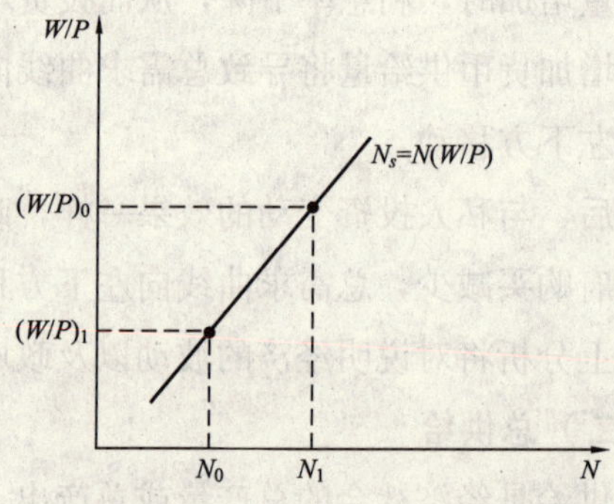

图 6-1-4　劳动市场的供求函数

如果工资 W 和价格 P 两者都是可以调整的，那么实际工资 W/P 也是可以调整的。劳动市场均衡就由劳动的需求曲线和劳动的供给曲线的交点来决定。如图 6-1-5 所示。

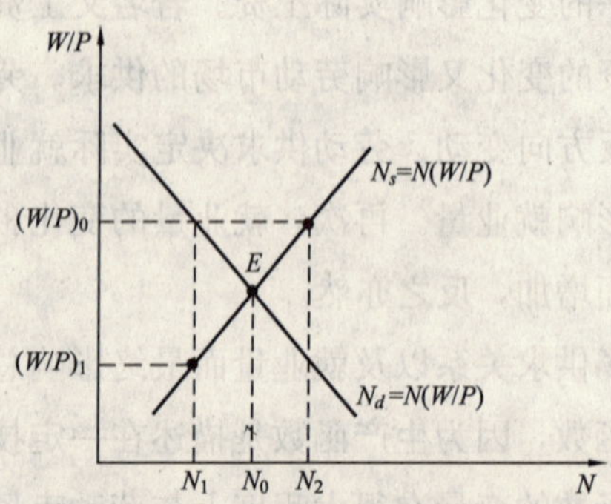

图 6-1-5　劳动市场的均衡

宏观生产函数又称总量生产函数，是指整个国民经济的生产函数，它表示总量投入和总产出之间的关系。假定一个经济社会在一定技术水平下使用总量意义下的劳动和资本两种要素进行生产（土地的投入忽略不计），则宏观生产函数可以表示为：

$$Y = A \times f(N, K)$$

其中 Y 为总产出；N 为整个社会的就业水平或就业量；K 为整个社会的资本存量；A 表示技术水平。

宏观生产函数可以分为短期、中期和长期三种。

短期宏观生产函数为：

$$Y = f(N)$$

长期生产函数可以用下式表示：

$$Y = A \times f(N,K)$$

1. 总供给曲线的导出

一般地，如果以 Y 表示经济中的总产出，P 表示价格总水平，则总供给函数 AS 可以表示为：

$$Y = AS(P)$$

总供给曲线表示一系列价格总水平下经济提供的产出量。即总供给曲线表示经济中厂商愿意并且能够供给的总产出量随价格变动而变动的轨迹。如图 6-1-6 所示，其中 AA 为古典总供给曲线，BB 为凯恩斯总供给曲线，CC 为常规总供给曲线，

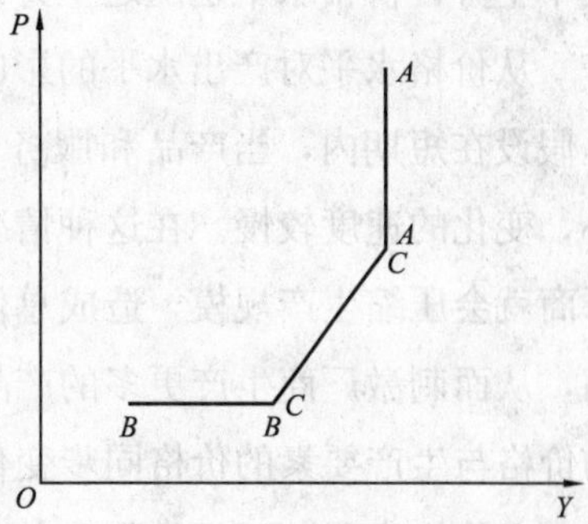

图 6-1-6 总供给曲线

由微观经济学的分析可以知道，在既定的生产技术水平下，厂商愿意并且能够供给的产品和劳务的数量取决于其产品的价格和支付给劳动和其他生产要素的成本。就宏观经济而言，对应于一个特定的价格总水平，经济中的总供给量是所有厂商在这一价格下愿意并且能够供给的商品和劳务的总和，它主要由劳动和其他要素的投入量及其相应的成本所决定。如果价格总水平的变动影响厂商的实际成本，那么厂商就会改变生产商品的数量，并相应地调整使用生产要素的数量。因此，依照要素价格相应于价格总水平作出的调整，总供给曲线又可以区分为短期总供给曲线和长期总供给曲线。

(1) 短期总供给曲线。短期总供给曲线所反映的是在不同的价格水平上，全部厂商愿意生产的总产出。这样，短期总供给曲线的形状就不是垂直的，而是向上倾斜的，并且曲线的斜率是随着产出水平的提高而逐渐增大，即随着产出水平的提高，曲线会变得越来越陡峭。

图 6-1-7 就是短期总供给曲线 SAS 的形状。这一形状有两个显著的特点：第一，曲

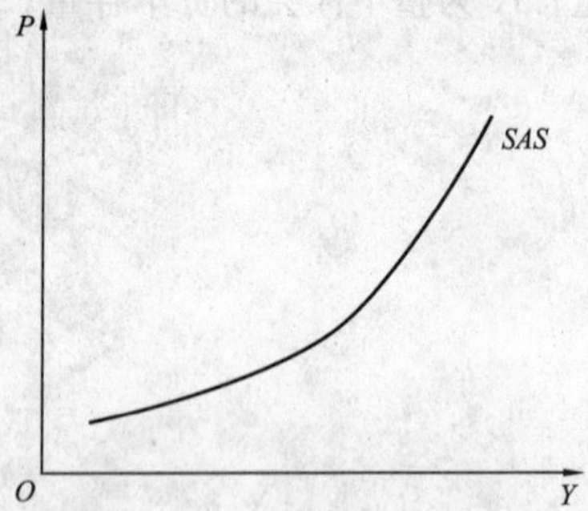

图 6-1-7　短期总供给曲线

线具有正的斜率；第二，曲线的斜率随产出的提高而加大。SAS 具有正的斜率表明，较高的价格水平总是与较高的产出水平相伴随。造成价格水平与产出水平的这种正相关关系可以从两方面来阐述。

从产出水平对价格的影响看，在总产出水平较低时，使用的生产要素的量也较少。由于厂商总是首先使用效率较高的生产要素，因此最早使用的那部分生产要素都是厂商精心选择后才使用的，因此其效率较高。较高的效率导致的结果是生产成本相对较低，因此这时产品的价格也较低。相反，在总产出水平较高时，需要投入的生产要素的量也较多，这时就不可避免地将那些生产效率较低的生产要素也投入使用，从而造成生产的平均成本上升，价格水平也随之上升。

从价格水平对产出水平的影响来看，对于 SAS 具有正的斜率有两种解释。一种解释是假设在短期内，当产品和服务的价格发生变化时，生产要素的价格不变或变化幅度较小，变化的速度较慢。在这种情况下，当价格水平降低时，厂商的利润率就会下降，因此厂商就会压缩生产规模，造成总供给萎缩。反之，当价格水平上升时，厂商的利润就会提高，从而刺激厂商生产更多的产品和服务，使总供给膨胀。另一种解释是假设产品和服务的价格与生产要素的价格同步变化。在短期内，人们常常只注意到自己生产的产品和服务的名义价格变化，而容易忽略其他方面的变化，认识不到总体价格的实质性变化。这样，当所有价格都同步提高时，厂商一般只注意到自己产品的名义价格上升，从而作出增量的决定。劳动者也只注意到自己名义工资的提高，从而愿意增加劳动力的供给。因此，当价格水平上升时，总供给就会增加。相反，当总体价格水平下降时，厂商与劳动者都会注意到自己的产品价格下降或名义工资的下降，从而减少供给。这样，当价格总水平下降时，总供给就会下降。

SAS 曲线的斜率随产出水平的提高而增大是 SAS 曲线的第二个显著特征，这一特征表现为当产出水平较低时，SAS 曲线较为平坦；而当产出水平较高时，曲线就变得较为陡峭。这一特征的存在是因为在产出水平较低时，实际产出水平肯定低于潜在产出水平（即充分就业的产出水平），很多企业都存在未被利用的闲置生产能力。这时，厂商如果想增产，只需增加很少的投入，产品价格略为上升就足以刺激生产规模。因此这时的短期总供给曲线斜率较小。随着产出水平的提高，闲置的生产能力会越来越少，这时厂商要增产，就必须使用那些效率较低、成本较高的生产要素和生产技术，从而导致生产的成本迅速上升。这时，厂商增产必须有较高的价格水平拉动，从而使短期总供给曲线变得较为陡峭。当产出水平达到或超过潜在产出水平时，*SAS* 曲线将变为一条垂直线，即接近长期总供给曲线的水平。

(2) 长期总供给曲线。上面分析的短期总供给曲线是在假设工资等固定不变的条件下得出的，但在长期中，随着价格总水平的变动，工资以及其他生产要素的价格必然会相应地进行调整。如果价格总水平与工资按相同的比率发生变动，那么厂商出售产品的价格和生产产品的成本相对没有发生变动，厂商就不会改变其生产数量，生产过程中投入的劳动数量也就不会发生变动。因此，长期供给曲线是一条垂直的直线，如图 6－1－8 所示。

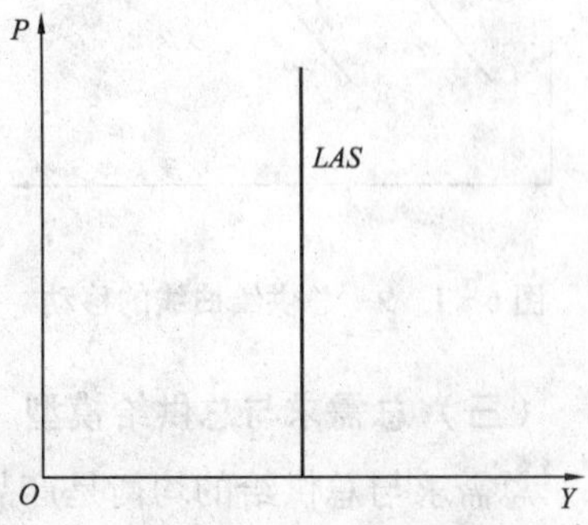

图 6－1－8 长期总供给曲线

长期总供给曲线说明，在长期中，经济稳定在潜在的产出水平上，此时，价格变动对总供给量不会产生影响。

2. 总供给曲线的移动

从总供给曲线定义可知，在任一给定的价格水平上，生产能力的提高或降低对厂商愿意供给的某种产出数量产生直接影响，从而导致总供给曲线，特别是垂直部分发生移动。导致总供给曲线移动的因素主要有以下几个方面。

第一，自然的和人为的灾祸。总供给曲线最急剧的变动产生于天灾人祸，这是不言而喻的。例如，地震或战争会极大地减少经济的总供给，使得总供给曲线向左上方移动。不过，由于这些因素并不经常出现，因而经济学中通常把它们视为随机的因素而加以忽略。

第二，技术变动。引起总供给曲线移动的一个重要原因是技术的变化，即任一给定投入组合所能生产的产出数量提高。在实践中，人类知识和经验的积累会带来技术的变革。技术变动通常是正向，即技术水平倾向于提高，所以技术变动的影响一般使得总供给曲线向右移动。

第三，工资率等要素价格的变动。总供给曲线是在工资率给定的假设条件下推导出来的，因而工资率的变化将移动总供给曲线。具体地说，当工资下降时，对于任一给定的价格总水平，厂商愿意供给更多的产品，因而降低工资将使总供给曲线向右下方移动；反之，工资上升，总供给曲线向左上方移动。

此外，与工资变动的影响一样，进口商品价格的变化也会引起总供给曲线的移动。如果厂商以进口商品作为原料，那么进口商品的价格变化时，厂商的成本就会发生变动，从而愿意生产的数量也会变动。例如，石油价格的上升，使得许多依照石油作为原料的经济的总供给曲线向左方移动。

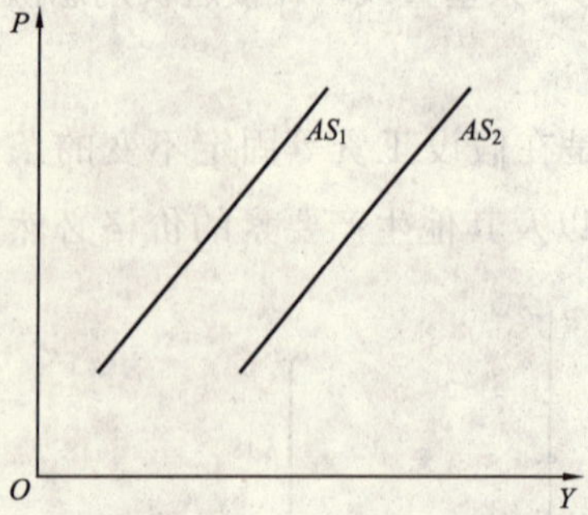

图 6-1-9　总供给曲线的移动

总之，经济中生产方面的变动会引起总供给曲线的移动。生产技术水平提高或生产成本下降，经济的总供给增加，总供给曲线向右下方移动，如图 6-1-9 所示，总供给曲线由 AS_1 移动到 AS_2；反之，生产技术水平下降或生产成本提高，经济的总供给减少，总供给曲线向左上方移动，由 AS_2 移动到 AS_1。

（三）总需求与总供给模型

总需求与总供给的均衡是产品市场、货币市场和劳动市场的共同均衡，由此可以说明价格水平和国民收入水平的决定。把总需求曲线和总供给曲线放在一个坐标图上，用以解释国民收入和价格水平的决定，这就是总需求—总供给模型（见图 6-1-10）。

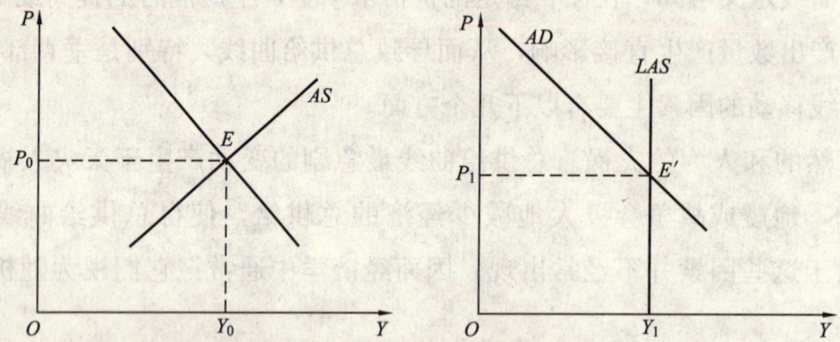

图 6-1-10　总需求和总供给的模型

总需求—总供给模型用公式表示：

短期总需求—总供给模型方程为：

$$AD = f(P)$$

$$SAS = f(P)$$

$$AD = SAS$$

长期总需求—总供给模型方程为：

$$AD = f(P)$$
$$LAS = Y_f$$
$$AD = LAS = Y_f$$

1. 总需求、总供给变动对均衡点的影响

总供求均衡点决定均衡国民收入和均衡价格总水平，均衡点的位置又取决于 AD 线和 AS 线的位置，AD 线和 AS 线位置的任何移动都将导致均衡点的变动。而凡是价格总水平以外的其他因素所引起的总供求的变动都会引起 AD 线或 AS 线的移动，从而导致均衡国民收入的变动。

自发投资支出、自发储蓄、货币供给的变化会使总需求曲线移动，货币工资率、劳动供给的变化以及技术进步的作用会使总供给曲线移动。

(1) 总需求变动对均衡点的影响。如图 6－1－11 所示，当总需求与总供给相等时，经济处于均衡状态。在图中，当总需求曲线 AD 与总供给曲线 AS 相交时，经济处于均衡。对应于均衡点 E，均衡的价格总水平为 P_0，均衡国民收入为 Y_0。若价格高于水平 P_0，则总供给 AS 大于总需求 AD，即经济中生产的最终商品和劳务超过了现有价格水平下对商品和劳务的购买。这就使得厂商生产的产品不能全部实现，价格开始下降，厂商减少生产。反之，若价格低于均衡水平 P_0，则总需求 AD 大于总供给 AS，这将造成厂商已生产的产品价格上升，从而促使厂商增加生产。因此，当价格偏离 E 时，经济系统存在使价格趋向于 P_0 的力量。在总供给等于总需求决定的均衡点 E 处，决定总需求的产品市场和货币市场以及决定总供给的劳动市场同时处于均衡。此时，由产品和货币市场均衡决定的总需求恰好使得劳动市场均衡决定的就业量所生产出来的产品完全实现转化。

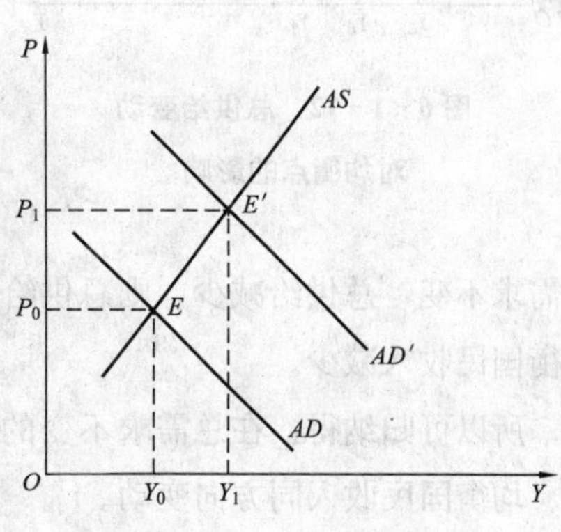

图 6－1－11　总需求变动对均衡点的影响

当总供给曲线保持不变，而影响总需求的某些因素发生变化，导致总需求增加，则总需求曲线将向右移动，即由 AD 移至 AD'，此时新的总需求曲线与原总供给线相交于 E' 处，均衡价格总水平由 P_0 升至 P_1，均衡国民收入由 Y_0 升至 Y_1。由此可见，在总供给不变的情况下，总需求增加将导致均衡价格总水平和均衡国民收入的增加。反之，当总供给不变，总需求减少，则总需求曲线将由 AD 向左移动，均衡价格总水平、均衡国民收入均向下移动。

所以可归纳得：在总供给不变的情况下，总需求变动引起均衡价格总水平、均衡国民收入同方向变动。

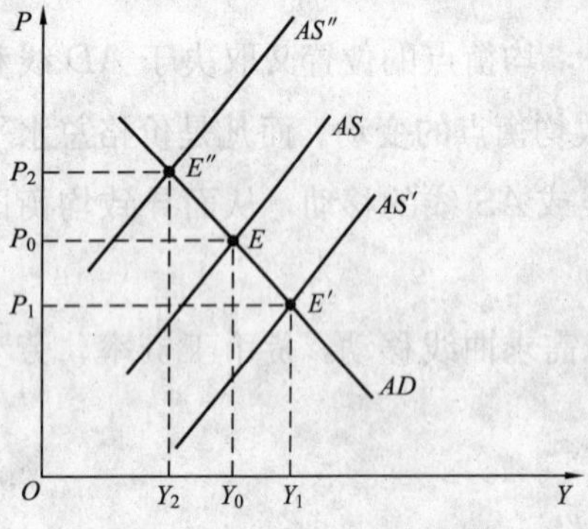

图 6－1－12　总供给变动对均衡点的影响

（2）总供给的变动对均衡点的影响。如图 6－1－12 所示的总供给变动对均衡点的影响，最初总需求与总供给曲线相交于 E 点，均衡均价格为 P_0，均衡国民收入为 Y_0，当需求总曲线保持不变，而影响总供给的某些因素发生变化（例如：劳动生产率的提高，生产要素供给的增加），导致总供给增加，则总供给曲线将向右移动，即由 AS 移至 AS'，此时新的总供给曲线与原总需求线相交于 E' 处，均衡价格总水平由 P_0 下降至 P_1，均衡国民收入由 Y_0 升至 Y_1。由此可见，在总需求不变的情况下，总供给增加将导致均衡价格总水平下降，均衡国民收入增加。反之，当总需求不变，总供给减少，则总供给曲线将由 AS 向左移动至 AS''，均衡价格总水平上升、均衡国民收入减少。

所以可归纳得：在总需求不变的情况下，总供给变动引起均衡价格总水平反方向变动、均衡国民收入同方向变动。

2. 短期和长期总供给曲线同时使用的政策含义

基于上述总需求与总供给短期和长期分析，西方经济学得出的基本结论是，在短期内经济可以处于萧条、滞胀和繁荣的状态，即短期内经济会出现波动，而在长期内，经济的长期趋势是处于充分就业的潜在水平上。

相应的政策建议是，在短期内，相机抉择的政策，适时地变动总需求，即在萧条时期增加总需求，而在繁荣时期则减少总需求，以熨平经济波动。具体地说，当经济萧条时，总需求不足，所决定的国民收入低于充分就业下的国民收入。这时，政府应通过扩大政府支出、减税等财政政策手段，或采取降低准备率、降低贴现率和买进政府债券等货币政策手段，扩大总需求，使之与总供给曲线在充分就业下相交，从而均衡国民收入达到充分就业水平。而在经济繁荣时，则采取相反的政策以抑制需求，降低价格总水平。

在长期内，经济持续处于稳定的充分就业的状态，因而政府的总需求管理政策也就不再必需。

总之，总需求与总供给的均衡分析表明，资本主义经济短期内会出现不稳定，但适当的经济政策可以起到稳定经济的作用，而在长期中经济自身的调节使得经济达到充分就业状态。因此，西方经济学证明，辅之以政府的经济政策，资本主义经济不论是在短期还是在长期都可以处于充分就业的均衡状态。

三、国民收入核算中的恒等关系

以上讨论了国民收入核算的三种方法，从理论上讲，如果核算不存在误差，那么用支出法和收入法核算的国内生产总值应该是恒等的。即总供给＝总收入＝GDP＝总支出＝总需求，所以$AD=AS=$GDP。

（一）两部门经济中的国民收入核算

1. 两部门经济中的收入流量循环模型与恒等关系

两部门经济是指由厂商与居民户（家庭）这两种经济单位所组成的经济。在这种经济中，居民户向厂商提供各种生产要素，得到相应的收入，并用这些收入购买与消费各种产品与劳务。厂商购买居民户提供的各种生产要素进行生产，并向居民户提供各种产品与劳务。为此，需要先作些假设。

第一，假设所分析的经济中不存在政府，也不存在对外贸易，只有家庭和厂商（企业部门）。消费行为和储蓄行为都发生在家庭，生产和投资行为都发生在企业部门。我们还假定企业投资是自主的，即不随利率和产量而变动。

第二，假定折旧和公司未分配利润为零。这样，GDP、NDP、NI、PI 和 DI 就都相等。

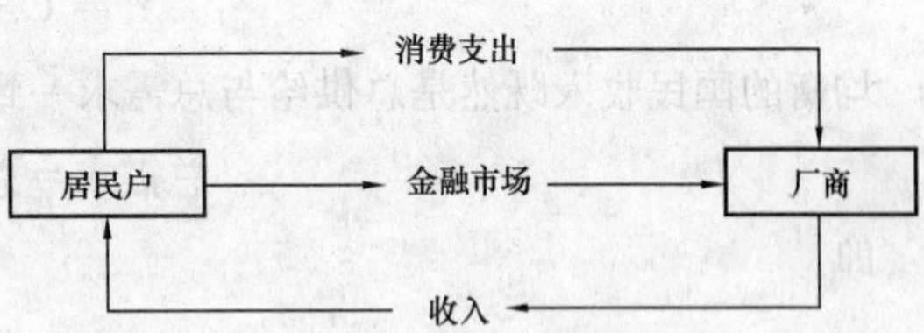

图 6-1-13　两部门经济中的收入流量循环

国民经济的收入流量循环模型可以用图 6-1-13 表示，箭头代表货币的流向。在产品市场上，厂商把运用各种生产要素生产出来的商品和劳务提供给居民，居民用所得的收入购买厂商生产的商品和劳务。在生产要素市场上，企业购买居民提供的生产要素；居民从企业得到生产要素的报酬，包括工资、利息、地租和利润。产品市场和要素市场同时均衡，两部门经济才能正常循环。

在只有居民户和厂商的两部门经济中，政府购买和税收均为零。在这样的经济中，从支出（需求）角度看，GDP＝消费＋投资＝$C+I$，从收入（或供给）角度看，如果把储蓄

(S) 定义为国民总收入中没有用于消费的部分，则 $GDP=C+S$，由于 $C+I=C+S$，这表明，在两部门经济中，国民收入核算恒等式表现为投资等于储蓄的恒等关系。

$$I \equiv S$$

2. 两部门经济中的国民收入决定

在只有企业和居民户的两部门经济中，总供给就是整个社会的生产能力，是各种生产要素的总和，国民收入就是由这些要素的总和生产出来的。由于这些要素各自得到了相应的收入，因此，国民收入也可以视为各种要素收入的总和。这些收入最终会分解为消费和储蓄两部分，所以从总供给的角度看：

国民收入＝各种生产要素供给的总和
＝各种生产要素收入的总和
＝工资＋利息＋地租＋利润
＝消费＋储蓄

如果用 Y 代表国民收入，C 代表消费，S 代表储蓄，则：

$$Y=C+S$$

两部门经济中，一国的国民收入如果以支出法计算，则是消费支出和投资支出之和。因此，从总需求的观点来看，国民收入是由消费和投资组成的。即：

国民收入＝消费支出＋投资支出

如果用 I 代表投资，则：

$$Y=C+I$$

均衡的国民收入既然是总供给与总需求一致条件下的国民收入，那么有：

总需求＝总供给

即：

$$I=S$$

可见，储蓄等于投资时国民收入才达到均衡。

(1) 消费—投资法。均衡收入是指与计划总支出相等的收入，计划支出由消费和投资构成，即 $Y=C+I$。在收入决定的简单模型中，总是先假定计划净投资是一个给定的量，不随利率和国民收入水平而变化。根据这一假定，只要把收入恒等式和消费函数结合就可求得均衡收入：

$$Y=C+I \quad \text{（收入恒等式）}$$

$$C=\alpha+\beta Y \quad \text{（消费函数）}$$

解联立方程，就得到均衡收入：

$$Y=\frac{\alpha+I}{1-\beta}$$

式中，α 为自发性消费；β 为边际消费倾向；I 为投资。

可见，如果知道了消费函数和投资量，就可求得均衡的国民收入。例如，假定消费函数$C=1000+0.8Y$，自发的计划投资始终为 600 亿美元，则均衡收入：

$$Y=(1000+600)/(1-0.8)=8000\text{（亿美元）}$$

也可用图 6－1－14，求得相同的结果。

(2) 投资—储蓄法。通过计划投资等于计划储蓄的方法也可求得均衡收入。计划投资等于计划储蓄，即 $I=Y-C=S$，而储蓄函数为 $S=-\alpha+(1-\beta)Y$。将此二式联立：

$$I=Y-C=S \quad \text{（投资等于储蓄）}$$

$$S=-\alpha+(1-\beta)Y \quad \text{（储蓄函数）}$$

求解同样可得（均衡的）收入：

$$Y=\frac{\alpha+I}{1-\beta}$$

式中，α 为自发性消费；β 为边际消费倾向；I 为投资。

可见，如果知道了储蓄函数和投资量，就可求得均衡的国民收入，如图 6－1－15 所示。

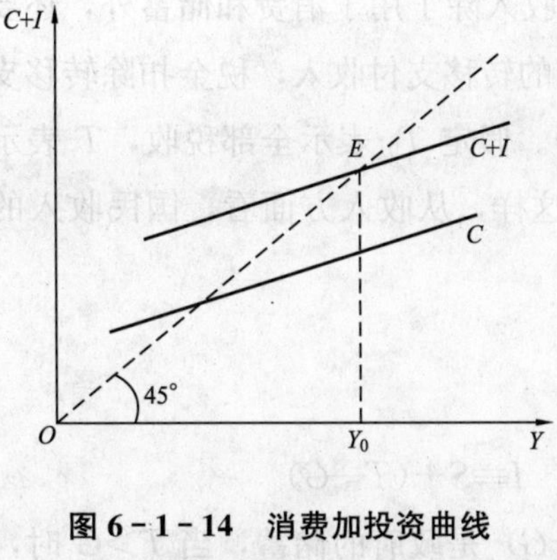

图 6－1－14 消费加投资曲线和 45°线的交点决定收入

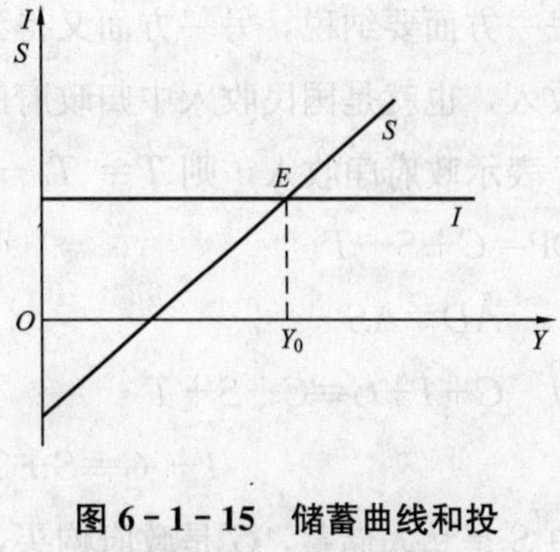

图 6－1－15 储蓄曲线和投资曲线的交点决定收入

上例中，当 $C=1000+0.8Y$ 时，$S=-1000+(1-0.8)Y=-1000+0.2Y$，$I=600$，令 $I=S$，即 $600=-1000+0.2Y$，得 $Y=8000$ 亿美元。

以上两种分析方法，其实是从同一关系中引申出来的，因为储蓄函数本来就是从消费函数中派生出来的。因此，无论使用消费函数，还是使用储蓄函数，求得的均衡收入都一样。

两部门经济是一种最简单的经济，它虽然并不现实，但却是我们分析三部门经济与四部门经济收入流量循环模型，以及进而说明国民收入均衡条件的出发点。

（二）三部门经济中的国民收入核算

1. 三部门经济中的收入流量循环模型与恒等关系

三部门经济是指由厂商、居民户（家庭）、政府三种经济单位所组成的经济。在这种经济中，政府的经济职能是通过税收与政府支出来实现的。政府通过税收与支出和居民户及厂商发生联系。

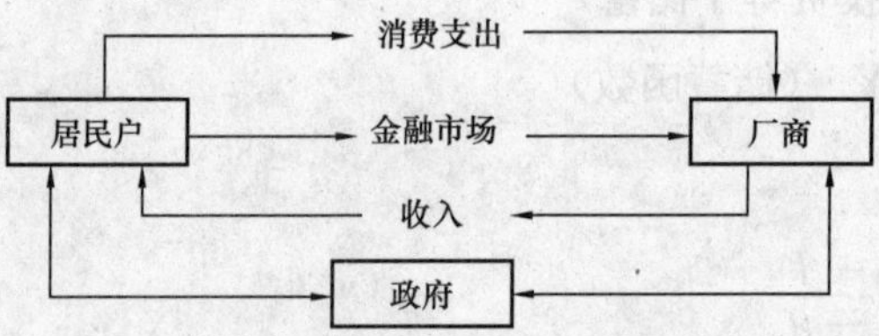

图 6-1-16　三部门经济中的收入流量循环

三部门经济中的收入流量循环模型可以用图 6-1-16 表示。政府的经济活动表现在两个方面，一方面是政府收入（主要是向企业和居民征税），另一方面是政府支出（包括政府对商品和劳务的购买，以及政府给居民的转移支付），因此政府与居民户、政府与厂商之间的货币流向是双向的。

从支出（需求）角度看，国内生产总值等于消费、投资和政府购买的总和，即 $AD=\text{GDP}=C+I+G$。从收入（供给）角度看，总收入除了用于消费和储蓄外，还要纳税。然而，居民一方面要纳税，另一方面又得到政府的转移支付收入，税金扣除转移支付才是政府的净收入，也就是国民收入中归政府的部分。假定 T_0 表示全部税收，T_r 表示政府转移支付，T 表示政府净收入，则 $T=T_0-T_r$。这样，从收入方面看，国民收入的构成将是 $AS=\text{GDP}=C+S+T$。

由于　$AD\equiv AS$

所以　$C+I+G\equiv C+S+T$

$$I+G\equiv S+T \quad 或 \quad I\equiv S+(T-G)$$

其中 S 是私人储蓄，G 是政府购买，$(T-G)$ 是政府的储蓄，当 $T>G$ 时，差额为预算盈余；当 $T<G$ 时，差额为预算赤字。

2. 三部门经济中的国民收入决定

在有政府起作用的三部门经济中，国民收入从总支出角度看，包括消费、投资和政府购买，即：

$$Y=C+I+G$$

式中，Y 表示国民收入；C 表示消费；I 表示投资；G 表示政府购买。

从总收入角度看，则包括消费、储蓄和税收，这里的税收是指总税收减去政府转移支付以后所得的净纳税额，即：

$$Y=C+S+T$$

式中，S 表示储蓄；T 表示净税收。

因此，加入政府部门后的均衡收入应是计划的消费、投资和政府购买之总和，是同计划的消费、储蓄和净税收总和相等的收入，即：

$$C+I+G=C+S+T$$

消去上式等号两边的 C，得：

$$I+G=S+T$$

上式就是三部门经济中宏观均衡的条件。其经济含义是：投资和政府支出的总和等于储蓄和税收的总和。只有当 $I+G=S+T$ 时，才达到均衡的国民收入。

在这里，税收可有两种情况，一种为定量税，即税收量不随收入而变动；另一种为比例所得税，即随收入增加而增加的税收量。

三部门的国民收入决定，可用图 6-1-17 中的（$C+I+G$）曲线和 45°线的交点来说明，也就是用三部门总支出曲线和 45°线的交点来决定均衡的国民收入水平。

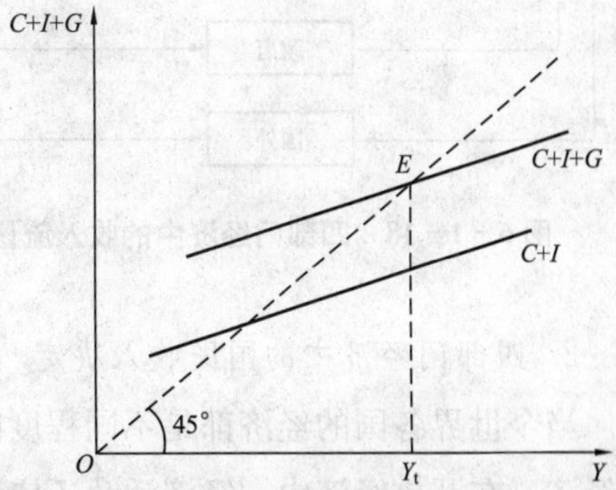

图 6-1-17 三部门经济中的国民收入决定

（三）四部门经济中的国民收入核算

1. 四部门经济中的收入流量循环模型与恒等关系

四部门经济是指由厂商、居民户、政府和国外这四种经济单位所组成的经济。在这种经济中，国外的作用是：作为国外生产要素的供给者，向国内各部门提供产品与劳务，对国内来说，这就是进口；作为国外产品与劳务的需求者，向国内进行购买，对国内来说，这就是出口。国外部门的经济功能主要体现在两个方面：一是进口（用 M 表示），向国内各经济主体提供商品和劳务，构成社会总供给的一部分；二是出口（用 X 表示），把国内生产的商品和劳务提供给国外，构成社会总需求的一部分。

从支出（需求）角度看，国内生产总值等于消费、投资、政府购买以及国外需求（即出口）的总和，即 $AD=\text{GDP}=C+I+G+X$。从收入（供给）角度看，总收入除了用于消费、储蓄、纳税外，还包括对国外产品的购买（即进口），即 $AS=\text{GDP}=C+S+T+M$。

由于 $AD\equiv AS$

则 $C+I+G+X=C+S+T+M$

整理得：

$$I+G+X\equiv S+T+M \quad \text{或} \quad I\equiv S+(T-G)+(M-X)$$

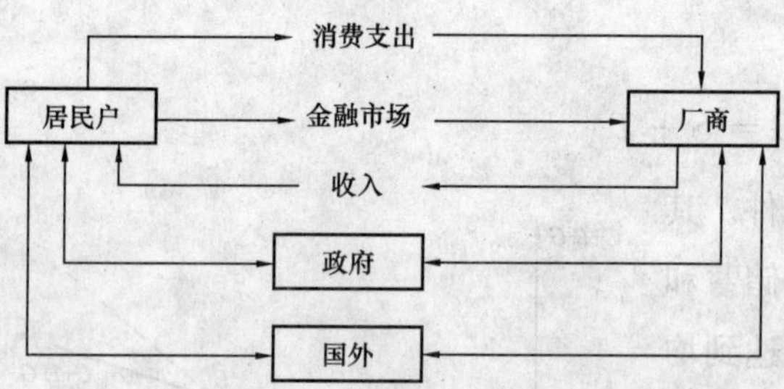

图 6-1-18　四部门经济中的收入流量循环

其中 S 代表私人储蓄，$(T-G)$ 代表政府储蓄，而 $(M-X)$ 代表外国对本国的储蓄。若 $M>X$，本国为贸易逆差，即外国对本国的收入大于支出，于是外国对本国有了正储蓄；反之，$M<X$，本国为贸易顺差，外国对本国有负储蓄。图 6-1-18 即是四部门经济中的收入流量循环模型。

2. 四部门经济中的国民收入决定

当今世界各国的经济都是不同程度的开放经济，即与外国有贸易往来或其他经济往来的经济。在开放经济中，经济活动还应考虑到国外经济部门对国内经济的需求和供给。由于国外经济部门对国内产品和劳务的供给表现为进口，对国内产品和劳务的需求表现为出口，因此，从总供给的角度看：

国民收入＝各种要素的供给＝各种要素收入＝消费＋储蓄＋税收

从总需求的角度看：

国民收入＝各种需求＋(出口－进口)

＝消费需求＋投资需求＋政府购买＋(出口－进口)

在三部门决定模型的基础上，得出四部门决定的模型为：

$$Y=C+S+T$$

$$Y=C+I+G+(X-M)$$

其中，M 表示进口，X 表示出口，$(X-M)$ 表示进出口差额。

由上两式可得四部门国民收入的均衡条件为：

$$C+S+T=C+I+G+(X-M)$$

四部门国民收入决定，可用 $C+I+G+(X-M)$ 曲线和45°线的交点来说明，也就是用四部门总支出曲线和45°线的交点来说明，如下图6-1-19所示。

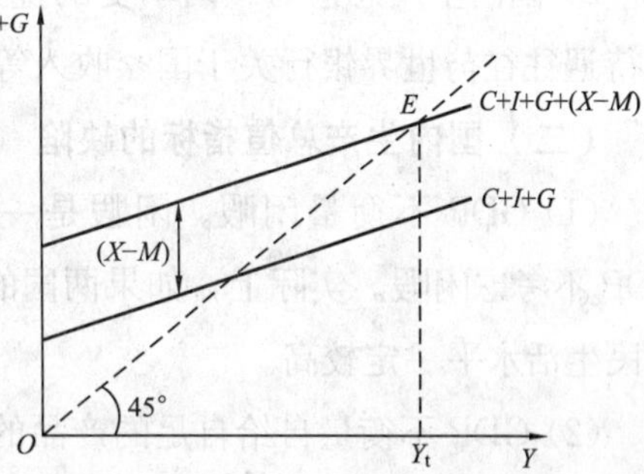

图6-1-19　四部门经济中的国民收入决定

图6-1-19中的 $(X-M)$ 是净出口额或出口净值。在消费加投资加政府支出的基础上再加上进出口差额，便得 $C+I+G+(X-M)$ 曲线。四部门的总支出曲线 $C+I+G+(X-M)$ 和45°线的交点来决定均衡的国民收入水平。

在存在四部门的情况下，均衡条件为：

$$C+S+T=C+I+G+(X-M)$$

可以写为：

$$(I-S)=(T-G)+(M-X)$$

即：投资储蓄差额＝政府收支差额＋进出口差额

这意味着，存在四部门的情况下，当投资和储蓄之间存在缺口时，政府收支差额加上净出口额之和正好弥补这个缺口，宏观经济仍可达到均衡状态。

四、国内生产总值指标的重要性及其缺陷

（一）国内生产总值指标的重要性

(1) 国内生产总值指标的提出有利于现代宏观经济学的建立和发展。萨缪尔森认为，国内生产总值是20世纪最伟大的发明之一。它与凯恩斯的宏观经济学之间的关系就好像是计算机的硬件与软件的关系。没有国内生产总值指标体系的建立，很难想象有今天如此完整的宏观经济学体系。

(2) 国内生产总值是宏观经济运行情况的显示器。国内生产总值能够提供经济状况的完整图像，它能够帮助国家的政策制定者判断经济形势是趋于萎缩还是趋于膨胀，是需要刺激还是需要控制。

（3）国内生产总值核算在对外交往中的作用。

1）国内生产总值与一国承担的国际义务紧密相关。许多国际组织都要求其成员国缴纳会费或进行捐款。这些会费或捐款往往都与国内生产总值有密切的联系。

2）国内生产总值与一国享受的优惠待遇紧密相关。例如，在国际上能否享受某些优惠待遇往往与世界银行关于国家收入等级的分类有关。

（二）国内生产总值指标的缺陷

（1）GDP 不衡量闲暇。闲暇是一种好的正常的商品，其需求收入弹性大于零。但 GDP 不考虑闲暇。实际上，如果两国的人均 GDP 相等，但其中一国的闲暇较多，则该国居民生活水平一定较高。

（2）GDP 不衡量自给自足的产品的价值和地下经济活动的价值。

（3）GDP 不衡量增长的社会成本（资源耗竭与环境污染等）。

（4）GDP 不衡量收入的构成情况。

（5）GDP 不考虑收入分配是否公平。

五、乘数理论

（一）乘数原理

一般来说，自发总需求的增加会引起国民收入的增加，但是，一定量自发的总需求的增加会使国民收入增加多少，即总需求增加与国民收入增加之间量的关系如何，这正是乘数原理所揭示的内容。

乘数原理最初是由俄国经济学家杜根巴拉诺斯基等提出来的，但从未在理论上正式阐明过。1931 年，英国经济学家卡恩具体地发展了这种分析，他在《经济学杂志》上发表的《国内投资与失业的关系》一文中，用就业乘数来估计投资净增量与由此引起的总就业增量之间的实际数量关系，后来被规范到凯恩斯《通论》里。下面以投资乘数来简要说明乘数原理。在存在闲置生产能力的条件下，如果自发投资一次性增加，必然会提高有效需求，引起国民收入增加，而且国民收入增加是自发投资增加的一个倍数，这就是投资乘数原理。

如果以 ΔY 代表收入的增加量，ΔI 代表投资的增加量，用公式表示为：

$$\Delta \mathrm{Y} = K \times \Delta I$$

式中，ΔY 表示收入增加量；K 称为投资乘数；ΔI 表示投资增加量。

假定 ΔY 表示收入增加量，ΔI 表示投资增加量，b 表示边际消费倾向，则：

$$\begin{aligned}\Delta Y &= \Delta I + \Delta I \times b + \Delta I \times b^2 + \Delta I \times b^3 + \cdots \\ &= \Delta I \times \frac{1-b^n}{1-b}\end{aligned}$$

由上式可知，乘数的数值直接取决于边际消费倾向和边际储蓄倾向的数值。边际消费倾向越高，乘数就越大；边际消费倾向越低，乘数就越小。这是因为边际消费倾向越大，增加的收入就有更多的部分用于消费，从而使总需求和国民收入增加得更多。

从乘数的公式还可以看出，因为边际消费倾向是小于 1 的，所以，乘数一定是大于 1 的。这也反映了国民经济各部门之间存在着密切的联系。某一部门自发总需求的增加，不仅会使本部门收入增加，而且会在其他部门引起连锁反应，从而使这些部门的需求与收入也增加，最终使国民收入的增加数倍于最初自发总需求的增加。

应该承认，国民经济各部门之间确实存在着乘数理论所反映的这种连锁反应，国民收入的增加也大于最初自发总需求的增加。但乘数发生作用是需要有一定条件的。这就是说，只有在社会上各种资源没有得到充分利用时，总需求的增加才会使各种资源得到利用，产生乘数作用。如果社会上各种资源已经得到了充分利用，或者某些关键部门（如能源、原料或交通）存在着制约其他资源利用的“瓶颈状态”，乘数也无法发挥作用。此外，乘数的作用是双重的，即当自发总需求增加时，所引起的国民收入的增加要大于最初自发总需求的增加；当自发总需求减少时，所引起的国民收入的减少也要大于最初自发总需求的减少。所以，经济学家形象地把乘数称为一把“双刃的剑”。

典型案例是乘数原理和乘数—加速数理论。凯恩斯 1936 年在其《就业、利息和货币通论》中指出，当期初增加 1 元投资，会引起居民增加 1 元的收入。居民将这 1 元收入消费了 0.8 元（假设边际消费倾向为 0.8）后，第 2 期居民的总收入为 1.8 元。第 2 期居民增加的 0.8 元消费使消费品提供者增加了 0.8 元的收入，如果这 0.8 元又有 0.64(0.64＝0.8×0.8) 元用于消费，第 3 期总收入为 2.44(2.44＝1.8＋0.64) 元，……，经过许多期后，总收入将为 1/(1－0.8) 元，即 5 元，是期初投资的 5 倍。同样的，期初投资减少 1 元也会使最终收入减少 5 元。期初投资的较小变化引起了若干期后消费和收入的较大变化，从而产生了经济波动，这就是乘数原理。在乘数原理提出的前后，法国经济学家阿夫塔里昂在 1913 年、英国经济学家克拉克在 1917 年、哈罗德在 1936 年相继提出了大致相同的加速数理论。他们认为，当按一定的生产技术条件生产 100 元的消费品需要 300 元的机器设备投资（资本产出比率为 3∶1）时，消费支出的增加（或减少）将引起投资 3 倍的增加（或减少）。期初消费和收入的较小变化会引起若干期后投资的较大变化，使经济产生波动，这就是加速数理论。可以看出，乘数理论和加速数理论分别从不同的角度解释了经济波动的成因。美国经济学家萨缪尔森在 1939 年发展了乘数理论和加速数理论，认为经济周期是由二者交互作用形成的。投资变动引致收入和消费多倍的变动（乘数作用），收入和消费的变动又引致了投资多倍的变动（加速数作用），二者的作用形成了累积性的经济扩张或收缩，即经济周期性运动。

（二）乘数原理的运用

1．政府支出乘数

如果我们在消费和投资的基础上加上政府购买商品和劳务的支出（用 G 来表示），那么，从支出角度考察，国民生产总值的构成如下：$Y=C+I+G$。这里我们暂时不考虑政府的收入，只考虑增加了政府支出这一项后对经济的影响。如图 6－1－20 所示，总支出曲线在消费曲线 C 的基础上，加上投资 I，再加上政府支出 G，其支出曲线就不断地向上移动，从而导致产出水平不断地提高。很明显，图中国民收入从 Y_2 增长到 Y_3 就是政府支出增加的结果。从中可以看出，政府支出增加对国民产出的影响力同增加投资与消费的作用是一样的。

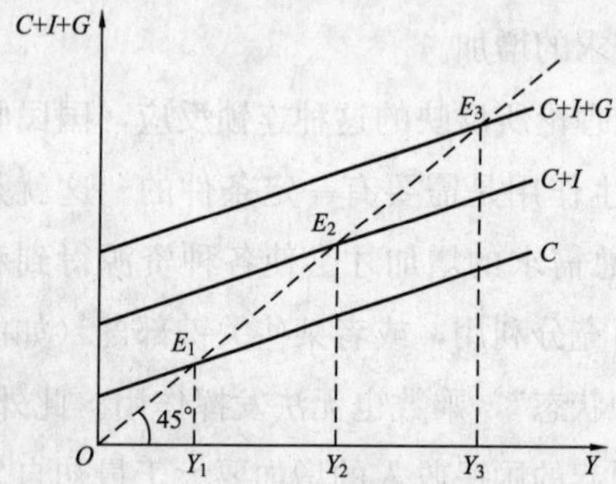

图 6－1－20　政府支出对国民产出决定的影响

政府的支出增加为什么会对经济增长产生作用？这是因为政府支出的增加也会产生乘数作用。我们现在复习一下国民产出的均衡过程，就可以观察到政府支出产生乘数的原因。

在没有加入政府支出项目以前，国民产出的均衡公式为：

$$Y=C+I$$

由于消费函数公式为：

$$C=a+bY$$

因此国民产出的均衡公式可写成：

$$Y=a+bY+I=\frac{a+I}{1-b}$$

现在加入政府支出因素后，上式可写为：

$$Y=\frac{a+I+G}{1-b}$$

在国民产出均衡的基础上，如果假定消费和投资因素不变，政府增加其消费和投资的支出后，上式可写成：

$$Y+\Delta Y=\frac{a+I+G+\Delta G}{1-b}$$

很明显，上式中国民收入的增量是由政府支出增量带来的。那么政府支出的增量与国民收入的增量之间是一种什么关系呢？从动态的角度考察，上式可写成：

$$\Delta Y=\frac{1}{1-b}\times\Delta G$$

由于 $1/(1-b)$ 是乘数，因此可以看出政府支出的增加也是通过乘数作用来影响国民产出增量水平的。因此，我们将上式中的 $\Delta Y/\Delta G$ 称为政府支出乘数，其具体公式为：

$$\frac{\Delta Y}{\Delta G}=\frac{1}{1-b}$$

很显然，政府支出乘数的大小也是取决于边际消费倾向 b 的大小，其作用与投资乘数是一样的。

2. 税收乘数

政府税收对经济的直接影响是减少居民用于消费的收入和企业用于投资的收入。在存在税收的情况下，GDP 等于可支配收入加上税收总额。由此可见，税收对国民产出具有负面影响。

如果假定税收总额与国内生产总值无关，即税收总额不随收入变化而变化，那么国内生产总值、可支配收入与税收之间的关系是：

$$Y=Y_d+T$$

式中，Y_d为可支配收入；T为税收总额。

很明显，税收形成的是国内生产总值的减项。根据消费函数，由于税收导致消费者收入减少，因此税收的增加也必然会导致消费支出的减少。反之，如果政府实施减税政策，则能够起到刺激总需求，提高国民收入水平和就业水平。

在现实生活中，政府通常根据不同的对象制定不同的税率，如个人所得税与公司所得税就有较大差异。同时，政府还根据收入的大小开征累进税。这样，政府的税收就与国内生产总值紧密相连，国内生产总值水平越高，政府的税收收入也就越高。

如果税收随国内生产总值变化而变化，那么税率的变化就会改变消费者的边际消费倾向。假定用 t 表示政府的税率，则政府的税收总额就是 $t\times Y$。可支配收入与国内生产总值之间的关系可表示为：

$$Y_d=(1-t)T$$

上式意味着，如果 $t=0.2$，即在国内生产总值中有 20%是税收，80%是可支配收入。从边际消费倾向看，如果税率为 0，那么国内生产总值的边际消费倾向就等于可支配收入的边际消费倾向。税率越高，在国内生产总值增量中，可支配收入的增量就越少，消费的增量也就越少。假设可支配收入的边际消费倾向为 0.8，如果税率为 0，每增加 1 元的国内生产总值，消费支出会增加 0.8 元；如果税率 $t=0.2$，则国内生产总值的边际消费倾向为 $(1-0.2)\times 0.8=0.64$，即每增加 1 元国内生产总值，消费支出的增加只是 0.64 元，其余部分为税收和储蓄所吸收。

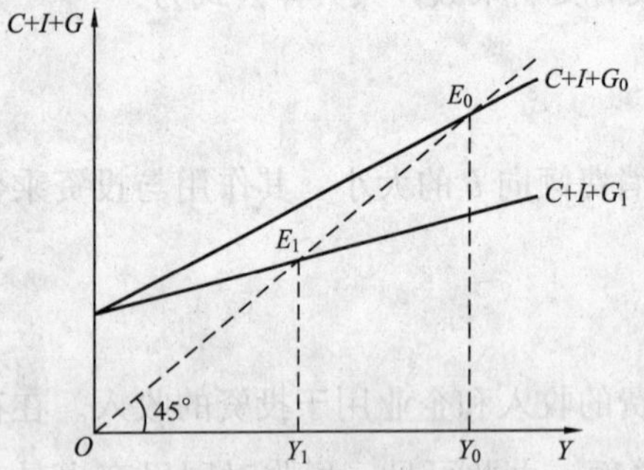

图 6-1-21　税率对总支出曲线的影响

图 6-1-21 展示了上述过程。图中 $C+I+G_0$ 表示税率 $t=0$ 时的总支出曲线，$C+I+G_1$ 表示税率 $t>0$ 的总支出曲线。如果 b 表示可支配收入的边际消费倾向，则曲线 $C+I+G_0$ 的斜率等于 b，曲线 $C+I+G_1$ 的斜率等于 $b\times(1-t)$。由于 $0<t<1$，所以 $b>b\times(1-t)$。很显然，税率的增加使消费函数的斜率变小，从而导致总支出曲线向下移动。这两条总支出曲线之间的垂直距离表示政府的税收总额。可以看出，政府的税收收入依赖于国内生产总值，国内生产总值越高，税收收入也越多。

政府税率的增大对经济会产生两方面的影响。一方面，税率的增大导致国内生产总值的边际消费倾向减小，使经济的均衡点从 E_0 移到 E_1，均衡国民产出水平则从 Y_0 下降到 Y_1。另一方面，税率的增大使可支配收入对经济周期波动的敏感性程度降低。这是因为在国内生产总值变动的增量中，有较大部分为政府税收所吸收。这样，可支配收入和消费支出的波动，可能小于国内生产总值的波动，从而起到稳定经济的作用。因此，税率的这种作用通常被称为财政政策中的自动稳定器。

了解了税收的作用后，我们可以进一步讨论税收的乘数问题。由于税收是国内生产总值的减项，因此税收乘数就是指因政府税收的增加（减少）而引起的国内生产总值的减少（增加）的倍数，因此税收乘数是负值。根据税收乘数的定义，我们可以得到税收乘数公式如下：

$$\frac{\Delta Y}{\Delta T}=-\frac{b}{1-b}$$

如果我们比较政府支出乘数和税收乘数，可以发现税收乘数小于政府支出乘数。这是因为政府支出变动所引起的总支出变动等于自发支出变动和诱发支出变动之和。诱发支出变动是一国消费和国内生产总值之间的一系列连锁反应而引致的消费支出变动。而政府的税收变动所产生的直接影响是改变居民的可支配收入，从而进一步改变消费支出。因此税收变动引起的总支出变动只包括诱发的消费支出变动。从公式上看，政府支出乘数与税收乘数的关系可以用公式表示为：

税收乘数＝边际消费倾向×政府支出乘数

即：

$$-\frac{b}{1-b}=-\left(b\times\frac{1}{1-b}\right)$$

一般说来，由于边际消费倾向 b 的值小于 1，因此税收乘数小于政府支出乘数。

接下来我们进一步考察税收随收入变化条件下的税收乘数。我们已经谈到，如果政府税收随收入变动而变动的话，如果税率为 t，则消费函数可改写成：

$$C=a+b(1-t)Y$$

将这一公式重新代入一般乘数公式（以投资乘数为代表），投资乘数公式将改为：

$$\frac{\Delta Y}{\Delta I}=\frac{1}{1-b(1-t)}$$

显然，只要税率 t 大于零，投资乘数 $1/[1-b(1-t)]$ 就小于一般投资乘数 $1/(1-b)$。可见，税率 t 的变动直接影响着国民生产总值的边际消费倾向。

在政府按税率 t 征税的情况下，税收政策对国民产出的影响表现为税率变动对国民产出的影响，其影响程度表现在下面税率乘数上。

$$\frac{\Delta Y}{\Delta I}=\frac{1}{1-b(1-t)}$$

3. 平衡预算乘数

我们现在进一步考察政府税收乘数与政府支出乘数之间的关系。假如政府为刺激经济增长而决定增加政府支出，同时，增加这笔政府支出所需资金的来源是增加税收。那么这一收一支，对国民产出会带来什么影响呢？

根据以上所述，政府增加一笔支出 ΔG 所引致的国内生产总值增量为 $\Delta Y_G=[1/(1-$

$b)]\Delta G$，而增加课税 ΔT 所引致的国内生产总值的减量为 $\Delta Y_T=[-b/(1-b)]\Delta T$。因此，要知道政府通过增税来增加政府支出这一措施对国民生产总值的影响，只需将上述两个乘数相加：

$$\Delta Y_G+\Delta Y_T=\frac{1}{1-b}\Delta G-\frac{b}{1-b}\Delta T=\left(\frac{1}{1-b}-\frac{b}{1-b}\right)\Delta G(\Delta G=\Delta T)$$

$$=\frac{1-b}{1-b}\Delta G=\Delta G$$

上述公式表明，政府通过平衡预算的方式，其结果也是导致国内生产总值的净增加，其增加的数额等于政府支出增加的数额，因而政府平衡预算的乘数的数值为 1。这里必须强调的是，我们所讨论的平衡预算乘数，并非通常意义的财政收支平衡问题，而是指政府增加支出的同时，相应地增加同量的税收。正如乘数效应既可以导致国民产出多倍扩大，也可以导致国民产出成比例减少一样，如果政府削减支出的同时也减少同量的税收，其结果是国民产出将因此而减少，减少的数额等于政府削减的支出。

4. 政府转移支付乘数

政府的转移支付是指政府为了对贫困居民进行补助，或对各种灾难进行援助，在其收入中拿出一部分转移给消费者的那部分支付。由于政府的收入主要来自税收，因此转移支付可以看成是政府税收的一个减项。如果用 R 代表转移支付，那么转移支出乘数就可以用下列公式表示：

$$\frac{\Delta Y}{\Delta R}=\frac{b}{1-b}$$

如果我们将政府支出乘数与政府转移支付乘数作一比较。由于边际消费倾向 b 总是大于 0 小于 1，因此政府支出乘数 $1/(1-b)$ 总是大于政府转移支出乘数 $b/(1-b)$。政府增加支出 ΔG 和增加同量的政府转移支付 ΔR，对国民产出的效应一定是前者大于后者，即 $[1/(1-b)]\Delta G>[b/(1-b)]\Delta R$ （$\Delta R=\Delta G$）。这是因为尽管增加的政府转移支付额全部转为个人的可支配收入，但由于边际消费倾向小于 1，所以 ΔR 中有一部分成为储蓄而“漏出”。

其次，我们再比较一下政府税收乘数 $-b/(1-b)$ 和政府转移支付乘数 $b/(1-b)$，可以看出两者绝对值相等，正负号相反。这显然是因为税收减少了个人的可支配收入，而转移支付则增加了个人的可支配收入。税收乘数与转移支付乘数的绝对值相等，是因为这些收入可带动消费的数额都会按边际消费倾向的比例扣除。因此，如果政府增加税收的数额全部用于转移支付，那么对国民生产总值将不会产生任何影响。

5. 进出口乘数

国内需求的变动，如投资的变动或政府支出的变动，都会引起国民产出按照某一乘数发生更大幅度的变动。如果加入进出口因素后，乘数效应的基本原理同样适用于开放经济中的对外贸易变动。

引入进出口因素后，其乘数作用除了受边际消费倾向的影响外，还受到边际进口倾向的影响。举例来说，假定某外国公司决定增加购买1元中国的钢材。这增加的1元出口将增加1元的收入。假定边际消费倾向为0.8，那么就会有0.8元被中国人用于消费支出。但是有出口就会有进口，假定边际进口倾向为0.1，那么在增加的0.8元消费支出中，就会有0.1元用于购买外国的产品或服务，而用于购买国内产品和服务的支出变为0.7元。按照这一变动模式，在考虑乘数作用时，就必须考虑居民消费开支中进口的“漏出”问题。这样，就可以得出下列进出口乘数公式：

$$\frac{\Delta Y}{\Delta X}=\frac{1}{1-b+m}$$

上式中，m 为边际进口倾向，其公式为 $\Delta M/\Delta Y$。

我们也可以这样理解上述公式：由于边际消费倾向与边际储蓄倾向相加等于1，因此乘数公式中的（$1-b$）实际上就是边际储蓄倾向 $s(s=\Delta S/\Delta Y)$。对国内总需求来说，进口与储蓄的功能一样起着“漏出”的作用。这一漏出会改变支出曲线的斜率。这样，进出口乘数公式实际上是由两个“漏出”因素所组成，因为这一公式可以变形为 $1/(s+m)$。从中可以看出，进出口乘数的大小实际上取决于边际储蓄倾向和边际进口倾向。边际储蓄倾向和边际进口倾向越小，进出口乘数就越大。在一般情况下，由于边际储蓄倾向与边际进口倾向之和小于1，即新增收入不会全部用于储蓄和进口，因此收入的增长总会引起总支出或总需求的增加，这样进出口乘数通常大于1。出口的增加也可以通过一系列的连锁反应，使国民产出有更大的增加，而出口的减少则会导致国民产出发生更多的减少。

典型案例是中国扩张性财政政策及其效果。20世纪90年代中期发生的东南亚金融危机，是对中国政策制定者的一次严峻考验。在此之前，中国政府一直在对付1992年以来所产生的通货膨胀问题。东南亚金融危机对中国经济形成了冲击，在中国国内对要不要调整经济政策产生了分歧。但在人民币面临贬值和大量失业的现实面前，中国政府决定从1998年上半年开始启动扩张性财政政策。现在看来，这个决定是正确的。不足之处是这个政策出台略显迟滞了一段时间，因为中国经济的运行早在1996—1997年间就已发生了一些根本性变化，社会总需求已出现不足，物价水平急剧下跌，通货紧缩已露端倪，但人们还陶醉在治理通货膨胀的成就之中。中国经济增长率在1998年大约减少了1～2个百分点，这就促使政府下决心连续实施扩张性的财政政策。这些政策的具体措施包括：1998年，针对国内投资需求不足，中央决定增发1000亿元国债，用所筹资金扩大基础设施建设；1999年继续增发1100亿元国债，所筹资金用于基础设施建设、国有企业技术改造贷款贴息和增加低收入阶层的收入等。这种扩张性财政政策的连续运用，确实起到了明显的成效，当年拉动国民经济增长率1.5个百分点。人们普遍认为，如果没有这几年连续实施强有力的扩张性财政政策，就不会有1998年以后中国经济连续保持7%以上的增长率，通货紧缩将会进一步加剧。

做一做

查阅改革开放后，我国历年GDP的增长速度，人均GDP的绝对量及其增长速度。对近五年中美两国、中印（印度）两国相应GDP进行比较。

项目 2　收入与支出

■学习目标

学会理性消费、学习运用 *IS—LM* 模型分析宏观经济政策的效力

◇ 了解消费、储蓄与投资的关系。

◇ 掌握 *MPC*、*MPS* 的定义，*IS*、*LM* 曲线的含义及其导出。

◇ 熟悉 *IS—LM* 模型的含义及运用。

◇ 倡导理性消费观念。

学习任务

1　消费 PK 节俭

王先生是一家外企的高级管理人员，收入丰厚，家庭生活富足。可是王先生却常常因父亲和儿子两个人花钱而生气。父亲过分节俭，儿子过度消费。比如父亲为节省电费，看电视从不开灯；炎热的夏天，有空调也舍不得开，晚上连蚊香也舍不得点。平常坚持自己蒸馒头，也很少买菜。父亲过生日时，王先生说要到饭店里去吃饭，可他却说：还是在自己家吃实惠，割斤肉，擀点儿面，比去饭店吃强多了。儿子却相反，为玩游戏，硬是买了一台好电脑，游戏光盘一买就是好几盘儿。想弹吉他，就要他妈给买了一把好的，还专门请老师教他。夏天，一进屋就开空调，还喝较贵的冷饮。双休日还总是要求王先生带他去饭店撮一顿。对此王先生没少说儿子，可儿子还振振有词："现在提倡消费，国家领导人都说要扩大内需，我们应当响应党的号召，为社会多作贡献。而且以您和我妈的收入也不应该在乎这点支出。"王先生非常矛盾，常因父亲过分节俭而心疼地责怪他，但对儿子的过度消费虽然生气却又无可奈何。

资料来源：张立娟，王彩霞. 每天学点经济学. 北京：金城出版社，2009

请思考：

1. 王先生遇到的问题在经济学上被称为什么问题?

2. 如果你是王先生，你认为怎样消费才是合理的?

2　*IS—LM* 模型与我国宏观经济政策选择

人们通常运用 *IS—LM* 模型来分析宏观经济政策的效力，并以该模型所体现的经

济思想作为政府宏观经济政策选择的理论依据。但我国宏观经济学的实践表明，以*IS—LM*模型为依据的扩张性宏观经济政策尤其是扩张性货币政策并没有取得预期的效果。

*IS—LM*模型的形状取决于*IS*曲线和*LM*曲线的斜率。以我国投资的利率弹性对*IS*曲线斜率的影响看，由于市场经济体制在中国还没有完全确立，政府在企业投资中还起着一定的作用，企业自身还不能自觉地按市场经济原则办事，这必然导致企业投资对利率的反应没有一般市场经济国家敏感，从而导致中国的*IS*曲线比一般市场经济国家的*IS*曲线陡峭。从边际消费倾向变化对*IS*曲线的影响看，储蓄的超常增长表明，中国的边际消费倾向已经远远低于在目前收入水平应具有的水平，收入与消费之间已出现了严重的失衡，这种失衡必然导致我国的*IS*曲线比在正常情况下陡峭。

那么，中国的*LM*曲线的斜率如何呢？首先，中国正处于新旧体制交替的过程中，中国居民对货币的预防性需求急剧膨胀，从而打破了收入与消费之间的稳定关系，使中国的货币交易需求的收入弹性不再稳定，导致*LM*曲线不断趋向平坦。其次，从货币投机需求的利率弹性对我国*LM*曲线斜率的影响看，在目前的中国，由于金融市场、资本市场尚不十分完善，广大居民缺乏多种投资渠道，利率的变化对人们的投机性货币需求影响并不大，投机需求的利率弹性较小，其对*LM*曲线的影响是使*LM*曲线比较陡峭。

由以上分析，我们可以得出以下结论。

(1) 在进行政策选择时，必须考虑政策的有效性和确定性。在一定的经济形势下，一些政策比另一些政策更加有效，一些政策的影响比另一些政策的影响具有更大的确定性。在我国目前的状况下，*IS*曲线陡峭，*LM*曲线平坦，这时，财政政策效果十分明显，货币政策效果有限。近几年，利率连续下调对消费和投资的刺激十分有限已经告诉我们，目前条件下，货币政策充分发挥作用的环境并不存在，继续下调利率很难取得预期的效果。因此，在运用扩张性经济政策以刺激需求时，应把重点放在财政政策上。

在运用扩张性财政政策时，必须注意不同措施的效果。由于悲观预期的存在，居民的预防性货币需求无限膨胀，企业对未来利润率的预期也比较悲观，试图通过增加居民（尤其是收入较高阶层居民）收入以扩大消费需求，通过降低利率以扩大投资需求的愿望在实践中具有很大的不确定性，很可能由于公众的不配合使这些政策的作用受到限制。而政府购买和直接投资的效果则是十分确定的，因此，在政策措施选择上，应加大政府开支和用于失业、养老等方面的转移支付和直接投资。基于此，我们认为政府通过举办公共工程以刺激需求的政策是明智的，而在通过增加居民收入以刺激消费上，应把重点放在增加边际消费倾向较高的低收入阶层身上。

(2) 在进行政策选择时，应考虑政策的效力与市场完善程度的关系。宏观经济政策作用的发挥，取决于市场经济制度的完善程度，在制度尚不完善的条件下，货币政策的作用自然受到限制；而财政政策是通过税收和政府支出的变化直接影响经济的运行，尤其是政府支出的变化带有强烈的行政色彩，对市场制度的要求没有货币政策那么高，因此，在市场制度尚不十分完善的情况下，扩张性政策的作用应主要通过财政政策来实现。

财政政策之所以比货币政策更容易发挥作用，是由我国现阶段经济体制和财政政策本身的特点决定的。我们在强调本身带有行政色彩的财政政策作用时，应该谨防片面夸大行政手段的作用，防止出现旧体制、旧的管理方法的复归。更不能因为一些经济手段暂时的失灵而否认其作用，为倒退寻找理论依据。

(3) 货币政策的重点应放在为其充分发挥作用创造制度环境上。目前我国 *LM* 曲线的形状表明，希望通过降低利率以刺激投资和消费的货币政策注定不会有多大作用。在这种情况下，人们很容易回到老路上去，即希望通过直接增加或减少货币供给量来达到一定的宏观经济目标，这种带有明显行政色彩的货币政策是我们以前常用的。如果说，在经济“软着陆”时期，行政性货币政策曾经起过很大作用的话，那么在经济萧条时期，行政性的扩张货币政策很可能是一副毒药，这样做的后果是非常严重的，极易酿成严重的金融危机。中国金融机构存在的严重问题和东南亚金融危机已经使我们清醒地认识到这一点。目前，我国货币政策的重点不在于扩张本身（因为间接的扩张效果有限，直接的扩张可能酿成灾难性后果），而在于完善金融市场、资本市场及需要银行介入的再分配制度和消费制度，为货币政策充分发挥作用创造良好的制度环境。

在市场机制发育不完善的条件下，宏观经济政策的实行不仅要服务于宏观经济管理的目标，而且要肩负起塑造市场体系的重任，以减少政策实施的制约因素。在目前至未来一个相当长的时期内，重建宏观经济运行环境比宏观经济政策实施更为重要。只有建立起完善的市场体系，才能找到渐进地实现宏观调控目标的途径。

资料来源：华东师范大学金融系吴信如整理

请分析：

1. 利用 *IS—LM* 模型分析我国当前宏观经济政策对经济的影响。
2. 分析影响 *IS* 曲线、*LM* 曲线移动的因素。

读一读

一、消费、储蓄与投资

（一）消费

消费是社会再生产过程中的一个重要环节，也是最终环节。它是指利用社会产品来满足人们各种需要的过程。消费又分为生产消费和个人消费。前者指物质资料生产过程中的生产资料和活劳动的使用和消耗。后者是指人们把生产出来的物质资料和精神产品用于满足个人生活需要的行为和过程，是“生产过程以外执行生活职能”。它是恢复人们劳动力和劳动力再生产不可少的条件。通常讲的消费，指某时期一人或一国用于消费品的总支出。现代社会，消费是推动经济发展的三驾马车之一。

1. 消费函数与消费曲线

消费函数是指影响消费的各因素与消费支出之间的一种映射关系。现实生活中，影响消费的因素很多，主要有以下几个：

第一，可支配收入。可支配收入是决定消费的最重要因素。消费支出与可支配收入两者的增长趋势一致。消费的波动主要决定于可支配收入的波动。随着可支配收入的增加，消费也会增加，但消费的增加赶不上收入增加的幅度。

第二，利率。利率影响着现期消费和未来消费的相对价格，因而是决定消费的一个因素。当政府采取措施，调高利率水平时，消费者倾向于将一部分现期消费推迟到未来，两者呈反方向变动。也就是说，利率（通常用 r 表示）提高，储蓄增加，消费减少，利率水平越高，消费支出水平越低。

第三，价格水平和价格预期。若收入和其他因素不变，物价水平的变动会引起购买量的变动，购买量的变动会导致消费支出发生变动。当物价上升时，因名义收入不变，而实际收入相对减少，必然会减少购买量，减少消费支出，反之相同。另外，人们常对未来价格产生预期，如果人们预期今后价格会上升，那么就会增加目前的消费。相反，人们如果预期未来价格下降，就会减少当期的消费。

其实影响消费的因素还有很多，如政府的政策、人们的消费习惯等。在影响消费的各种因素中，收入是最主要的因素之一。本节中，我们认为消费函数是指消费支出与收入之间的映射关系，即收入（Y）为自变量，消费支出（C）为因变量，消费函数为：

$$C = f(Y)$$

在其他条件不变的情况下，消费支出随收入的变动而呈现同方向变动，即收入增加，消费增加；收入减少，消费减少。如果用横轴表示收入（Y），纵轴表示消费（C），那么可做如图 6－2－1 所示消费曲线。消费曲线与 45°线的交点 B，表示全部收入用于了消费；在 45°线之上，如 A 点，C 曲线表示消费大于收入；在 45°线之下，如 C 点，C 曲线表示消费小于收入，消费随收入增加而增加，但没有收入增加得快。

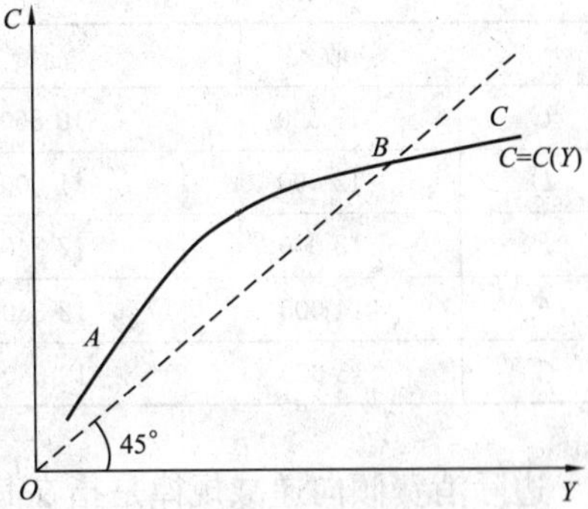

图 6－2－1 消费曲线

2. 平均消费倾向和边际消费倾向

平均消费倾向（简称为 APC）是指消费支出在收入中所占的比重，即

$$APC = \frac{C}{Y}$$

式中，APC 代表平均消费倾向；C 代表消费；Y 代表收入。

由图 6－2－1 可知，45°对角线与消费曲线的交点 B 即为平均消费倾向。

边际消费倾向（简称 MPC）是指每增加 1 单位的收入消费的增加量，即

$$MPC = \frac{\Delta C}{\Delta Y}$$

式中，ΔC 代表消费增量；以 ΔY 代表收入增量；MPC 代表边际消费倾向。

如表 6－2－1 所示，当收入为 9000 元时，消费为 9110 元，入不敷出。当收入为 10 000元时，消费为 10 000 元，收支平衡。当收入依次增至 11 000 元、12 000 元、13 000 元、14 000 元、15 000 元时，消费也增加了，但增加得越来越少。从表中可知，收入依次增加 1000 元时，消费依次增加 890 元、850 元、750 元、640 元、590 元、530 元，增加的消费和增加的收入之比率，也就是增加的 1 单位收入中用于增加的消费部分的比率，称为边际消费倾向。

表 6－2－1　　某家庭消费函数　　（单位：元）

	收入	消费	边际消费倾向（MPC）	平均消费倾向（APC）
A	9000	9110		1.01
B	10 000	10 000	0.89	1.00

续表

	收入	消费	边际消费倾向（*MPC*）	平均消费倾向（*APC*）
C	11 000	10 850	0.85	0.98
D	12 000	11 600	0.75	0.97
E	13 000	12 240	0.64	0.94
F	14 000	12 830	0.59	0.92
G	15 000	13 360	0.53	0.89

边际消费倾向递减规律是指在其他条件不变的情况下，边际消费倾向随收入增加而呈现递减的趋势。从表 6－2－1 中可知，随着收入的增加（每增加 1000 元时），*MPC* 由 0.89 减至 0.85，后逐渐下降至 0.53。

在图 6－2－2 上，横轴表示收入 *Y*，纵轴表示消费 *C*，45°线上任一点到纵横轴的垂直距离都相等，表示收入全部用于消费。*C*＝*C*(*Y*) 曲线是消费曲线，表示消费和收入之间的函数关系。*B* 点是消费曲线和 45°线的交点，表示这时候消费支出和收入相等。*B* 点左方，表示消费大于收入；*B* 点右方，表示消费小于收入。随着消费曲线向右延伸，这条曲线和 45°线的距离越来越大，表示消费随收入的增加而增加，但增加的幅度越来越小于收入增加的幅度。消费曲线上任一点的斜率，都是与这一点相对应的边际消费倾向，而消费曲线上任一点与原点相连而成的射线的斜率，则是与这一点相对应的平均消费倾向。

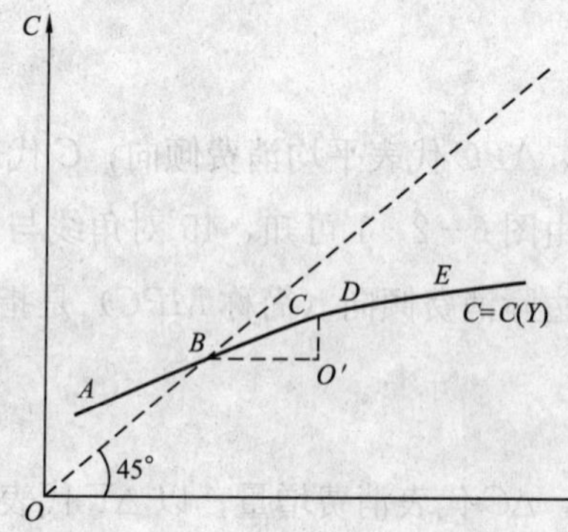

图 6－2－2　边际消费倾向

从图 6－2－2 上的消费曲线形状可以想象到，随着这条曲线向右延伸，曲线上各点的斜率越来越小，说明边际消费倾向递减，同时曲线上各点与原点连线的斜率也越来越小，说明平均消费倾向也递减，但平均消费倾向始终大于边际消费倾向，这和表 6－2－1 所得的数据也是一致的。由于消费增量只是收入增量的一部分，因此边际消费倾向总大于 0 而小于 1，但平均消费倾向则可能大于 1、等于 1 或小于 1，因为消费可能大于收入、等于收入或小于收入。

3. 自主性消费与引致消费

消费需要，是指消费者为了实现自己生存、享受和发展的要求所产生的获得各种消费资料（包括服务）的欲望和意愿。消费需要按其层次又可分为基本生活需要（即维持生存和劳动力再生产的需要，又叫生存需要）、享受需要（即满足人们生存需要以外的需要的一部分）、发展需要（即使人们的才能、智力和体力、个性获得充分发展的那部分需要）。

消费支出并不是和收入成同比例变化的关系。在人们的消费中，一部分属于必需消费，即为了满足生存的需要而必须进行的衣食住行等的消费。这一部分消费是为了维持生存的需要，即使人们没有收入也要消费，我们称这种消费为自发性消费。自发性消费与收入没有关系。另一部分的消费会随着人们收入的增加而增加，我们称之为引致性费。消费等于自发性消费加上引致消费。

如果消费和收入之间存在线性关系，则边际消费倾向为一常数，如果用 α 表示自发性消费，β 代表边际消费倾向，这时消费函数为：

$$C=\alpha+\beta Y$$

式中，α 为必不可少的自发消费部分，即收入为 0 时举债或动用过去的储蓄也必须要有的基本生活消费；β 为边际消费倾向；β 和 Y 的乘积表示收入引致的消费。

（二）储蓄

储蓄是指没有用于当前消费的那部分可支配的收入，或者说，储蓄是收入中用于消费支出后的剩余。凯恩斯假定收入（Y）是决定消费（C）的唯一因素，并认为随着收入的增加，消费的增加越来越少，作为 Y 与 C 之差的储蓄的增加就会越来越多。

1. 储蓄函数与储蓄曲线

储蓄函数是表示储蓄与影响储蓄大小的各种因素之间依存关系的一种映射。在影响储蓄的各因素中，收入是最主要的因素。因此，储蓄函数主要反映收入与储蓄之间的依存关系，一般而言，在其他条件不变的情况下，储蓄随收入的变动而同方向变动，即收入增加，储蓄增加；收入减少，储蓄减少。储蓄函数表示为：

$$S=f(Y)$$

式中，S 表示储蓄，Y 表示收入。

这一表达式的经济含义是：储蓄是收入的函数，储蓄随收入的变化而变化。以 Y 为横轴，S 为纵轴，储蓄曲线如图 6－2－3 所示，在图中，B 点收支相抵，此时储蓄为 0，B 点的左边为负储蓄，B 的右边为正储蓄。

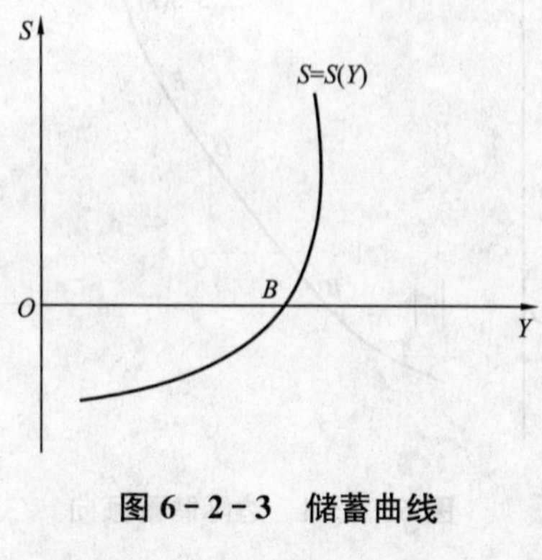

图 6－2－3　储蓄曲线

2. 平均储蓄倾向和边际储蓄倾向

假定收入一定，储蓄的大小还取决于储蓄倾向的大小，储蓄倾向是指储蓄在收入中所占的比例，储蓄倾向分为平均储蓄倾向和边际储蓄倾向。

平均储蓄倾向（APS）是指储蓄在收入中所占比例，即：

$$APS=\frac{S}{Y}$$

式中，APS 表示平均储蓄倾向；S 表示储蓄；Y 表示收入。

边际储蓄倾向（MPS）是指在增加一个单位收入中用于储蓄的部分所占的比率，即：

$$MPS=\frac{\Delta S}{\Delta Y}$$

式中，MPS 表示边际储蓄倾向；ΔS 表示储蓄的改变量；ΔY 表示收入的改变量。MPS 是储蓄曲线 $S=S(Y)$ 的斜率。一般情况下，ΔS 仅是 ΔY 的一部分，所以，$0<MPS<1$。

假定某家庭户的储蓄和收入之间有表 6－2－2 所示关系。

表 6－2－2　　某家庭储蓄表　　（单位：元）

	收入	储蓄	边际储蓄倾向（MPC）	平均储蓄倾向（APC）
A	9000	−110		−0.01
B	10 000	0	0.11	0
C	11 000	150	0.15	0.01
D	12 000	400	0.25	0.03
E	13 000	760	0.36	0.06
F	14 000	1170	0.41	0.08
G	15 000	1640	0.47	0.11

根据表 6－2－2，可画出储蓄曲线，如图 6－2－4 所示。在图 6－2－4 中，$S=S(Y)$ 曲线表示储蓄和收入之间的函数关系。B 点是储蓄曲线和横轴交点，表示这时消费和收入相等即收支平衡，B 点以右有正储蓄，B 点以左有负储蓄。随着储蓄曲线向右延伸，它和横轴的距离越来越大，表示储蓄随收入的增加而增加，且增加的幅度越来越大。

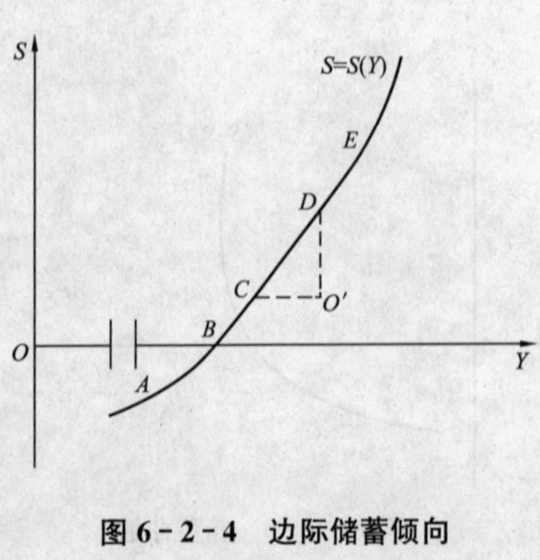

图 6－2－4　边际储蓄倾向

3. 消费与储蓄的内在关系

储蓄是消费者消费后剩余的部分，即储蓄为收入与消费之差，因此，消费函数和储蓄函数互为补数，两者之和总是等于收入。从公式看：

$$C=\alpha+\beta Y$$

$$S=-\alpha+(1-\beta)Y$$

$$C+S=\alpha+\beta Y-\alpha+(1-\beta)Y=Y$$

消费和储蓄的关系可在图 6－2－5 上得到体现。

在图 6－2－5 中，收入为 0 时，消费支出等于收入，储蓄为 0。在 E 点左方，消费曲线位于 45°线之上，表明消费大于收入，因此，储蓄曲线位于横轴下方；在 E 点右方，消费曲线位于 45°线之下，表明消费小于收入，此时储蓄曲线位于横轴上方。

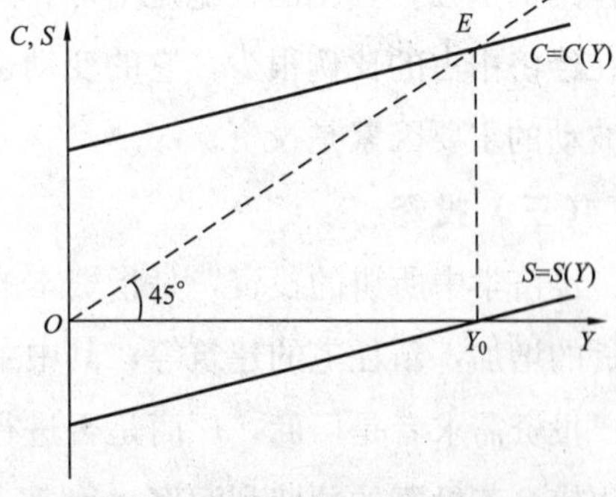

图 6－2－5　消费曲线和储蓄曲线

根据以上性质，消费函数和储蓄函数中只要有一个确立，另一个随之确立。当消费函数已知时，即可求得储蓄函数；当储蓄函数已知时，即可求得消费函数。

若 APC 和 MPC 都随收入增加而递减，但 $APC>MPC$，则 APS 和 MPS 都随收入增加而递增。但 $APS<MPS$，表现在图形上，在 Y_0 的右方储蓄曲线上任一点与原点连成的射线的斜率总小于储蓄曲线上该点的斜率。

APC 和 APS 之和恒等于 1，即：

$$APC+APS=1$$

式中，APC 表示平均消费倾向；APS 表示平均储蓄倾向。

4. 消费函数稳定性的意义

消费函数的稳定性保证了宏观经济的稳定性。在短期中，决定宏观经济状况的是总需求，在总需求中占三分之二的消费的稳定性保证了宏观经济的稳定性。尽管经济中有周期性波动，但这种波动并不是无限的。经济繁荣不会无限度，是以资源和技术进步为限，当国内生产总值增加到资源和技术进步所允许的极限时，就无法再增加了，这就是经济周期的上限。经济衰退时，也不会无限地下跌，因为人们总要消费，消费的稳定性使衰退也有一定限度。在总需求中，消费是一个重要的稳定性因素。

但是刺激消费的政策作用十分有限。因为消费取决于收入和边际消费倾向，边际消费倾向是稳定的，因此，增加消费的关键是增加收入。如果一种政策不能增加收入，就无法刺激消费。收入的增加关键在于经济的增长潜力。因此，就刺激总需求的政策而言，刺激消费是困难的，以繁荣为目的的总需求政策不应以刺激消费为中心，而应以刺激投资为中心。这是因为在总需求中，除了消费之外还有投资、政府支出和净出口。在任何一个经济中，政府支出是由政府的政策决定的，一般情况下，也是稳定的，而且，随着政府在经济中作用的加强，其支出在稳定增加，因此，政府支出不是引起经济波动的主要根源。净出口在经济中占的比例很少，它的变动也不足以引起周期性波动。由此可以推导出，引起经济波动的主要因素是投资。

（三）投资

经济学中所讲的投资，是指资本的形成，即社会实际资本的增加，包括厂房、设备和存货的增加，新住宅的建筑等，其中主要是厂房、设备的增加。

投资需求者是厂商，厂商是否进行投资取决于投资的预期利润率与投资成本（利率）相比较：若投资的预期利润率＞利率，值得投资，追加投资；若投资的预期利润率＜利率，不值得投资；当投资的预期利润率＝利率，是均衡投资量。

1. 投资函数

当投资的预期利润率既定时，投资取决于利率：利率上升，则投资需求量减少；利率下降，则投资需求量增加。投资需求是利率的减函数。按凯恩斯观点，投资主要由利率决定，并且二者呈反方向变动关系，这样就建立了一个最简单的投资函数，可用公式表示：

$$I = I(r)$$

式中，I 代表投资；r 代表利率。

当投资函数为线性时，其公式可表示为：

$$I = e - dr$$

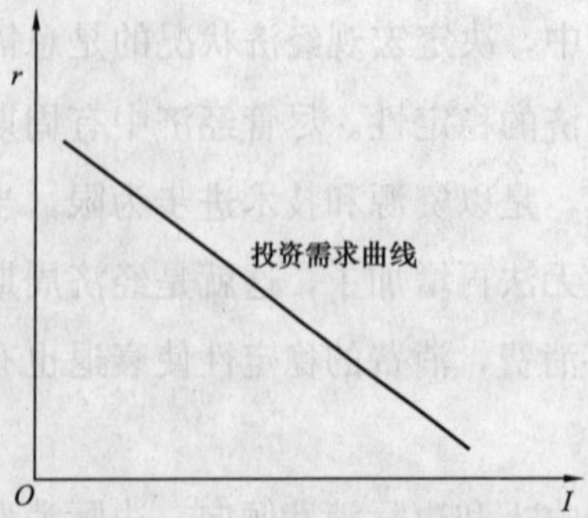

图 6-2-6　投资需求曲线

式中，e 为自发投资，是不依存利率的变动而变动的投资；d 为投资对利率的敏感度。

对应于上述函数关系，我们可以画出投资需求曲线，如图 6-2-6 所示。投资需求曲线又称投资的边际效率曲线。投资的边际效率是从资本的边际效率这一概念引申而来的。

资本边际效率（MEC）是一种贴现率，这一贴现率恰好使一项资本物品在使用期内各预期收益的现值之和等于这项资本物品的供给价格或者重置成本。在实践中，资本的边际效率也被称为预期利润率。

以 R_0 表示一项资本品的价格，R_1，R_2，…，R_n为该项资本物品在未来使用期内所有的预期收益。那么，该资本物品的边际效率满足下列条件：

$$R_0=\frac{R_1}{1+r}+\frac{R_2}{(1+r)^2}+\cdots+\frac{R_n}{(1+r)^n}$$

凯恩斯认为，在经济萧条的时候，许多企业减产或停产倒闭，企业的投资需求很小，利率很低且相对稳定不变。因此，在简单的凯恩斯国民收入决定中，假设利率是不变的，对调节投资起不到作用，投资只是自主性部分，为常数，即 $I=I_0$，投资曲线如图 6-2-7 所示。投资需求曲线又称投资边际效率曲线，是从资本边际效率曲线引申出来的。

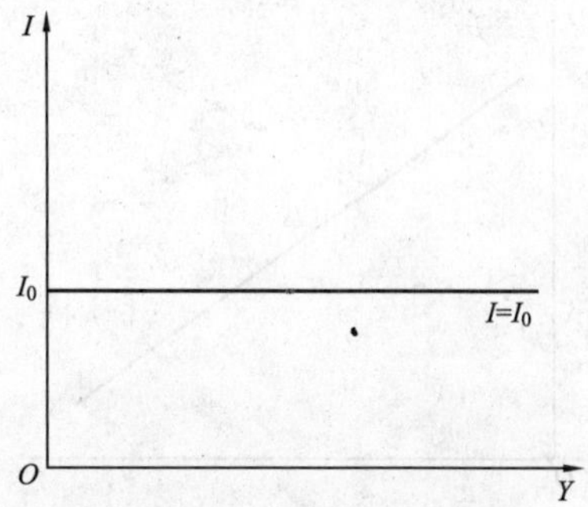

图 6-2-7 自主性投资曲线

2. 投资波动的原因

与消费相比，投资是易于波动的。分析其原因，一般认为主要有以下两个方面。

第一，不确定性预期。投资是面向未来的，而未来的很多信息是不确定的，企业只能根据各自的预期做出相关决策，而企业预期往往带有很大的盲目性和随意性，从而决定了投资很容易发生波动。

第二，投资决策的时间安排。基本的生活消费一般是无法推迟的，人每天都必须吃饭、穿衣，等等，这使得消费呈现相当稳定的状态。而投资不同，如果整个经济不景气的话，企业就可以推迟投资。特别是在股市上，每当经济出现问题，就会有大量资本撤离，导致股市波动。这就是说，投资与消费相比，具有更大的选择余地，更加灵活易变。

二、*IS—LM* 模型分析

（一）*IS* 曲线

1. *IS* 曲线的含义及形成

IS 曲线是指说明商品市场均衡时，即 $I=S$ 时国民收入与利率之间存在着反方向变动关系的曲线，如图 6-2-8 所示。假定消费函数 $C=\alpha+\beta Y$，则两部门经济均衡收入决定的公式为：

$$Y=\frac{\alpha+I}{1-\beta}$$

现在把投资作为利率的函数，即 $I=e-dr$；代入上式，并变形可以进一步得到两部门经济均衡收入的公式，即：

$$r=\frac{\alpha+e}{d}-\frac{1-\beta}{d}Y$$

三部门经济中总需求等于总供给是：$C+I+G=C+S+T$。经济均衡的条件是：$I+G=S+T$。考虑投资函数，可得三部门经济均衡收入决定的公式为：

$$r=\frac{\alpha+e}{d}-\frac{1-\beta(1-t)}{d}Y$$

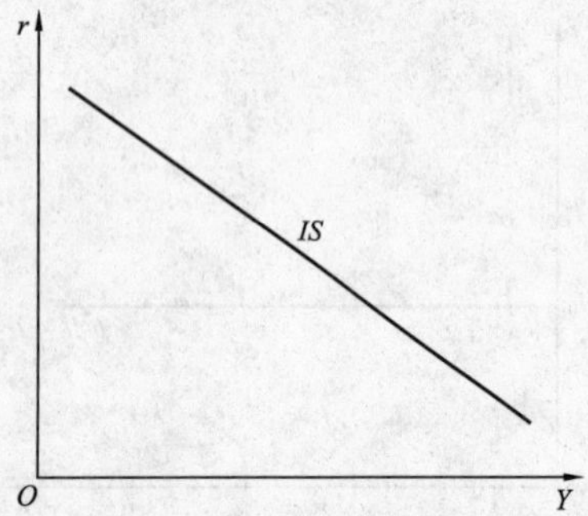

图 6-2-8　**IS 曲线**

以两部门经济为例。如果以纵轴表示利率，横轴表示收入，根据上述两部门经济均衡收入决定的公式，可以得到一条反映利率与收入间相互关系的曲线，如图 6-2-8 所示。这条曲线上任何一点都代表一定的利率和收入的组合，在这种组合下，投资和储蓄都是相等的，即 $I=S$，从而产品市场是均衡的，因此这条曲线称为 IS 曲线。

2. IS 曲线的移动

根据三部门经济均衡收入决定的公式 $r=\frac{\alpha+e}{d}-\frac{1-\beta\ (1-t)}{d}Y$，可以推导出 IS 曲线的移动规律。

(1) 自发支出（$\alpha+e$）变动。当增大时，IS 曲线在纵轴上的截距变大，IS 曲线向右平移。

(2) 乘数（β）变动。当乘数 β 变大时，IS 曲线在纵轴上的截距变大，同时 IS 曲线变得更陡峭。

(3) 政府支出（G）变动。当 G 变大时，IS 曲线在纵轴上的截距变大，则 IS 向右平移。

(4) 税收（T）变动。当 T 增大，IS 曲线在纵轴上的截距变小，则 IS 向左平移。因为增税会增加企业负担，相应减少投资；或者减少个人的可支配收入，从而使他们的消费支出相应减少。

（二）LM 曲线

1. 货币需求与利率的关系

货币的需求是指人们在手中保存一定数量货币的愿望，它是人们对货币的流动性偏好引起的，因此，货币需求又被称为流动偏好。对货币的需求有交易需求、预防需求和投机需求。

(1) 货币的交易和预防需求。对货币的交易需求和预防需求主要是由国民生产总值决定的，与国民生产总值呈同方向变动。这是因为，国民生产总值增加时，人们收入和支出的部流量也增加，因而要求使用的货币量也增加。把货币的交易需求和预防需求合在一起，这两种类型的货币需求归于一类，表示成 L_1，并用交易需求简称之。

由以上分析可以知道，第一类的货币需求取决于收入，并且随着收入的增加而增加，用 L_1 表示则

$$L_1 = L_1(Y) = kY$$

式中，L_1 表示货币的交易和预防需求；Y 表示名义收入；k 表示收入增加时货币需求增加多少，或者说，货币需求量在收入中占有的份额。根据上式可以得到表示收入与货币的交易需求与预防需求之间关系的曲线，如图 6-2-9 所示。

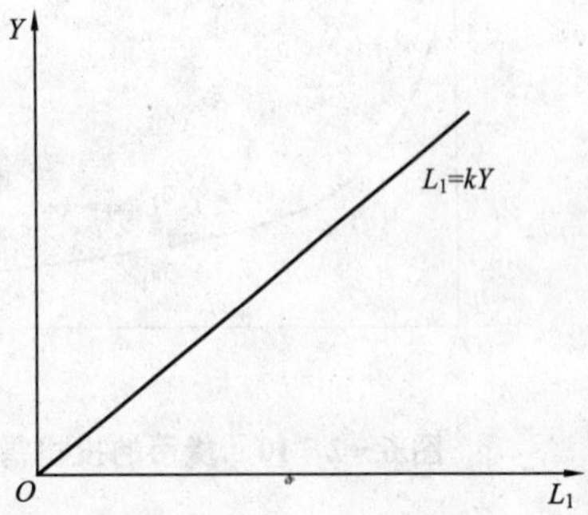

图 6-2-9 货币的交易和预防需求

(2) 货币的投机需求。货币的投机需求是指人们为了把握有利的生息资产而在手边留有一定数量货币的愿望，由此产生的对货币的需求。人们之所以为了投机的目的持有一定数量的货币，原因在于有价证券市场上价格变动可以使购买有价证券者获利或者蒙受损失。而货币的投机需求量与有价证券的价格之间呈同方向变动。

那么有价证券的价格是如何确定的呢？在实际生活中，有价证券的价格与预期收益成正比，与利息率成反比。例如，一张股票一年可获利 10 美元，而市场利息率为 10%，则这张股票的市场价格就为 100 美元，因为 100 美元货币存入银行可以获得 10 美元。同样，若市场利息率下调为 5%，则这张股票的市场价格就为 200 美元。可见，在其他条件不变的情况下，股票价格一般随利息率的下降而提高。

综合以上两个方面可以发现，人们对货币的投机需求取决于市场利息率，这一需求与利息率呈反方向变化。利息率越高，则有价证券价格越低，人们就会买进有价证券，从而使得手中出于投机动机而持有的货币量减少；相反，利息率越低，即有价证券价格越高，人们就会卖出有价证券，从而手中出于投机动机而持有的货币量就会增加。如果用 L_2 表示货币的投机需求，用 r 表示市场利息率，则这一货币需求量和利息率的关系可表示为：

$$L_2 = L_2(r) = -br$$

可用图 6－2－10 描绘货币投机需求曲线。

综合三种动机引起的货币需求可以知道，货币需求主要取决于国民收入和货币市场的利息率，其中货币需求与收入同方向变动，与利息率反方向变动。以 L 表示货币需求，则：

$$L = L_1(Y) + L_2(r)$$

在收入 Y 既定的条件下，货币的交易和预防需求既定。这时，货币的需求 L 随着利息率的上升而下降，如图 6－2－11 所示。

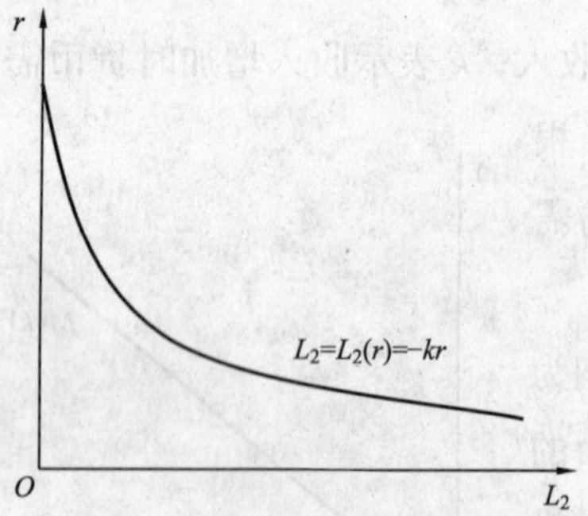

图 6－2－10　货币的投机需求

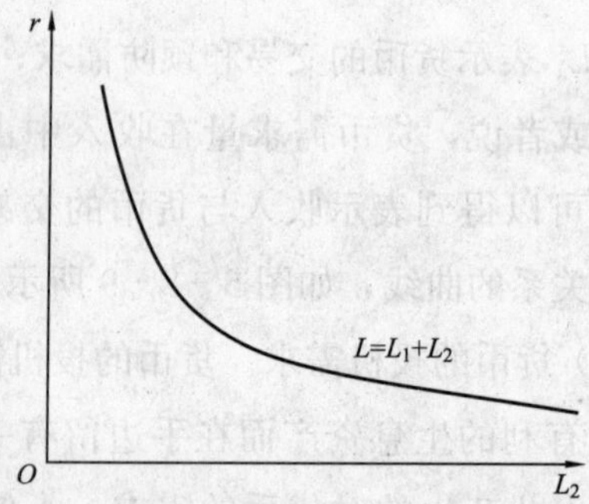

图 6－2－11　货币的需求

(3) 货币的供给。货币供给是一个存量概念，是指一个国家在某一特定时点上由家庭和厂商持有的政府和银行系统以外的货币总和。货币有狭义和广义之分。狭义的货币只包括硬币、纸币和银行的活期存款，广义的货币还包括定期存款。如果将个人和厂商持有的政府债券也包括在内，则形成更广泛意义下的货币。作为理论分析，通常在笼统的意义上使用货币供给概念。

在现代经济中，政府或者国家控制着货币发行权，它通过银行系统影响社会货币总量。需要说明，政府发行的货币是名义货币，即按照货币的面值计量的。但经济学讨论货币市场所涉及的货币系指实际货币。因此，需要将名义货币折算为实际货币量。假定政府发行的名义货币量为 M，而经济中的价格总水平为 P，那么实际发挥作用的货币 m 是：

$$m = \frac{M}{P}$$

上式给出了经济中的货币供给。一般说来，政府不以赢利为目的，因而货币的供给量与利息率的高低无关。于是，货币的供给可以认为是一个政府可控制的常量。在图 6-2-12 中，货币供给曲线是一条平行于利息率的直线。

(4) 货币供求均衡和利息率的决定。在货币市场上，货币的需求与货币供给的相互作用使得市场利息率趋向于均衡，如图 6-2-13 所示。

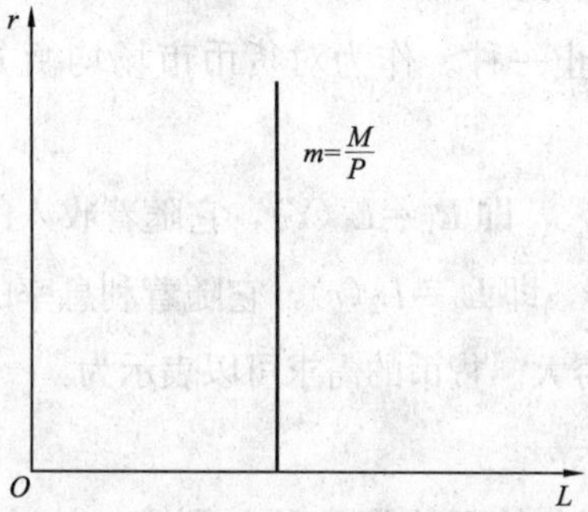

图 6-2-12 货币的供给

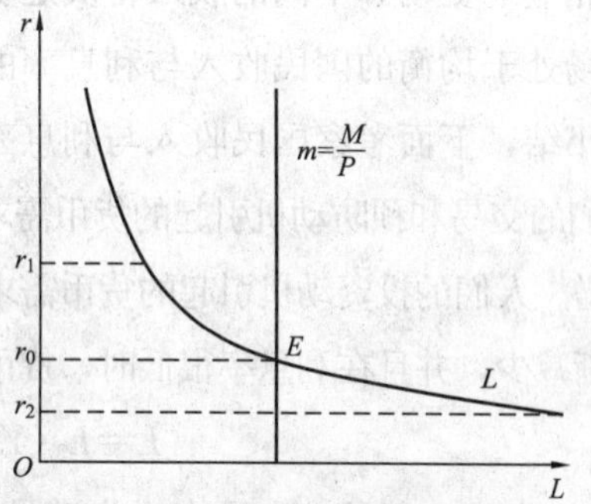

图 6-2-13 货币的供给和货币需求的均衡

在图中，L 表示货币的需求曲线，在既定的收入条件下，它随着利息率的降低而增加；m 表示货币的供给，它不随利息率的变动而变动。货币的需求曲线与供给曲线的交点 E 使得货币市场处于均衡，并决定均衡的利息率 r。当市场利息率高于均衡利息率 r 时，比如位于 r_1，此时货币的需求小于货币的供给。这意味着，人们想持有货币的数量小于实际持有的货币数量，因而人们就会将手中不想要的货币转化为有价证券。结果有价证券价格提高，利息率下跌，从而 r_1 趋于 r。反之，当利息率低于均衡利息率 r 时，比如位于 r_2，则货币的需求大于货币的供给。这意味着，人们想持有货币的数量超过实际水平的货币量，因而人们会把手中持有的有价证券转化为货币，即出售有价证券，结果导致有价证券价格下降，从而使得利息率上升，r_2 趋于 r。由此可见，只有货币需求等于货币供给时，利息率才处于均衡。这一均衡利息率由下列条件所决定：

$$m = L_1(Y) + L_2(r)$$

既然市场均衡利息率由货币的需求和货币的供给所决定，那么当货币的需求或供给变动时，均衡的利息率水平也会相应地改变。由图 6-2-13 可以看出，如果货币需求增加，货币需求曲线向右上方移动，从而均衡利息率升高；反之，货币需求减少，均衡利息率降低。如果货币供给增加，货币供给曲线向右移动，从而使得均衡利息率下降；反之，货币供给减少，均衡利息率上升。特别地，如果人们对货币的需求处于流动偏好陷阱，即货币需求曲线趋向于水平，那么无论货币供给有多大，市场均衡利息率都倾向于保持不变。

2. LM 曲线的导出

货币的供给等于货币的需求决定市场均衡利息率。但这一结论是在收入既定条件下得到的。如果国民收入发生变动后，货币的交易和预防需求就会发生变动，从而市场均衡利息率也相应地变动。不同的收入将决定货币市场均衡的利息率发生变动。也就是说，使得货币市场处于均衡的国民收入与利息率的组合方式也不止一种。作为对货币市场均衡分析的一个小结，下面考察国民收入与利息率之间的联系。

人们的交易和预防动机引起的货币需求取决于国民收入，即 $L_1=L_1(Y)$，它随着收入的增加而递增。人们的投资动机引起的货币需求取决于利息率 r，即 $L_2=L_2(r)$，它随着利息率的上升而逐渐减少，并且在利息率很低时，货币需求趋向于无穷大。货币的需求可以表示为：

$$L=L_1(Y)+L_2(r)=kY-hr$$

当 m 给定时，$m=kY-hr$ 可表示为满足货币市场的均衡条件下的收入 Y 与利率 r 的关系，这一关系的图形就被称为 LM 曲线。通过 $m=kY-hr$，我们可以很容易求出其代数表达式。如下两个公式就是 LM 曲线的代数表达式：

$$r=\frac{kY}{h}-\frac{m}{h}$$

或

$$Y=\frac{hr}{k}+\frac{m}{k}$$

根据上式可得如图 6－2－14 所示的坐标图。图中这条向右上方倾斜的曲线即为 LM 曲线。之所以称为 LM 曲线，是因为此线上任一点都代表一定利率和收入的组合。在这样的组合下，货币需求与供给都是相等的，亦即货币市场是均衡的。

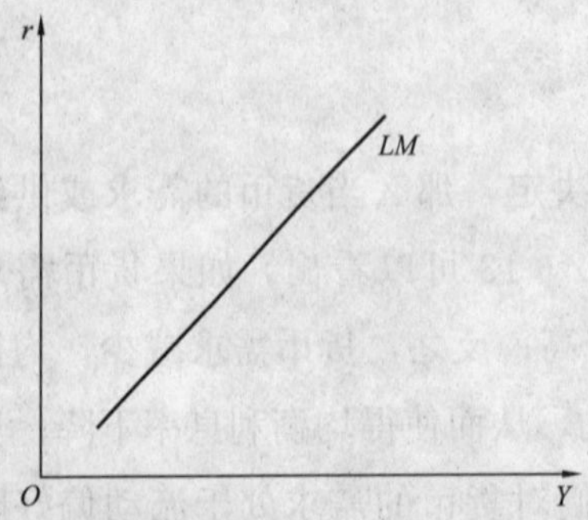

图 6－2－14　LM 曲线

货币的供给被认为是政府控制量，它等于名义货币除以价格总水平，即 $m=M/P$。当货币的需求等于供给时，货币市场处于均衡状态，均衡条件可以表示为：$m=L_1(Y)+L_2(r)$。对应于特定的收入 Y，货币市场处于均衡时将决定唯一的市场均衡利息率。对应于不同的国民收入，市场均衡利息率也会随之变动。

LM 曲线是使得货币市场处于均衡的收入与均衡

利息率的不同组合描述出来的一条曲线。换一句话说，在 *LM* 曲线上，每一点都表示收入与利息率的组合，这些组合点恰好使得货币市场处于均衡。随着收入的提高，交易与预防引起的货币需求增加，在货币供给既定的条件下，货币市场处于均衡时所能满足的货币的投机需求量减少，从而货币市场的均衡利息率增加。因此，*LM* 曲线向右上方倾斜。特别地，对应于投机货币需求处于流动偏好陷阱的区域，在 *LM* 曲线的左下端也有一段曲线接近于水平。

LM 曲线分为三个区域：垂直区（古典区域）、倾斜区（中间区域）、水平区（凯恩斯区域）。垂直区中，当 r 较高时，除了完成交易必须持有部分货币外，不会为投机而持有货币。由于货币的投机需求等于零，因此不管利率上升到多高，货币的投机需求都是零。

这时如果实行扩张性财政政策，使 *IS* 曲线向右上方移动，只会提高利率而不会使收入增加。如果实行扩张性的货币政策，则不但会降低利率，还会提高收入水平，这基本符合“古典学派”以及货币主义者的观点，因而这一区域被称为古典区域。

当利率降得很低时，货币的投机需求将是无限的（即人们不愿意持有债券），这时中央银行发行的货币都会被人们保存在手边。这就是所谓的“凯恩斯陷阱”或“流动偏好陷阱”，这一区域即为凯恩斯区域。20 世纪 30 年代的经济大萧条，信贷活动和生产活动都不旺盛，就是这样一种状态。

古典区域和凯恩斯区域之间的这段 *LM* 曲线是中间区域，*LM* 曲线的斜率在古典区域为无穷大，在凯恩斯区域为零，在中间区域为正值，如图 6－2－15 所示。

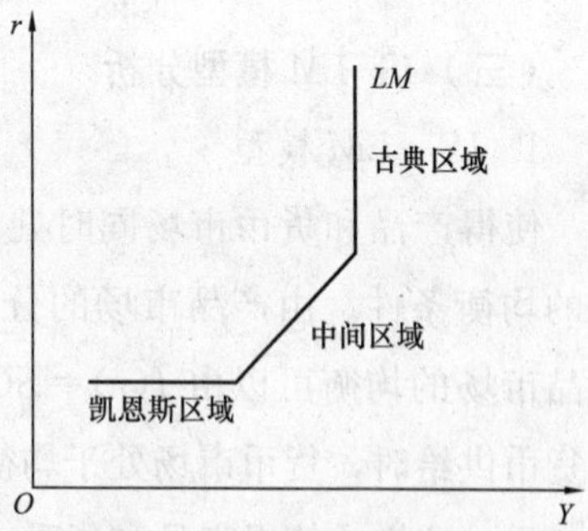

图 6－2－15 *LM* 曲线的三个区域

LM 曲线上的任一点都表示货币市场上一个特定的均衡状态，而在 *LM* 曲线以外的点，经济处于失衡状态。例如，假设经济处于 *LM* 曲线右下方的 A 点，如图 6－2－16 所示，此时的利息率为 r_1，国民收入量为 Y_1。对应于收入 Y_1，使得货币市场处于均衡的利息率由 *LM* 曲线上对应的点所决定。由于 A 点位于 *LM* 曲线的右下方，因而使得此时的利息率 r_1 比货币市场处于均衡的利息率要低，从而货币需求更大。因此，在 *LM* 曲线的右下方，货币需求大于货币供给，也即 $L>m$。同样的道理可以知道，在 *LM* 曲线的左上方，货币需求小于货币供给，即 $L<m$。

当决定 LM 曲线的因素发生变动时，LM 曲线的位置会发生变动。由于我们在这里只讨论 LM 曲线的移动，而不是转动，因此假定 LM 的斜率不变，也就是假定 k 和 h 都不变。这样，LM 曲线移动就只能是实际货币供给量 m 变动。实际货币供给量是由名义货币供给 M 和价格水平 P 决定的，即 $m=M/P$。因而造成 LM 曲线移动的因素只能是：名义货币供给量 M 的变动和价格水平的变动。首先，如果货币的需求增加，既定的收入条件下市场均衡利息率升高，从而 LM 曲线向左上方移动。反之，当货币的需求减少时，既定收入下的市场均衡利息率下降，从而 LM 曲线向右下方移动。其次，如果货币的供给增加，既定收入对应的市场均衡利息率下降，从而 LM 曲线向右下方移动。反之，当货币的供给减少时，LM 曲线向左上方移动，如图 6-2-17 所示。

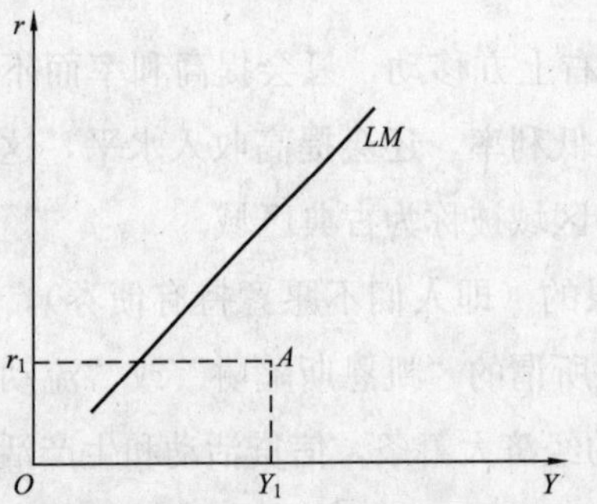

图 6-2-16　*LM* 曲线

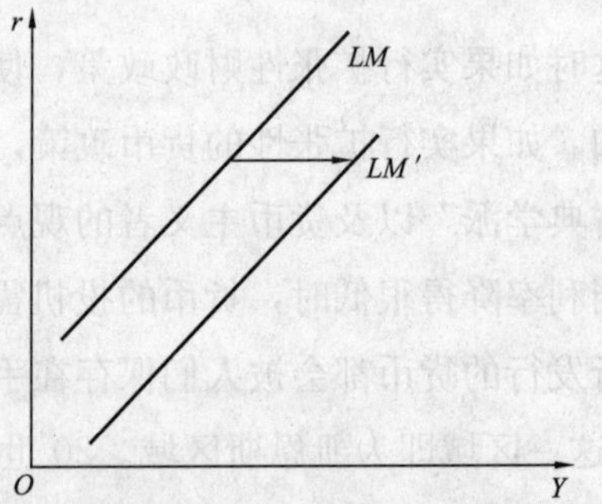

图 6-2-17　*LM* 曲线的移动

（三）*IS*—*LM* 模型分析

1. *IS*—*LM* 模型

使得产品和货币市场同时处于均衡的收入 Y 和利息率 r 必须同时满足产品和货币市场的均衡条件。由产品市场的分析知道，当投资等于储蓄时产品市场处于均衡。因此，产品市场的均衡可以由 $I(r)=S(Y)$ 加以表示。由货币市场的分析知道，当货币需求等于货币供给时，货币市场处于均衡，因此，货币市场的均衡可以由 $m=L_1(Y)+L_2(r)$ 加以表示。这样，使得产品和货币市场同时处于均衡的收入 Y 与 r 的组合一定满足下面的两个条件：

$$I(r)=S(Y)$$

$$M=L_1(Y)+L_2(r)$$

这两个联立式被称为 *IS*—*LM* 模型。

产品和货币市场同时处于均衡的过程也可以由图形加以说明，如图 6-2-18 所示。

图 6-2-18 中的第一式可以由 IS 曲线加以表示，第二式由 LM 曲线表示。当 IS 曲线与 LM 曲线相交时，交点 E 所决定的国民收入和利息率的组合使得产品和货币市场同时处于均衡。在交点 E 以外的任何一点，经济不能处于产品和货币市场的一般均衡。A 点表明产品市场失衡，货币市场均衡。B 点是 IS 上的点，表明产品市场均衡，货币市场失衡。C 点两个市场同时失衡。从图 6-2-18 中可知失衡的区域。区域Ⅰ：$I<S$，$L<M$，即投资小于储蓄，货币供给超过货币需求。区域Ⅱ：$I>S$，$L<M$，即投资大于储蓄，货币供给超过货币需求。区域Ⅲ：$I>S$，$L>M$，即投资大于储蓄，货币需求超过货币供给。区域Ⅳ：$I<S$，$L>M$，即投资小于储蓄，货币需求超过货币供给。

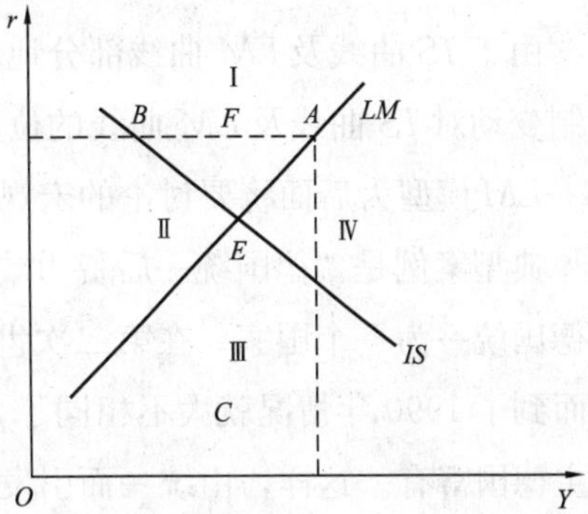

图 6-2-18 产品与货币市场的一般均衡

虽然在交点 E 以外的任何一点，经济不能处于产品和货币市场的一般均衡，但在产品市场上的总支出与总收入以及货币市场上的需求与供给相互作用下，收入和利息率将趋向于均衡点以Ⅲ区域的 C 点为例：在此区域中 $S<I$，存在超额产品需求，导致收入 Y 上升，致使 C 点向右移动。同时 $L>M$，存在超额货币需求，导致利率 r 上升，致使 C 点向上移动。两方面的力量合起来，使 C 点向右上方移动，运动至 IS 曲线，从而 $I=S$；这时货币需求仍大于货币供给，利率继续上升，最后 C 点沿 IS 调整至 E 点。即产品市场上的总支出与总收入以及货币市场上的需求与供给相互作用下，收入和利息率将趋向于均衡点 E。

2. 均衡收入和均衡利息率的变动

当影响产品市场和货币市场的因素发生变动时，IS 曲线和 LM 曲线的位置也会发生变动，从而使得均衡的国民收入和利息章发生改变。

首先，假设 LM 曲线位置不变。如果投资增加、政府购买增加、储蓄减少（从而消费增加）和税收减少，会引起 IS 曲线向右上方移动，均衡国民收入量增加，均衡利息率提高。反之，如果投资减少、政府购买减少、储蓄增加（从而消费减少）和税收增加，IS 曲线则向左下方移动，均衡国民收入量减少，均衡利息率降低。

其次，假定 IS 曲线的位置保持不变。若货币需求减少、货币供给增加，那么 LM 曲线向右下方移动，均衡国民收入增加，均衡利息率下降。反之，若货币需求增加、货币供给减少，则 LM 曲线向左上方移动，均衡国民收入减少，均衡利息率升高。

此外，IS 曲线和LM 曲线同时变动也会使得均衡国民收入和均衡利息率发生变动。

由于 IS 曲线及LM 曲线部分地取决于政府可控制的因素，因而政府可以通过政府可控制变动对 IS 曲线及LM 曲线的位置加以调整，从而影响均衡国民收入和利息率。因此，IS—LM 模型为后面将要讨论的宏观经济政策提供了理论基础。

典型案例是“德国统一后货币政策和财政政策组合的利弊”。1990 年，民主德国和联邦德国统一为一个国家。在第二次世界大战以前，这两个地区的经济发展水平大致相当，然而到了 1990 年情况就大不相同了，联邦德国的生产力大大高于民主德国，人民也远比民主德国富有。这样，由统一而引发的经济问题非常多，我们这里仅关注统一后的财政政策和货币政策的意义。

统一之后，一个很明显的问题就是大部分民主德国企业没有竞争力，许多简陋的企业不得不部分关闭或全部关闭，而不关闭的企业也需要添置新的、更多的现代化设备。转型给政府支出所施加的压力越来越大：新的基础设施建设，对环境破坏的清理，失业工人的补助，以及政府确保企业在转型之前正常运营所给予的补贴等都大大加剧了政府支出的负担。

数据显示，在统一之前，联邦德国也在经历着强劲的扩张。1988 年和 1989 年的 GDP 增长率接近 4%，投资急速增加。由于税收收入取决于经济活动，因此强劲的 GDP 增长成为 1989 年政府高收入的主要来源。1989 年财政盈余占 GDP 的 0.2%。

统一的影响是进一步增加了需求。1990 年，德国投资的增长率甚至比 1989 年还要高。因为统一引起了支出和转移支付的增加。联邦德国的财政状况则从 1989 年的预算盈余变成了 1990 年的预算赤字。根据 IS—LM 模型，1990 年所出现的情况就是政府支出的急剧增加而导致 IS 曲线向右大幅度移动。

这种情况让德国中央银行（德国银行）担心经济在过高的水平上运行会导致通货膨胀。德国银行得出的结论是增长应该放缓，即使利率已经从 1988 年的 4.3%上升到 1989 年的 7.1%，德国央行仍然决定采用紧缩的货币政策，致使利率水平在 1991 年达到 9.2%。这表明，根据 IS—LM 模型，德国央行决定把 LM 曲线向上移动，以防止经济过热所产生的通货膨胀。

总之，德国统一后的一个重要的经济影响就是扩张的财政政策与紧缩的货币政策相结合，其结果是引发了快速的经济增长（来自财政扩张）和较高的利率水平（来自紧缩的货币政策）。高利率不仅对德国本身有着重要影响，而且牵连到整个欧洲经济的发展。实际上，这种政策后来被指责是造成 20 世纪 90 年代早期其他欧洲国家衰退的原因之一。

3. IS—LM 曲线对财政政策、货币政策的影响

(1) IS 曲线的斜率对货币政策效果的影响。针对不同斜率的 IS 曲线，货币供给的扩张会产生不同的效果。在 LM 曲线斜率不变时，IS 曲线越平坦，LM 曲线右移（假设由于货币供给的扩张）对国民收入变动的影响就越大；反之，IS 曲线越陡峭，LM 曲线移动对国民收入变动的影响就越小。

在极端情况下，当 IS 曲线垂直时，货币政策会完全失效，如图 6-2-19 所示。因为 IS 曲线的垂直表示利率的下降不能刺激投资的增加，从而不会引起产出的增加。当中央银行进行货币扩张时，LM_0 曲线右移到 LM_1，均衡利率水平下降，但由于投资对利率的反应弹性为零，所以利率下降没有引起投资的相应增加，结果产出不变，仍然保持在 Y_0 的水平。这时货币政策完全失效。

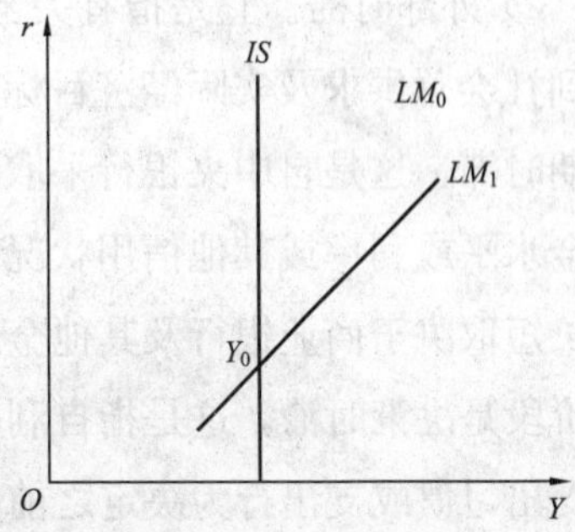

图 6-2-19　*IS* 曲线垂直时货币政策无效

(2) LM 曲线的斜率对货币政策效果的影响。针对不同斜率的 LM 曲线，货币扩张的效果也不一样。在 IS 曲线斜率不变时，LM 曲线越平坦，则货币扩张对国民收入的影响越小，LM 曲线越陡峭，货币扩张对国民收入的影响越大。

在极端情况下，当 LM 曲线水平时，货币政策同样会无效。因为 LM 曲线水平意味着经济处于“流动性陷阱”区域，这时对货币的投机性需求无穷大。这时如果中央银行采取扩张性的货币政策，结果货币供给的增加全部成了投机性需求的增加，被公众完全持有在手中，从而不会引起利率的下降，结果投资没有增加，产出也不会增加。

(3) 货币政策的时滞问题。除了 IS 曲线与 LM 曲线的斜率外，对中央银行的货币政策实施效果的评价还应考虑时滞（time lag）问题。由于货币政策实施的效果要通过其他变量的传递来逐步体现出来，所以其时滞的时间会比财政政策长得多。这样，货币政策的实施到其产生效果的时间长短是否稳定并且可测，就成为货币政策时滞问题的主要研究内容。

1）内部时滞。它是自经济现象发生变化，需要采取对策加以矫正，到研究对策措施，并实施对策所需要的时间过程。通常内部时滞又可分为两种。其一是认识时滞，这是指从确有实行政策行动的需要到认识到有这样一种需要两者之间所耗费的时间。这种时滞的存在是由于信息的收集和情形的判断需要时间，对某个时期的经济状况的精确度量只有在其后一些时候才能得到。另一方面，即使有了明确的资料，中央银行作出判断也需要一段时

间。其二是行动时滞，它指从认识到需要改变政策到提出一种新的政策并加以实施所需要的时间。中央银行认识经济情况变化之后，将立即研究对此项经济情况可行的对策，研究与行动都需要时间。

整个内部时滞所需时间长度取决于中央银行收集资料，研究情势及采取行动的效率，也取决于当时的政治与经济目标，尤其是所希望实现的目标较多，必须对其优先顺序有所选择时，更将花费较多时间去决定取舍何种政策。因此，内部时滞完全取决于中央银行本身。

2）外部时滞。它是指有关当局实施政策措施以后，到政策实际影响到国民收入，影响到社会总供求及实际经济目标所需要的时间。外部时滞可分为三个阶段：第一个阶段是中期时滞，这是自中央银行采取行动到该行动对金融机构产生影响，使金融机构改变其准备金水平或利率或其他信用状况，以致对整个经济社会产生影响力的时间过程。这段时间的长短取决于商业银行及其他金融机构对货币政策的反应以及金融市场的敏感程度；第二个阶段是决策时滞，这是指自利率或信用条件改变后，企业和居民面对新情况，作出改变其支出习惯或支出行为决定之前的时间过程；第三个阶段是作用时滞，即企业和居民决定支出后，对整个社会的生产和就业都会产生影响，这段过程称之为作用时滞。外部时滞主要由客观的金融和经济情形决定，受经济结构以及各经济主体行为因素影响较大，较少受中央银行控制。由于经济结构及各经济主体的行为因素都是不稳定和不易预测的，所以外部时滞的时间长度就难以掌握。正因为如此，外部时滞便成为货币政策有效性的主要问题。

一般来说，财政政策的内部时滞较货币政策长，在决定调整财政政策时，当局提出的有关调整税收和预算支出的措施往往都需经过一个较长的批准过程。而货币政策的外部时滞较长，因为货币政策的调节是间接的，非指令性的，其间受金融机构、企业、个人的支付行为及金融市场的影响，所以，调控的效果较慢，外部时滞相对较长。

（4）*IS* 曲线与 *LM* 曲线对财政政策效果的影响。既然 *IS* 曲线与 *LM* 曲线的斜率对货币政策的实施效果会产生影响，那么对财政政策的实施也必然会产生影响。这是因为，*IS* 曲线的斜率实际上表示投资需求对利率的敏感度；而 *LM* 曲线的斜率则表示货币需求，尤其是投机性货币需求对利率的敏感度。投资需求与货币需求对利率的敏感度越强，货币政策与财政政策实施的效果就越好。而投资需求与货币需求对利率的敏感度则表明经济的市场化程度。这也有效地说明了为什么在许多发展中国家，实施财政政策与货币政策的效果没有像发达的市场经济国家那么明显的重要原因之一。

当 *IS* 曲线比较平坦时，实施积极的财政政策对利率变动的影响会小于 *IS* 比较陡峭时对利率的影响，这是因为平坦的 *IS* 曲线表明经济中投资对利率的反映比较敏感，因而政府实施的财政政策所导致的利率较小的变动就会带动民间投资的增长，从而对国民收入的增长产生影响。同理，较为平坦的 *LM* 曲线有利于财政政策实施的效果，这是因为平坦的 *LM* 曲线表明货币需求对利率的敏感度较高，从而使较小的利率上升导致投机性货币需求大量转向交易性货币需求，从而导致国民收入的快速上升。

做一做

以祖辈、父辈、自己为例分析说明消费观念上有何不同。

项目3 市场失灵与政府管制

■学习目标

学会分析社会经济生活中市场失灵的表现及政府管制行为

◇ 熟悉市场失灵的成因及其应对措施。

◇ 掌握垄断、外部性、公共物品、非对称信息与市场失灵的概念。

◇ 分析社会经济生活中市场失灵的表现及政府管制行为。

学习任务

1 信息不对称——西瓜的故事

西瓜也是一种具有信息不对称特征的物品。卖西瓜的摊主一般都有丰富的选瓜经验，而一般消费者则是挑瓜的门外汉。尽管摊主有时会在称完西瓜重量后，在瓜上切一个三角口给顾客看，但一般只有回家切开以后，才真正知道瓜皮里的情况如何。这样一来，岂不是消费者总要冒吃坏瓜的风险吗？其实不然。我就总能吃上好瓜。

每到夏天，我家附近总有若干个瓜摊。开始时，我并不会特意到哪个瓜摊去买瓜。但我逐渐发现，有一个瓜摊的摊主与众不同。每次买完瓜，他总是说："如果回去切开后不沙不甜，尽管拿回来换；别因为瓜不好以后就不到我这来了。"我还真是换过瓜。甚至有一次换瓜时间与买瓜时间相隔了一个礼拜，他也认了账。我于是总到他那里买瓜。这样，整整一夏天，我吃的都是最好的西瓜。而他也并不会吃亏，因为拥有了包括我在内的一群忠实的顾客，他的生意很是好做。

人们常说，"吃亏上当就一回"。这并不是说，这次喝了假"茅台"，下次就一定能够辨别茅台酒的真假；而是说，人们总会记得，他们是从哪里、从谁那里买的伪劣产品，下次不会再到那里去买了。具有"信息不对称"性质的商品的真假优劣不好辨认，卖这些商品的人却好辨认。人们的买卖活动其实是通过同人打交道而实现物品转移的。因此人们可以通过对人（或由人组织的企业）的品质的判断来辨别商品的品质。曾经利用信息不对称欺骗过别人的人，他所卖的商品是假、伪、劣商品的可能性就很大；而一直童叟无欺的人，我们就更有把握认为，从他那里买的东西货真价实。据说，美国银行巨子摩根在晚年时酷爱艺术品收藏。但他购买价格高昂的艺术品时，从来不正眼看一下，而是直视卖者的眼睛。有人评论说，“这就是他如何达到金融界顶峰和取得成功的诀窍”。正是因为他把贷款对象的品格看得比其他条件都重要，他才成为了银行界的成功者。

所以，信息不对称也有另外一面。它虽然会在短期内给一些钻营取巧之徒带来欺骗消费者的便利，但长期看，也会给一些正直、聪明的企业家创造脱颖而出的机会。设想一下，当利用信息不对称欺骗顾客的现象普遍存在的情况下，有一个人诚实无欺，将会是什么样的结果。更进一步，如果这个人采取一种顾客能看得见的方法来证明自己的诚实，又会怎么样呢？听说，在某一个农贸市场中，每一个卖鸡蛋的人手中都拿着一个手电筒。每当顾客买鸡蛋时，他们就主动用手电筒检查鸡蛋的好坏。我想，这大概是由某一个聪明人发明的，由于这种主动消除因信息不对称而给消费者带来的疑虑的方法，为他吸引了大量顾客，很快就被别人仿效并普及了。在北京百货大楼，某一生产鸭绒制品的公司开设了一个透明车间，当场为顾客填充鸭绒被，消除了生产者和消费者之间的信息不对称。在国外，股份有限公司自动公布财务账目，并邀请中立的会计师事务所加以审计，是增强股东信心、吸引投资者的明智之举。

请思考：

1. 同样是卖西瓜的摊主，为什么会有不一样的行为？

2. 你能列举现实生活中相类似的现象吗？

2 房地产调控政策效果分析

2003 年以来，中央出台了一系列房地产调控政策，除了 2009 年出台的鼓励购房政策措施外，这些政策都旨在抑制房价过快上涨和房地产投资过热。我们将房屋销售价格同比指数和商品住宅销售面积同比增速作为房地产政策效果的主要评价指标，对政策效果作简要分析。

从调控政策的方向看，2003 年以来房地产调控可分为三个阶段。

第一阶段：2003 年一季度至 2008 年三季度，调控政策方向是控制房地产投资过快增长和房价过快上涨，如 2003 年 8 月国务院发出《国务院关于促进房地产市场持续健康发展的通知》，2004 年 4 月国务院发出《国务院关于调整部分行业固定资产投资项目资本金比例的通知》和《关于深入开展土地市场治理整顿严格土地管理的紧急通知》，2005 年 3 月央行发布《关于调整商业银行住房信贷政策和超额准备金存款利率的通知》，2007 年 9 月央行发出《中国银行业监督管理委员会关于加强商业性房地产信贷管理的通知》

（“二套房贷”政策）。该阶段房地产市场的主要特征是，商品住宅市场交易活跃，房价不断攀升，房地产开发投资增速较快。这一阶段中央出台了防止房地产投资过快上涨和控制住宅需求两种性质的调控政策，指出房地产业已经成为国民经济的支柱产业；强调完善供应政策，调整供应结构；发展住房信贷，强化管理服务；加强市场监管，整顿市场秩序。

从房地产市场的变化看，2003 年一季度至 2006 年三季度交易量（商品住宅销售面积）同比增速总体呈下降趋势，2006 年四季度至 2007 年三季度交易量同比增速明显上升，2007 年四季度至 2008 年四季度交易量增速大幅下降；2005 年一季度至 2007 年一季度房价（房屋销售价格同比指数）涨幅有所回落，但依然处于高位（在 6%以上），2007 年二季度至 2008 年一季度房价涨幅上升，2008 年二季度和三季度大幅回落；2003 年一季度至 2007 年三季度房地产开发住宅投资实际累计同比增速一直较快，且波动不大，2007 年三季度至 2008 年 3 季度有所下降。

第二阶段：2008 年四季度至 2009 年四季度，调控政策方向是鼓励住房消费和房地产开发投资。2008 年四季度全球金融危机全面爆发，对我国经济产生严重冲击。在前一阶段房地产调控政策和全球金融危机的影响下，2008 年四季度商品住宅交易量继续萎缩，2009 年一季度房价同比出现下降。为应对危机，宏观经济政策从“两防”转向保增长。在房地产方面，2008 年 12 月国务院办公厅发布《关于促进房地产市场健康发展的若干意见》，提出鼓励普通商品住房消费；支持房地产开发企业积极应对市场变化。2009 年一季度至四季度商品住宅交易量同比增速大幅回升，2009 年二季度房价重拾涨势，2010 年二季度房价同比涨幅达到 14%，为 1998 年以来的最高点。

第三阶段：2010 年一季度至今，调控政策的目标是遏制房价过快上涨，促进房价合理回归。为抑制房价过快上涨势头，中央出台了差别化信贷政策及包括限购限贷行政问责在内的行政性调控措施，对购房需求特别是投资投机性需求实行严控，如 2010 年 1 月国务院办公厅发出《国务院办公厅关于促进房地产市场平稳健康发展的通知》（“家庭二套房贷”政策），2010 年 4 月国务院发出《国务院关于坚决遏制部分城市房价过快上涨的通知》，2010 年 9 月暂停第三套及以上购房贷款，并严格施行问责制。2011 年 1 月国务院召开会议，确定了八项政策措施（“新国八条”政策），再次提高“家庭二套房贷”首付款比例至 60%，并从严制定和执行住房限购措施。2011 年 7 月国务院常务会议要求必须坚持调控方向不动摇、调控力度不放松，促进房价合理回归。

2010 年以来，在越来越严厉的经济手段和行政措施的调控下，房地产市场热度逐渐降低，房价涨势受到抑制。2010年一季度至2011年四季度商品住宅交易量同比增速呈显著下降趋势，2010年三季度房价涨幅开始出现显著回落。2011年，70个大中城市中新建商品住宅价格稳中有降的城市数量由1月的10个增加至12月的68个，二手住宅价格稳中有降的城市数量由1月的10个增加至12月的67个；12月，52个城市新建商品住宅价格环比下降，51个城市二手住宅价格环比下降。随着政策力度的逐步加大，直至实施严格的限购政策，房价同比涨幅出现大幅下降，2011年四季度房价环比开始下降。

资料来源：和讯网，http：//www.hexun.com/，2012-3-2

请分析：

上网查阅2012年我国房价的变动情况，分析我国房地产调控政策的影响效果。

读一读

一、市场失灵的含义

市场失灵又称“市场失效”、“市场障碍”，对此含义的理解在经济理论界有多种观点。

(1) 市场竞争使资源配置达不到帕累托最优状态。即市场竞争机制不能实现资源的合理配置和有效配置。

在实际市场经济运行中，虽然价格能够调节商品或生产要素的供求，但有时会出现商品价格不等于边际成本的状况。或是在市场产量低于完全竞争市场条件下的均衡产量，垄断市场就是典型一例。

(2) 市场价格既不等于该商品的边际社会收益，又不等于该商品的社会边际成本，市场偏离帕累托最优状态。例如，由于外部因素的影响而导致环境污染就是典型一例。

(3) 由于市场机制的功能和作用的局限性，市场对某些经济活动无能为力，不能有效调节某种产品的供求或价格。例如，搭便车行为、公共物品。

(4) 由于市场本身的不完善性，市场机制在运行中出现障碍。例如，由于市场本身功能和体系不健全、市场经济不发达导致市场不能有效发挥作用，许多发展中国家在这方面表现得尤为突出。

(5) 由于市场具有不完全性，或市场的局限性，其作用范围有限，无法也无力调节现实市场经济运行。例如，典型一例就是周期性经济危机。

二、市场失灵的原因

导致市场失灵的原因有很多：垄断、公共物品、外部性、信息不对称、市场不完全、失业与经济波动、收入分配等。市场失灵需要政府进行干预，发挥“看得见的手的功能”。本项目主要介绍市场失灵的五大原因：垄断、外部性、公共物品、非对称信息、政府失灵，同时提出了相应的对策。

（一）垄断及其对策

1. 垄断导致的低效率

(1) 垄断条件下，$P>MC$，产品生产太少，减少了社会福利。在图 6-3-1 中，对垄断厂商的基本评价是，与它利润最大化对应的均衡产量小于从社会福利最大化的产量水平。为了更清楚说明这一点，假设 MC 是平行线，并且没有固定成本，因而 MC 与 AC 重叠。这时垄断厂商垄断价格为 P_M，垄断产量为 Q_M，而完全竞争条件下产量是 Q_C。两相比较，较低产量给社会造成了 ABC 表示的净福利损失。

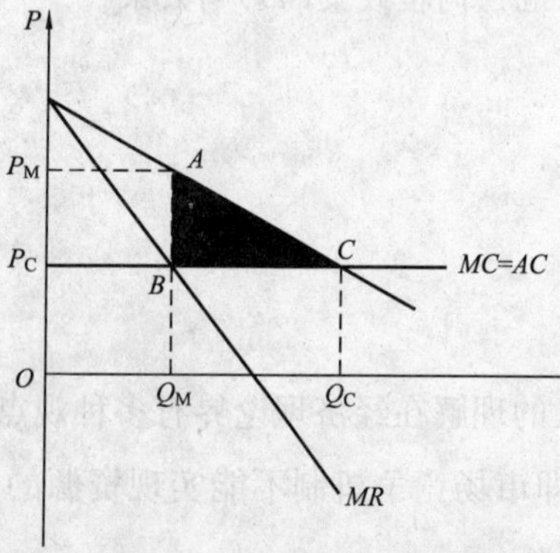

图 6-3-1　垄断导致的低效

(2) 垄断条件下，理论上存在帕累托改进的可能性。垄断厂商均衡时的 $P>MC$。如能固定住均衡时的产量 Q_M 和价格 P_M 不变，那么，只要新增加的产量 $P>MC$（即在 Q_MQ_C 产量范围内），厂商就愿意增加产量。现实中，厂商增加产量时，不仅新增加的产量（Q_MQ_C）的价格会降低，而且原先产量（OQ_M）的价格也会降低，使得厂商从增加的产量中所多得到的收益小于因产量价格的降低所遭受的损失，即得不偿失，因此理性的厂商不愿意增加产量。

2. 垄断易导致寻租行为

由于垄断可以获得高额利润，因而垄断者有可能会把它们得到的额外利润花费在保持这种垄断地位的非生产性活动上。在经济学中，寻租指的是利用资源从其他集团那里获得财富转移。简而言之是指某些个人或利益集团为了牟取自身的经济利益对政府决策或政府官员施展影响的活动。寻租不会增加产出，只是财富的转移。寻租的发生是由于企业可以从政府的行动中获得集中的好处，而成本却由分散的社会大众来承担。垄断使寻租成为合理性行为。实行这样政策的结果是大多数人遭受损失而少数人得到有争议的利益。

同时，一些政府官员主动从事政治创租和租金抽取的活动。政治创租和租金抽取助长了寻租活动，造成社会资源的浪费，破坏了社会资源的有效配置。

另外，那些因处于垄断地位而赚取高额利润的厂商，往往缺乏尽可能降低成本的动力。垄断可能导致管理松懈，也可能导致研究与开发支出降低，垄断者更愿意维持现状和坐收利润，垄断也会加剧社会分配的差距。

3. 垄断的对策

垄断有两种情形：一种是自然垄断，是指一个行业由一家厂商来生产将达到最高效率情况下所产生的垄断。许多公共事业部门，如电信、公交、自来水、电力等，都存在着自然垄断特征。另一种是市场垄断。对自然垄断，政府通常采取管制；对市场垄断，政府主要实行反垄断法加以限制。

(1) 政府管制。政府对自然垄断厂商的管理有两种方式，一种是价格管制，另一种是进入管制。

价格管制是政府对处于自然垄断地位企业的价格实行管理，以防止它们为牟取暴利而危害公众利益。政府对价格的管制有三种方法。

第一种是成本加成的定价方法，即在核定企业平均成本的基础上，允许加上合理的相对固定不变的利润，形成产品的销售价格。第二种是收益比率的定价方法，即参照其他行业的投资收益情况确定一个合理的收益率，然后按照企业的平均成本和收益率确定产品的销售价格。第三种是最高限价的方法，即政府根据公众的意见制定企业产品的最高限价，企业产品的销售价格不得高于这个价格，以维护消费者的利益。

因市场需求不断变化，生产成本的不时变动，这些定价理论在实践中难以操作。在政府对企业价格管制过程中，难以确定企业合理的价格，也难以确定合适的最高限价。如限价制定得较高，就会损害消费者的利益；如果限价制定得较低，又会造成企业亏损。

政府实行价格管制的同时，还要求企业按照普遍服务的原则进行交叉补贴。例如，某电话、电报公司在城市和乡村提供通信服务的成本是不同的，在城市提供通信服务的成本要低于乡村。但政府规定，电话、电报公司对城市和乡村的电话和电报收取统一的价格，然后用城市通信业务的盈利来弥补乡村通信业务的亏损。

进入管理则是指政府对新加入的企业加以限制，以避免多家企业的竞争对规模经济造成损害。政府实行进入管制的方法是实行经营许可证。企业经营公用事业等业务，必须要取得政府颁布的经营许可证，政府通过对颁发经营许可证的控制来实行进入管制。

(2) 反垄断法或反托拉斯法。市场垄断是指由于某家或某几家厂商控制了市场的供给或需求而产生的垄断。政府对市场垄断的控制通常采用实施反垄断法的方法。反垄断法是一套法律规范的总称，它是政府通过制定各种法令、法规来限制垄断企业行为和不正当市场竞争行为的垄断管制方式。

第一，法律上的限制。通过制定法律规范来限制垄断厂商的某些生产经营活动。鼓励有效竞争的法律规范。如要某些生产经营领域中，采取积极措施，利用国际竞争来限制垄断，利用工会、消费者协会来与垄断组织抗衡。发达国家一般都制定了反垄断法，但实施反垄断法的严格程度有很大的差异。美国的反垄断法称为反托拉斯法，相对而言较为严格。

第二，改善市场结构，增加市场的竞争性。

第三，对垄断厂商实行产量、价格管制。

第四，运用财政、金融、产业政策等对垄断厂商的生产经营活动进行干预。

反垄断的实践表明“一条立法，万条对策”。垄断势力挖空心思钻空子，使反垄断收效甚微。再加上一些国家在执行上仍持保留态度，因为根据规模经济原则，企业通过合并、排挤竞争对手等方法扩大市场占有份额，可以显著地降低生产成本。某些国家在外国商品竞争的压力下，甚至以各种手段鼓励企业合并。正因为反垄断的困难，经济学界和政界对应不应该用政府的方式来反垄断，以及在如何反垄断这些问题上始终存在分歧。

（二）公共物品

1. 公共物品的含义

公共物品（Public Goods）指的是由每一个人消费并不能排除其他任何一个人消费的物品或劳务，具有非竞争性和非排他性。如道路、公路、桥梁、国家安全、公共教育和疾病控制等。

公共物品是集体消费的物品，它的特征是消费的非排他性和非竞争性。非排他性指不能轻而易举地排斥某人消费某种物品。例如，你无法排除其他人利用路灯照亮。非竞争性指一个人消费某种物品或劳务不会减少其他人的消费，消费者之间并不存在竞争。例如，多一个人或少一个人利用路灯，并不会减少每个人从路灯中得到的好处。

2. 公共物品的分类

(1) 纯公共物品（Pure Public Goods）。纯公共物品既无排他性又无竞争性。这就是说，不能排除人们使用一种公共物品，而且，一个人享用一种公共物品并不减少另一个人对它的享用。例如，国防是一种公共物品。一旦要保卫国家免受外国入侵，就不可能排除任何一个人不享有这种国防的好处。而且，当一个人享受国防的好处时，他并不减少其他任何一个人的好处。

(2) 准公共物品(Quasi-public Goods)。具有一定的竞争性，但可以排他的，称为准公共物品，又称为半公共物品。如医疗、交通、教育、文娱等，不付费就不能享受服务，可以做到排他。在消费者满额以前，增加消费者不会增加成本，并不具有竞争性，但在消费者满额以后，却具有竞争性。

(3) 公共资源(Public Resource)。公共资源具有一定的竞争性但无法排他。例如，海洋中的鱼是一种竞争性物品：当一个人捕到鱼时，留给其他人捕的鱼就少了。但这些鱼并不是排他性物品，因为几乎不可能对渔民所捕到的鱼收费。公共资源使用过度，便会遭到破坏。

在现实中，纯公共物品是少数，多数都是准公共物品，但在一定条件下可以转化。

3. 公共物品与搭便车

公共物品的非排他性和非竞争性决定了人们不用购买仍然可以消费。这种不用购买就可以消费的行为被称为搭便车。搭便车者(Free Rider)是指得到一种物品的利益但没有对此支付代价的人。公共物品可以搭便车，消费者要消费不必花钱，市场也就不存在公共物品的需求曲线，公共物品没有交易，没有市场价格，生产者不愿意生产。但公共物品是一个社会发展必不可少的，这样，市场调节就无法提供足够的公共物品。市场调节不能导致社会资源在私人物品和公共物品之间以及在不同的公共物品之间的有效配置。显然，公共物品的存在是市场失灵的又一个重要原因。

如何解决免费搭车问题？通常是由政府或公共部门开支安排生产，并根据社会福利原则来分配公共物品。由于公共物品供小于求，政府有效率地提供公共物品在本质上比有效率地提供私人物品更困难。私人物品由市场提供，买者与卖者通过他们愿意接受的价格反映出他们的成本与收益。政府为了提供公共物品和实施再分配计划，必须寻找收入来源，这些收入来自于税收，各级政府都征集税收以维持它们自身的开支。税收听起来是我们为公共物品所支付的价格，但税收与价格之间存在着重大差异：税收不是自愿的。因此公共物品采用成本与收益分析，只是近似地作为参考。

如何提高公共部门的效率？

政府或公共部门提供社会所需要的公共物品，维护社会经济正常而又有效地运行。由于政府和公共部门对公共物品的供给处于垄断地位，易造成效率低下。同时因为政府部门没有利润动机的刺激，缺乏一种动力去实现成本的最小化和利润的最大化，难以实现高效率，如一些领导的“拍脑袋”工程。其次是政府部门存在着过度供给的倾向，政府部门生产经营公共物品的支出来自预算，不同部门为了各自的利益，往往强调本部门的重要性，尽量扩大预算比例，造成某些部门过度供给，也损害了效率。

如何促进政府部门提高经济效率？

(1) 通过招标方式让私人承包公共物品的生产，由于私人部门之间存在竞争，政府部门就可以花费较少的成本生产出同样数量的公共物品。

(2) 政府可与私人部门进行竞争，一起生产同一种公共物品，提高政府部门效率。

(3) 分散政府部门的权力。在其他条件不变情况下，分权比集权更有效率。如把原来的邮电局分成独立核算的邮局和电信局，在普通邮递系统之外，还可以有特快专递系统等。

（三）外部性

1. 外部性的含义与分类

外部性（Externalities）又称外部效应或溢出效应，是指对他人产生有利的或不利的影响，但不需要他人对此支付报酬或进行补偿的活动。当私人成本或收益不等于社会成本或收益时，就会产生外部性。外部性的两种主要的类型是外部经济和外部不经济。

外部经济（External Economies）——生产和消费能给其他人带来收益而其他人却不必进行支付的情况。

外部不经济（External Diseconomies）——生产或消费给其他人造成损失而其他人却不能得到补偿的情况。

2. 外部性导致市场失灵

外部性使产品生产耗费的社会成本（或社会 MC）与私人成本（或私人 MC）不一致（消极外部性），或者使产品生产带来的社会收益（或社会 MR）与私人收益（或私人 MR）不相等（积极外部性），即在产品的生产上，外部性导致产品的社会 $MR\neq$社会 MC，从而使这些产品的生产从社会的角度看存在过多（社会 $MC>$社会 MR）或者过少（社会$MR>$社会 MC）的弊病。

(1) 生产的消极外部性导致产品生产过多。生产的消极外部性使产品生产的社会边际成本（MC_S）$>$私人边际成本（MC_P），若该产品的社会边际收益（MR_S）$=$私人边际收益（MR_P）$=P$，则该产品的 $MR_S<MC_S$，即从社会角度看，该产品的生产过多，如图 6－3－2 所示。

(2) 生产的积极外部性导致产品生产过少。生产的积极外部性使产品生产的 $MR_S>MR_P$，若该产品的 $MC_S=MC_P=MR_P=P$，则该产品的 $MR_S>MC_S$，即从社会角度看，该产品的生产过少，如图 6－3－3 所示。

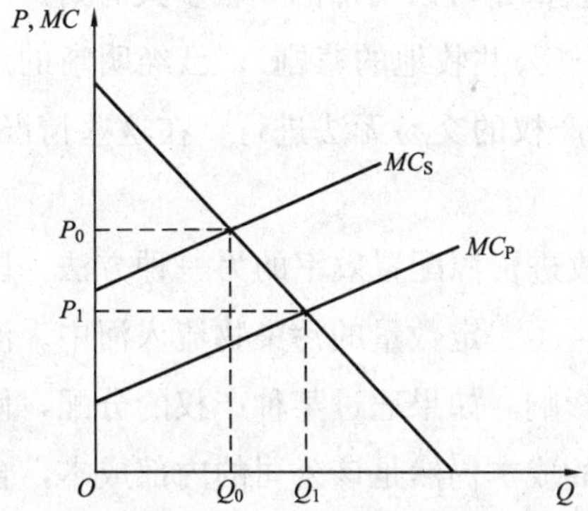

图 6-3-2 生产的消极外部性导致产品生产过多

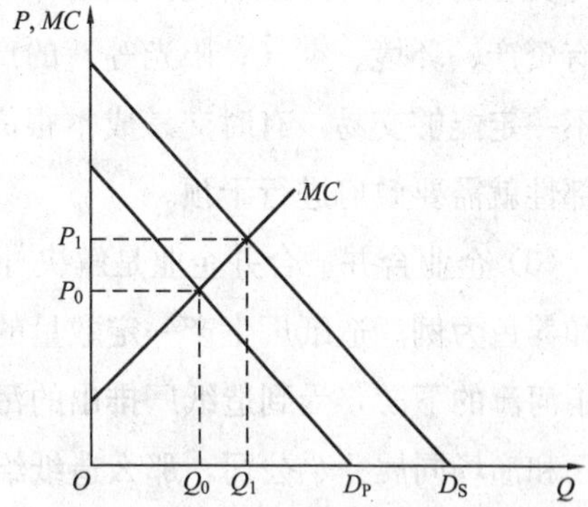

图 6-3-3 生产的积极外部性导致产品生产过少

3. 外部性的对策

(1) 政府管制。解决外部性问题的传统方法就是由政府进行干预。通过政府干预将所谓“野生的市场经济”变为“人工优化的市场经济”。

对具有积极外部性（$MR_S > MC_S$）的企业，政府可以给予一定的补贴或减免税收，增加私人收益，使 $MR_P > MC_P$，企业必然增加该产品的生产。随着生产的增加，MC_P 或 MC_S 将上升，最后使得产品的 $MR_S = MC_S$，实现资源的合理配置。

对具有消极外部性（$MR_S < MC_S$）的企业，政府可对其进行直接管制，通过颁布严格的标准控制企业经济活动的负外部成本。比如对企业的污物排放设定严格的排放标准，凡排污量超过规定限度的，则给予经济或法律惩罚。或对企业产生的消极外部性经济活动征收税费，比如对污染企业征收污染税，对排放废气废水的企业征收排放费等，增加私人成本，使 $MR_P < MC_P$，企业必然减少该产品的生产。随着生产的减少，MC_P 或 MC_S 将下降，最后使得产品的 $MR_S = MC_S$，实现资源的合理配置。这种通过收税的方式来消除经济活动中的消极外部性被称作“庇古税”。

(2) 明晰产权（外部性根源于产权的不明晰）。许多情况下，外部性之所以导致资源配置失当，是由于产权不明确。产权是指人类对某种资源的所有权、使用权与处置权的总和。如果产权界定是明确的，那么通过市场交易解决外部性问题是可行的。在经济学中运用较多的是科斯定理，它指出只要产权明晰且交易成本为零，那么，不论初始的产权如何分配，私人之间的产权交换或市场机制将消除外部性，实现资源的合理配置。即使存在交易成本，在产权明晰下的资源配置效率也高于产权不明晰下的资源配置效率。比如政府确定可交易的污染许可证制度。但是并不是所有的产权都是可以明确的，很多共有财产（如国有资产、环境、空气、阳光等）的产权无法明晰（公共牧地的悲剧）；已经明晰的产权也不一定能够交易，有时交易成本很高，使得某些产权的交易无法进行。在这些情况下，外部性就需要政府进行干预。

（3）企业合并。合并企业是解决外部性问题，改进资源配置效率的另一种方法。以造纸和养鱼为例。造纸厂生产一定数量的纸，同时产生了一定数量的污染物流入河中。渔场位于河流的下游，受到造纸厂排出的污染物的不利影响。如果通过某种产权的分配，使造纸厂和渔场同属一个公司，那么造纸给养鱼所增加的成本仍然是该公司的内部成本，合并使得外部性内部化了。为了最大化利润，公司必然考虑外部经济效应，在决定造纸产量时不得不考虑污染成本，协调造纸和养鱼两项业务的决策。而这种协调会带来帕累托改进。

现实中，越来越多的企业已经使互相影响生产的单位之间的外部性内部化了。如休闲农庄与养殖场，苹果园中养蜜蜂等事情。

（四）非对称信息

1. 非对称信息的含义

非对称信息是指市场上买方与卖方所掌握的信息不对称。例如：在要素市场中雇员可能比雇主更了解自身的工作能力；在商品市场上卖方通常就比买方了解更多的商品性能和质量；在保险市场上，投保人可能就比保险公司更了解自已的健康状况。凡此种种，一旦出现信息不对称情形时，所导致的均衡状况可能对社会来说，就是一种低效率或无效率的状况。

2. 非对称信息导致效率损失的表现

（1）逆向选择问题：即买卖双方在信息不对称的情况下，差的商品将好的商品挤出市场，也就是通常所说的“以次充好”。

（2）道德风险问题：通常是指在保险市场上，个人在获得保险公司的保险后，降低防范意识而采取的更冒险的行为，使发生风险的概率增大的动机。由此动机所导致的行为就会加重保险公司的赔偿。

（3）委托人—代理人问题。由于企业家的管理才能是特殊的生产要素，所以在当今西方国家中普遍采取委托人—代理人的企业组织方式，由此就有可能使企业“利润最大化”的假设目标发生偏离。因为委托人利润最大化的目标并不一定是代理人最大化的目标，代理人有自己的目标。在委托人不能确切知晓代理人的行为，委托人不可能时时观察和监督代理人的工作努力状况，在这种信息不对称的情况下，经理（代理人）的行为就有可能没有发挥应有的管理才能，或代理人可能追求自己的利益目标而牺牲委托人的利益目标，从而使企业所有者的利润减少，使资源配置的效率受到损失。

3. 非对称信息导致效率损失的对策

不同市场上因非对称信息所产生的问题性质各不相同，需要采取不同的方法解决。可以通过政府解决，也可以不通过政府解决。

（1）政府干预。市场机制不能够解决所有的信息不完全和不对称问题时。政府就有必要在信息方面进行调控，增加市场“透明度”，以便他们能够作出正确的选择。例如，在保护消费者方面，常见的政府措施中包括这样一些规定：发行新股票或新债券的公司必须公布公司的有关情况，产品广告上不得有不合乎实际的夸大之词，某些产品必须有详细的使用说明书，香烟包装上必须标明“吸烟有害健康”的字样等。如我国的养老保险、医疗保险问题均采用政府、企业、个人共同出资对个人进行投保，以消除非对称信息造成的逆向选择。

（2）向市场发送信号。卖者以某种方式向买者传递产品质量信息以消除因非对称信息而产生的逆选择问题，称为向市场发送信号。

发送信号的方式，就产品市场日常所见的主要有以下几种。

1）广告宣传。卖方可以通过报刊、广播、电视、展览、招贴、信函等方式进行宣传，让买方了解自己产品的功能，说服买者进行购买。

2）产品凭证。卖方也可以通过质量凭证显示自己的产品质量。例如，商标品牌、产品等级、功能说明、权威认证等，都能将自己与其他产品区别开来。

3）质量鉴定。卖方承诺，可由独立权威机构进行鉴定，若有不符承诺之处，加倍罚款，以显示产品质量的可靠性。如市场上随处可见的公平秤、验钞机以及文物、珠宝等质检中心。

4）售后服务。卖方在售出产品时做出承诺，凡不符合质量要求者，可以退货、包换、保修。由于这些售后服务的预期成本往往高于保证质量的新增成本，可以在很大程度上消除买方对质量的担心。

5）分类合同。卖方按质论价，根据不同质量确定不同价格，或者允许买方在购物时首付部分货款，使用证实质量合格后再全部付清，否则不再付款。根据投保者不同的风险程度确定不同的保费率，也是保险市场常用的分类合同。

（五）政府失灵

政府失灵指用政府取代市场并不能保证消除市场失灵，实现资源配置最优化。

1. 公共选择理论

公共选择理论用经济学方法分析政治领域中的决策行为，这种理论把决定政策的政治领域看作和物品市场一样的市场。在这个市场上，政策的供给者是政府官员和政治家，需求者是选民，选民手中的选票相当于消费者手中的货币，某种政策的产生是政治市场上均衡的结果。

现实中，由于选民的理性无知，政府与选民之间信息的不对称，政治过程中得出的均衡，决策并不一定符合整个社会利益，这时政府就会失灵。

2. 官僚主义行为模型

根据市场经济原则，当一种物品的边际成本与边际收益相等时，就实现了资源配置最优。假定一个政府提供国防这种公共物品，再具体一些，为了保卫国防，提供反导系统。再假设，当这个社会提供两套反导系统时，边际成本与边际收益相等，所以两套反导系统能实现资源配置最优。但国防部官员从自己的利益出发，希望提供三套，甚至更多的反导系统。因为反导系统越多，他们得到的国防拨款越多，支配的钱越多，权力越大，符合他们的个人利益最大化。

国防部官员为实现自身利益的最大化，可能会引导其他决策者同意他们的决策，提供三套甚至更多的反导系统。根据实际需要，有两套反导系统就实现了边际成本与边际收益相等，但政治过程决定了购买三套甚至更多的反导系统。这第三套反导系统的边际成本大于边际收益（增加的第三套反导系统的边际收益几乎为零）。这就是资源没有得到最优配置，产生了政府失灵。

3. 政府官员制度的效率

政府官员制度效率低下的主要原因包括：

第一是缺乏竞争。政府的各个部门都是某些特殊服务的垄断供给者。由于缺乏竞争，政府部门的效率一般比较低下，同时人们也很难准确地判定政府部门的效率。

第二是机构庞大。政府官员追求的主要是规模（官员机构）最大化，因为规模越大，官员们的地位就越高，权力就越大，得到进一步提升的机会就越多。

第三是成本昂贵。政府官员会千方百计地增加自己的薪金，改善工作条件，减轻工作负担，从而不断地提高他们的服务成本，导致浪费极大化。

公共选择理论认为，解决政府官员制度低效率的主要途径是引入竞争机制。具体做法是：

（1）使公共部门的权力分散化，分散有利于减少垄断的成分。

(2) 由私人部门承包公共服务的供给。

(3) 在公共部门和私人部门之间展开竞争，竞争将提高公共部门的效率。

(4) 加强地方政府之间的竞争。

三、宏观经济政策

宏观经济政策是指国家或政府为了增进整个社会的经济福利、改进国民经济的运行状况、达到一定政策目标而有意识和有计划地运用一定的政策工具而制定的解决经济问题的指导原则和措施。

(一) 宏观经济政策的目标

(1) 充分就业，是指包含劳动在内的一切生产要素都能以愿意接受的价格参与生产活动的状态。充分就业目标并不意味着百分百就业，而是指维持自然失业率或正常失业率时的失业率。

(2) 物价稳定，是指价格总水平的稳定。通常采用价格指数来表示一般价格水平的变化。价格指数的计算一般运用定基发展速度。西方经济学家认为物价稳定就是争取将通货膨胀率控制在年平均1%～3%的范围内，这种通胀率能为社会所接受，对经济也不会产生不利的影响。

(3) 经济增长，是指一个经济社会在一定时期内（通常为一年）所生产的商品和劳务即产量和收入的增加。常用实际GDP的年均增长率或人均GDP来衡量。

(4) 国际收支平衡，是指既无国际收支赤字又无国际收支盈余。

上述四项都是一国宏观经济要达到的目标，它们之间相互促进又相互冲突。例如，充分就业与经济增长既有一致性也有矛盾性。充分就业与物价稳定存在着矛盾：为实现充分就业，通常会运用扩张性财政政策和货币政策，而运用这些政策又会导致财政赤字的增加和货币供给量的增加，从而引起通货膨胀，给物价稳定带来压力，严重的会恶化经济增长条件。因此，要求决策者既要考虑各项政策目标的重要程度，又要考虑国内外各种政治因素，还要受社会可接受程度的制约。

(二) 宏观经济政策工具

1. 财政政策

财政政策是指通过调整政府财政预算，即改变政府支出和税收来影响总需求，从而影响国民收入与物价水平的需求管理政策。

政府支出有两种形式：其一是政府购买，指的是政府在物品和劳务上的花费。其二是政府转移支付，以提高某些群体（如老人和失业者）的收入，政府开支的数量决定公共部门和私人部门的相对规模。从宏观经济角度看，政府支出也会影响经济的总体支出水平，从而影响 GDP 的水平。税收是财政政策的另一种形式。通过税收来影响人们的收入，税收的多少可影响到人们用于购买物品和劳务的消费量以及私人储蓄量，而私人的消费和储蓄对产出和投资都有重大的影响。此外，税收还会影响物品和生产要素，因而也会影响激励机制和行为方式。税法中的某些条款对工作和储蓄的激励问题产生影响，从而对经济活动也产生重大影响。如税法中投资税收抵免的政策会刺激投资和推动经济增长。

一般来说，税收变动对总需求与国民收入的作用是间接的，而且比较小。财政支出变动对总需求与国民收入的作用是直接的，而且比较大。财政政策的具体运用是：当总需求小于总供给、经济中存在失业时，采用宽松的财政政策，即减少政府税收，增加政府开支和转移支付；当总需求大于总供给、经济中存在通货膨胀时，采用紧缩的财政政策，即增加政府税收，减少政府开支和转移支付。政策的变动会影响到政府的预算。宽松的财政政策会增加预算赤字，紧缩的财政政策会增加预算盈余。在出现赤字而又不增加货币供给的情况下，用推销公债的办法弥补赤字会挤掉等量的私人支出，即产生挤出效应。在税收不变或减税时，增加政府开支会引起财政赤字，这时的财政政策是赤字财政政策，以期达到刺激总需求，实现充分就业的目的。这是凯恩斯学派所特别注重的。

2. 货币政策

货币政策是指政府根据既定的政策目标，通过中央银行对货币的供给进行管理，从而影响经济运行的宏观政策。货币政策的目的在于通过控制货币供给，影响利率，从而影响投资，并最终影响国民收入。

一国的中央银行主要通过有效运用公开市场业务、法定准备金率政策和贴现率政策三大工具，通过货币供给量调节利息率，并最终影响宏观经济朝着既定的货币政策目标运行。

（1）公开市场业务。公开市场业务是指中央银行在金融市场上公开买进或卖出政府债券，增加或减少商业银行准备金，用以调节货币供给量和利息率。它是最重要的货币政策工具。中央银行既可将公开市场业务作为一种防御性的工具，也可以作为一种进攻性的工具。例如，发生通货膨胀时，中央银行售出政府债券，使货币供给量减少，紧缩信用，抑制通货膨胀。当经济出现衰退或进入萧条时期，总需求不足，失业增加，中央银行在公开市场买进政府债券，扩大货币供应量，刺激投资需求，进而促使国民经济走出衰退或萧条状态。

(2) 法定准备金率。法定准备金率是中央银行控制货币供给量的有力工具。法定准备金率与货币乘数成反比，因此法定准备金率的变化会直接改变商业银行的过度储备，引起银行贷款数量的变化，遏制商业银行的贷款扩张企图，避免挤提的倒闭风险。

由于银行与金融体系、信贷、存款量、准备金量之间存在着乘数放大的关系，而乘数的大小与法定准备金率成反比，即使法定准备金率的一个很微小的变化，都会对金融市场和信贷状况产生强烈的影响。所以法定准备金率这一工具很少用。

(3) 贴现率政策。贴现率政策是指中央银行变动对商业银行的贴现率和贴现条件，调节商业银行的贷款能力，以调节货币供给量与利息率，实现需求管理的目标。具体表现为：贴现率上升，商业银行向中央银行的贷款下降，货币供给量减少；贴现率下降，商业银行向中央银行贷款上升，货币供给量将增加。贴现率的变动与货币供给量的变动成反比关系，同市场利率的变动成正比关系。

公开市场业务、法定准备金率和贴现率政策三大货币工具是一般性控制工具，各有所长，需要配合运用。另外，货币政策还有一些次要手段，如道义上的劝告，证券信贷、分期付款、实施利息率上限等。

3. 财政政策与货币政策的相互配合

相机抉择原理的运用。政府进行需求管理时，根据市场情况和各项调节措施的特点，机动灵活地采取一种或几种措施，使财政政策和货币政策相互搭配。根据宏观财政政策和宏观货币政策在决策速度、作用速度、预测的可靠程度和中立程度这四方面的差异，相机抉择一般具有四种搭配方式。

第一种，松的财政政策与松的货币政策相搭配，“双扩张”或“双松”政策组合。在经济萧条时期，可同时采用扩张性财政政策和扩张性货币政策，松的财政政策减税让利扩大政府开支，可以促进经济增长，也可能会引起财政赤字。松的货币政策降低利率扩大贷款，可以刺激经济发展，但也可能会造成信用膨胀。双管齐下，对经济的刺激更强更有效，但“双松”政策的结果必然是经济发展的同时伴随着通货膨胀。

第二种，紧的财政政策与紧的货币政策搭配，“双紧缩”或“双紧”政策组合。在经济过热需求过旺时，可同时采用紧缩性财政政策和紧缩性货币政策，紧的财政政策增税增利压缩政府开支，结果调整经济压缩需求。紧的货币政策提高利率压缩贷款平抑物价，这样就能更有效地抑制通货膨胀。但是“双紧”的结果可能带来经济萎缩。

第三种，松的财政政策与紧的货币政策搭配，“一扩一紧”或“一松一紧”政策组合。在刺激总需求的同时，为了不导致严重的通货膨胀，可将扩张性财政政策与紧缩性货币政策搭配起来使用。例如，在财政、信贷统一平衡的前提下，如果财政出了赤字，银行就应收紧银根，回笼货币，即执行的是“松”财政“紧”货币的政策。

第四种，紧的财政政策与松的货币政策搭配，“一紧一扩”或“一紧一松”政策组合。在刺激总需求的同时要稳定物价，主要通过降低利息率以增加私人投资的货币政策来实现总需求的扩张，可将紧缩性财政政策与扩张性货币政策搭配起来使用。如果银行贷款大于存款，货币发行过多，出了信贷差额，财政就应增加税收紧缩开支，力争财政盈余，即执行的是“松”货币“紧”财政的政策。

实行相机抉择的目的在于既保持总需求，又不引起较高的通货膨胀率。

做一做

1978 年以来，中国经济高速成长，成为当前全球增长最快的经济体。然而在经济增长过程中，中国的环境污染问题却日趋严重，试用本任务中的“外部性原理”讨论下列问题：

1. 环境污染为什么通常难以由污染者自行解决，而需要政府加以管制？

2. 解决环境污染的通常方法包括：制定排污标准、征收排污税或颁发可交易的排污权许可证。试从经济学角度比较分析这三种方法的效果。

项目 4　懂得失业与通货膨胀的关系

■学习目标

学会分析当前通货膨胀的现状

◇ 了解失业的影响、充分就业与自然失业率。

◇ 掌握失业的类型及产业原因，通货膨胀的定义、种类及效应。

◇ 能运用相关知识分析当前通货膨胀的现状。

学习任务

2013 年通货膨胀压力仍然较大

［温家宝］：关于物价总水平。保持物价总水平基本稳定始终是宏观调控的重要目标。去年居民消费价格涨幅回落到 2.6%，这是我们控制通货膨胀取得的一个重要成果，也与经济运行整体态势有关。今年通货膨胀压力仍然较大，主要是：我国土地、劳动力等要素价格，农产品和服务类价格都存在上涨压力；主要发达国家实行宽松货币政策并不断加码，输入性通货膨胀压力不容忽视；理顺能源资源价格需要留出一定空间；去年价格上涨的翘尾影响约有 1 个百分点。把居民消费价格涨幅控制在 3.5%左右，是充分考虑各方面因素后作出的选择。要切实保障重要商品供给，搞活流通，降低物流成本，加强市场价格监管，保持物价总水平基本稳定。

资料来源：新华网 2013 - 3 - 5.

请分析：

1. 通货膨胀有哪些表现?
2. 通货膨胀和通货紧缩会对社会产生哪些影响?
3. 如何治理通货膨胀和通货紧缩?

读一读

一、失业

（一）失业概述

1. 失业（Unemployment）的含义

失业是指劳动力愿意工作而没有工作，并正在积极寻找工作的一种经济现象。

各国对工作年龄和失业的范围都有不同的规定。在美国，工作年龄是 16～65 岁。在我国劳动法规定男性工作年龄是 16～60 岁，女性工作年龄是 16～50 岁。属于失业范围的人包括：

（1）工作合同已经终结或暂时终止，正在寻找工作的人。

（2）从未受雇工作，正在寻找有报酬的工作的人。

（3）目前尚无工作，但已经安排好，在未来某一时期开始从事新的工作的人。

（4）暂时被解雇而又没有薪金的人。

在我国，目前实行的是失业登记制度。只有到当地劳动与社会保障部门登记且符合失业条件的人员为失业人员，没有登记的不统计为失业人员（不论其找到工作与否）。而且登记对象只针对城镇人口，不包括进城务工的农民劳动力和农村剩余劳动力。2011 年我国的城镇登记失业率为 4.1%。

2. 失业的衡量指标

衡量经济中失业状况的最基本指标是失业率。失业率是失业人数与劳动力总人数的比率，即：

$$失业率=\frac{失业人数}{劳动力总人数}$$

就业者与失业者的总和构成劳动力。非劳动力包括从事家务、退休、没有工作能力或没有寻找工作的人以及正在求学、培训和从军者。

3. 充分就业

充分就业是指消除需求不足时的社会就业水平。

充分就业并非人人都有工作，这是因为经济中仍然存在由某些难以克服的原因造成的自然失业，比如劳动力的流动等。劳动市场不是十分完善的，这种客观存在的失业为劳动市场提供了人力资源储备，为社会所接受。当经济中的失业率等于自然失业率时，就可以认为已实现充分就业。

4. 失业的类型

(1) 摩擦性失业。摩擦性失业是劳动者在正常流动过程中所产生的失业，即由生命周期、人口迁移及努力想得到更好的工作等原因而产生的失业。

即使经济处于充分就业水平，也总会发生一些职业调整。例如，刚毕业的学生就需要寻找工作，父母在生育孩子后可能又要求重归劳动力队伍。由于摩擦性失业的劳动力经常在变换工作岗位，或者是正在寻找更好的工作，因此人们经常认为这是一种自愿失业。

(2) 结构性失业。结构性失业是由于经济结构（产业结构和地区经济结构）变化，使劳动力供给和需求在产业、地区分布等方面不一致引起的失业。结构性失业往往属于非自愿失业。

结构性失业也是在充分就业下的失业。它反映了当就业结构变化的时候，技能与工作机会之间的不匹配。

(3) 周期性失业。周期性失业又称需求不足的失业，是指由经济衰退引起劳动力需求小于劳动力供给时的失业，是一种非自愿失业。周期性失业出现在对劳动整体需求比较低的时候。当总支出和总产出下降时，失业在所有领域都明显上升。如受国际金融危机的影响，2008 年我国城镇登记失业率达 4.2%，为近 3 年来最高水平。2008 年末，人保部监测的 513 家企业，岗位年净流失达 8.05%，专家认为，2008 年开始的失业率提高，是由于我国实体经济受到国际金融危机影响而导致的周期性失业现象。

（二）失业的影响

高失业率不仅是个经济问题而且是个社会问题。说它是经济问题是因为它意味着要浪费有价值的资源。之所以成为重要的社会问题，是因为它会使失业人员面对收入减少的困境而痛苦挣扎。在高失业率时期，经济上的贫困令人无法承受，影响着人们的情绪和家庭生活。

1. 经济影响：奥肯定律

从经济上看，失业带来的最大损失就是实际国民收入的减少，延缓经济增长速度。曾任美国总统首席经济顾问的经济学家阿瑟·奥肯（Arther M. Okun），在 20 世纪 60 年代所提出的奥肯定律，说明了失业率与实际国民收入增长率之间的反方向变动关系：实际国民收入增长率相对于潜在国民收入增长率每下降 2～2.5 个百分点，失业率就上升 1 个百分点。

奥肯定律主要适用于没有实现充分就业的情况，即失业率是周期性失业率。在充分就业情况下，自然失业率与实际国民收入增长率的这一关系就要弱得多。

2. 社会影响

从社会方面来看，失业的不利影响也是巨大的。长时间持续非自愿失业不但使失业者及其家庭的收入和消费水平下降，还会给人们的心理造成巨大的创伤，并带来一系列社会问题。失业者长期找不到工作，就会悲观失望。高失业率往往伴随着高犯罪率和各种社会骚乱，影响到社会的安定。失业增加了社会福利支出，给国家造成很大的财政负担。另外，失业率较高时，政府威信也会受到影响，产生很大的政治损失。

二、通货膨胀

（一）通货膨胀含义及衡量指标

1. 通货膨胀的含义

通货膨胀是指经济社会一般价格水平相当幅度地普遍而持续上升。理解这一定义需注意如下两点。

第一，一般价格水平是指经济社会的总体价格水平上涨。它采用的是价格指数，即成千上万种产品的加权平均价格来计算通货膨胀。

第二，一般价格水平的持续性上涨才属于通货膨胀，一次性或短期内由于某种突发因素的价格上涨，后又稳定的情况不属于通货膨胀。如果一年内上半年价格上升了 5.5%，下半年又下降了 4.5%，则不属于通货膨胀。

2. 通货膨胀的衡量指标

衡量通货膨胀的指标是价格指数。价格指数是加权平均数，即根据某种商品在总支出中所占的比例来确定其价格的加权数的大小。衡量通货膨胀率的价格指数一般有以下三种。

（1）消费价格指数。消费价格指数（CPI），是指通过计算城市居民日常消费的生活用品和劳务的价格水平变动而得的指数，计算公式为：

$$\text{消费价格指数} = \sum_{i=1}^{n} \frac{P_{it}}{P_{io}} a_{i_t}$$

式中，P_{it} 表示第 i 种消费品或劳动计算期价格；P_{io} 表示第 i 种消费品或劳动基期的价格；a_{i_t} 表示基期用于第 i 种消费品或劳动的消费支出占全部消费额的比重。

消费价格指数能直接反映影响居民生活水平的物价变动情况，与人们的日常生活密切相关，其原始数据较易采集。但这一指数范围较窄，没有反映资本品价格的变动情况。

（2）批发物价指数。批发物价指数是衡量各个时期生产资料（资本品）与消费资料（消费品）批发价格变化的指标。批发物价指数的缺陷在于统计范围狭窄，所以许多国家没有将批发物价指数列为测定通货膨胀的代表性指标。

(3) 国民生产总值折算数。国民生产总值折算数又称国民生产总值折算价格指数，是衡量各个时期一切商品与劳务价格变化的指标。它是按当年价格计算的国民生产总值与按不变价格计算的国民生产总值的比率。国民生产总值折算指数可以全面反映生产资料、消费品和劳务费用的价格变动，因而统计范围更广，更适合作为测定通货膨胀的指标。世界银行的年度报告是以国民生产总值折算数来测定通货膨胀的程度。这一指数的缺点在于资料不易收集，公布次数受限制（通常每年一次），因此客观上难以迅速反映物价变动幅度与走势。

（二）通货膨胀的类型

1. 温和型通货膨胀

温和型通货膨胀又称为爬行的通货膨胀，特点是价格上涨缓慢且可以预测，通货膨胀率通常在10%以下。此时物价水平相对较稳定，各类商品的比价基本协调；币值的稳定性较好，信用度较高。物价指数对长期商业信用的影响不大，人们会很愿意签订以货币形式表示的长期合同。

2. 奔驰型通货膨胀

奔驰型通货膨胀又称为加速的通货膨胀，特点是通货膨胀率较高，一般在两位数以上，甚至有时达到三位数，而且还在加剧。这种通货膨胀对经济的影响较大，物价上涨速度快，幅度较大，货币贬值迅速，人们不愿持有货币，而是尽可能地储存实物，如房产。这使得金融市场逐渐萎缩，资本逃向国外，经济发展陷入混乱局面，但一般情况下经济仍可能高速地增长。

3. 超级型通货膨胀

超级型通货膨胀又称恶性通货膨胀或极度通货膨胀，其特点是：物价飞速上涨，货币贬值持续发展，直达天文数字，正常经济生活秩序严重紊乱，甚至导致货币制度崩溃。如第二次世界大战后的中国以及20世纪80年代的巴西都曾出现过类似情况。

（三）通货膨胀的原因

1. 需求拉动通货膨胀

需求拉动通货膨胀又称超额需求通货膨胀，是指总需求超过总供给所引起的一般价格水平的持续显著的上涨。需求拉动通货膨胀理论是一种比较传统的通货膨胀理论，这种理论把通货膨胀解释为“过多的货币追求过少的商品”。西方经济学家认为，不论总需求的过度增长来自消费需求、投资需求，或者来自政府需求、国外需求，都会导致需求拉动通货膨胀。需求方面的原因主要包括财政政策、货币政策、消费习惯的突然改变、国际市场的需求变动等。

2. 成本推动通货膨胀

从总供给的角度看，引起通货膨胀的原因在于成本的增加。成本的增加意味着只有在高于从前的价格水平时，才能达到与以前同样的产量水平，即总供给曲线向左上方移动。在总需求不变的情况下，总供给曲线向左上方移动使国民收入减少，价格水平上升，这种价格上升就是成本推动的通货膨胀。

3. 混合通货膨胀

许多经济学家认为，大多数通货膨胀的发生实际上总是包含了需求和供给两方面因素的共同作用。如果通货膨胀的过程是从总需求方面开始的，便出现需求增长与成本推动共同作用的现象，通货膨胀就会持续下去。如果通货膨胀的过程是从总供给方面开始的，没有总需求的相应增加，价格上升引起需求减少，厂商减少产量，从而失业增加，最终导致经济萧条，此时通货膨胀也会停止。

4. 结构性通货膨胀

结构性通货膨胀是指经济结构变动所引起的通货膨胀。它的前提是市场不完全性，这主要包括两方面的内容，即资源在部门间缺乏流动性和垄断因素所引起的工资率和价格向下刚性。这种理论从各生产部门之间劳动生产率的差异、劳动市场的结构特征和各生产部门之间收入水平的赶超速度等角度分析了由于经济结构特点而引起通货膨胀的过程。

三、失业与通货膨胀的关系

（一）菲利浦斯曲线

菲利浦斯曲线是用来表示失业与通货膨胀之间交替关系的曲线，由新西兰经济学家菲利浦斯提出的。它是菲利浦斯在1958年，根据英国1861～1957年失业率与货币工资变动率之间的对应关系所绘出的一条曲线。

菲利浦斯曲线是反映失业与通货膨胀之间呈反方向变动关系的曲线。根据成本推动的通货膨胀理论，货币工资增长率可以表示通货膨胀。因此，这条曲线可以表示失业率与通货膨胀率之间的交替关系，即失业率高，则通货膨胀率低；失业率低，则通货膨胀率高。这就是说，失业率高表明经济处于萧条阶段，这时工资与物价水平都较低。失业率与通货膨胀之间存在呈反方向变动关系，是因为通货膨胀使实际工资下降，从而能刺激生产，增加劳动的需求，减少失业。

在图 6-4-1 中，横轴 U 表示失业率，纵轴 P 表示通货膨胀率，PC 即菲利浦斯曲线。如在 a 点上，失业率为 3%，通货膨胀率为 4%，在 b 点上，失业率为 4%，而通货膨胀率下降为 2%，说明失业率与通货膨胀率之间存在着负相关关系，即相互替代。

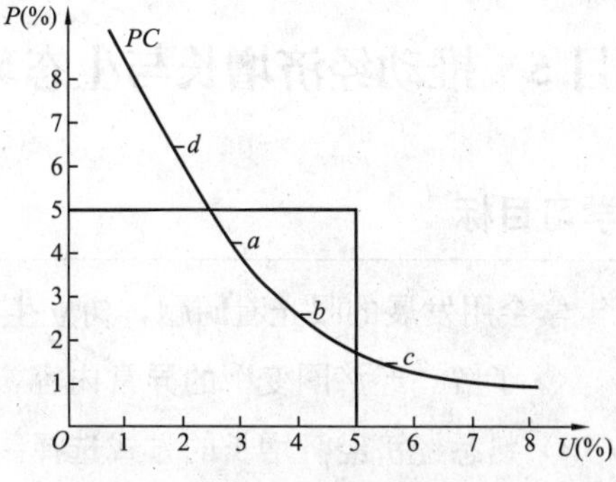

图 6-4-1 菲利浦斯曲线

（二）菲利浦斯曲线的重要观点

(1) 通货膨胀是由于工资成本推动所引起的，这就是成本推动通货膨胀理论。正是这一理论，把货币工资增长率与通货膨胀率联系起来了。

(2) 承认了通货膨胀与失业的交替关系，否定了凯恩斯关于失业与通货膨胀不会并存的观点。

(3) 当失业率为自然失业率时，通货膨胀率为零。因此，也可以把自然失业率定义为通货膨胀率为零时的失业率。

(4) 为政策选择提供了理论依据。政府既可以运用扩张性宏观经济政策，以较高的通货膨胀率来换取较低的失业率；也可以运用紧缩性宏观经济政策，以较高的失业率来换取较低的通货膨胀率。这也是菲利浦斯曲线的政策含义。

失业率与通货膨胀率的这种交替关系会让政策制定者进退两难：如果要控制通货膨胀率，那么必须以较高的失业率作为代价；如果要控制失业率，则又必须以较高的通货膨胀率为代价。因此，如何选择菲利浦斯曲线上的一点作为经济活动的政策，就取决于选择主体对失业率与通货膨胀率两者利弊得失的权衡。所以，经济学家们一般把菲利浦斯曲线上失业率为 4%的点称为“临界点”。因为 4%的失业率是充分就业与否的临界点，政府可以根据实际情况与“临界点”的差异进行适当的调节。

做一做

2013 年中国 CPI 指数一月份比上年同期增长 2.9%，二月份比上年同期增长 2.8%，三、四月份比上年同期均增长 2.9%，五月份比同期增长 3%，六月份比上年同期增长 3.1%。请分析我国当前通货膨胀的原因。政府当前的政策对通货膨胀的抑制是否有效？

项目5　推动经济增长与生态环境的协调发展

■学习目标

学会用发展的眼光看问题，树立生态环保意识

◇ 了解“经济圈变”的异常内容，理解经济增长与生态环境的协调性。

◇ 熟悉经济经济增长的方式选择。

◇ 掌握经济增长的含义、特征、要素。

◇ 树立生态环保意识。

学习任务

谁在2050年能过上好日子

经济学家最不擅长的工作就是做预测，经济学家最热衷于做的事情也是做预测。Casti在《寻找确定性》一书中认为，经济学的预测力在各个学科中排名倒数第二，仅仅比进化生物学强一些。或许是因为经济学家自己也明白这一点，所以在公布预测结果的时候总要含糊其辞。尤其是，由于要预测的未来越遥远，预测力就越弱，胆小的经济学家很少做长期预测，如果让他们预测未来5年的走势，经济学家就会战战兢兢，如果要他们预测10年，大多数经济学家都会乖乖闭嘴、噤若寒蝉。

不过，也有胆子特别大的。记得《财富》杂志在1999年上海的年会主题就是《中国未来50年》。最近，高盛公司的经济学家推出了他们的研究成果，他们预测的是50年后的世界经济。凯恩斯说，长期来看我们都要死去，尽管这话说得有点意气用事，但用到高盛的这份报告却非常贴切。50年后，有多少正在读这篇文章的读者会仍然健在？不知道是不是高盛也想到了这一点，所以在公布他们的报告时底气格外地足。

据高盛预测，在未来50年里，巴西、俄罗斯、印度和中国（高盛把它们称为BRICs）将会超过现在的发达国家G6（美、日、德、法、意、英），成为世界经济体系中一支强大的力量。以美元计，中国可能在未来四年超过德国，在2015年超过日本，在2039年超过美国。印度的经济规模可能在30年内超过全世界除美国和中国以外的国家。俄罗斯可能在2050年超过德国、法国、意大利和英国。相信很多中国人读到这个报告都会怦然心动。

那么，高盛是如何得到这一结论的呢？

根据经典的增长理论，高盛将GDP增长率分为三个组成部分：就业增长率、资本存量增长率和技术进步（或者总要素生产率增长率，TFP）。然后，高盛提出了几个工作假设：首先，发展中国家的人口结构相对年轻，所以它们的就业增长率较高；其次，发展中国家的人均资本低于发达国家，稀缺带来价值，所以发展中国家的资本收益更高，投资率相应更高，并导致更高的资本存量的增长率；再次，发展中国家可以利用其他国家的技术来“迎头赶上”，所以发展中国家的技术进步速度也更快。最后，由于是用美元来计算GDP，就需要讨论汇率问题。高盛认为，目前BRICs国家的汇率都远远低于购买力平价汇率水平。根据他们的模型计算，在未来50年内，BRICs以美元计算的GDP增长，大约三分之一将来自货币价值的上升，三分之二则来自较高的经济增长率。

说到这里，高盛的预测其实并不稀奇，他们只不过假定，只要BRICs能够保持稳定增长的势头，总有一天就一定能够成长为大国。这倒是让我想起了一个童话故事：国王总是嫌十岁的公主长得太慢，于是遍求名医，想找到一种让公主长得更快的药。有个医师禀告国王，药是有的，不过需要时间来炼，他请求国王让他把公主带走。过了八年，医师带着公主回来，告诉国王大功告成，仙丹已经炼成，公主也已服用。国王一看，公主果然已经长成了十八岁的大姑娘。

问题是，国民经济的成长要比孩子的成长复杂得多，遇到的风险也复杂得多：国内经济结构的调整会对经济发展产生巨大的影响，比如上世纪80年代前后，中国的资源禀赋并没有发生实质性的改变，但是改革开放政策却呼唤出前所未有的创造力；在一段较长的时间里，政治因素如政治动荡、战争等都会对经济发展产生冲击；随着全球化的程度越来越高，外部环境是一国经济发展的重要制约因素。比如东亚四小龙的成功经验一直为其他发展中国家所羡慕，但是，有学者指出，这一发展模式源于冷战期间美国的特殊扶植，是一种“邀请的发展”。想参加晚会的人很多，但是收到门票的却寥寥无几。如果不对这些更复杂的因素进行分析，那么长期预测并不会比算命的高明到哪里去。早在上个世纪末，人们也像看待现在的东亚经济一样非常看好拉美经济，像看待现在的中国一样看好阿根廷，结果呢，阿根廷至今仍然是一个缺乏增长动力的国家。

不过，就算高盛的预测只是做了道平淡无奇的练习题，但是他们的研究仍然给我们以启发：

首先，如果到2050年BRICs果然超过了G6，世界经济格局就会发生很大的改变。中国将成为世界第一经济大国，但却不是最富有（以人均收入计）的国家。到2030年，中国的人均收入可能达到韩国目前的水平。到2050年，中国的人均收入可能会接近发达国家现在的水平（人均30 000美元）。美国2050年的人均收入可能达到80 000美元。大国并不是富国，大国并不是强国，这会对2050年的世界经济体系带来崭新的挑战。展望未来，必须在现有的国际经济秩序中加强发展中大国的影响力。当前，人们经常听到的是发达国家的声音，代表发展中国家的声音主要是那些最不发达的小国和穷国的声音，像BRICs这样的发展中大国，影响力和实力的增长都是极其不相称的。

其次，到了2050年，东亚将成为世界上最重要的经济大陆，因为这里既有印度、中国，也有日本，当时世界上最大的四个经济体亚洲便有其二。俄罗斯经济重心可能也会随之东移。相比之下，欧洲可能沦落为世界经济的边缘。地缘政治和地缘经济都会发生板块的裂变。中国的经济增长已经对亚洲其他国家的增长造成巨大影响。这使得中国在亚洲的影响日隆，今后如何进一步推动东亚区域合作、东亚和南亚的对话和融合，对于中国和亚洲的繁荣都有重要意义。

最后，BRICs的高速增长会带动全球生产格局的调整和国际资本流动的调整。跨国公司在产业结构调整的压力下将加速向发展中大国转移，BRICs将在全球生产链条中占有更重要的位置，这对于国际贸易、国际间的工资水平和收入分配都会带来影响。由于较高增长率会导致较高的收益率和对投资需求的增加。全球资本将加速向BRICs流动，那么，国际货币体系是否需要因此而重新排序呢?

2050年，那些能够健康长大的孩子将过上好日子。

资料来源：何帆. 经济日报. 2004-4-22

请讨论：

1. 高盛公司预测的合理性如何?
2. 中国加速经济增长的优势与机遇在哪些方面?

读一读

一、经济增长

经济增长理论是从总供给的角度分析国民收入的长期增长问题。

1. 经济增长的含义

美国经济学家西·库兹涅茨曾给经济增长下了这样一个定义：“一个国家的经济增长，

可以定义为给居民提供种类日益繁多的经济产品的能力的长期上升，这种不断增长的能力是建立在先进技术以及所需要的制度和思想意识相应调整的基础上的。”

这个定义包括了三个含义。

(1) 经济增长集中表现在经济实力的增长上，而这种经济实力的增长就是商品和劳务总量的增加，即国民生产总值的增加。所以，经济增长最简单的定义就是国民生产总值的增加或人均实际国内生产总值的增加。也可以说当一国生产可能性边界向外移动时，就实现了经济增长。

(2) 技术进步是实现经济增长的必要条件。只有依靠技术进步，经济增长才是可能的，科技是第一生产力。

(3) 经济增长的充分条件是制度与意识的相应调整。只有社会制度与意识形态适合于经济增长的需要，技术进步才能发挥作用，经济增长才是可能的。

2. 经济增长的基本特征

从这种定义出发，库兹涅茨总结出了经济增长的六个基本特征。

(1) 按人口计算的产量的高增长率和人口的高增长率。这个特征在经济增长过程中是十分明显的，可以用统计资料得到证明。1750 年以来的 200 多年中，发达国家人均产量的增长速度平均每年为 2%，人口每年平均增长 1%，因此，总产量大约年平均增长 3%。这意味着人均产量每 35 年翻一番，人口每 70 年翻一番，实际国民生产总值每 24 年翻一番，增长速度远远快于 18 世纪末工业革命开始前的整个时期。

(2) 生产率本身的增长也是迅速的。由于技术进步是实现经济增长的必要条件，而技术进步必然引起生产效率的提高。按库兹涅茨的估算，人均产量增长的 50%～75%来自生产率的增长。也就是说，技术进步对于现代经济增长起了很大作用。

(3) 经济结构的变革速度是高的。在经济增长过程中，从农业转移到非农业，从工业转移到服务业；生产单位生产规模的变化；劳动力职业状况的变化；消费结构的变化；等等，所有这些变革的速度都是快速的。在一个世纪中，发达国家农业劳动力占全部劳动力的百分比减少了 30～40 个百分点。此外，生产单位的规模、企业组织形式、消费结构、国内国外供应的相对份额也都发生了变化。

(4) 社会结构与意识形态的改革迅速。城市现代化及教育与宗教的分离就是整个社会现代化的一个组成部分，也是经济增长的必然结果。

(5) 经济增长在世界范围内迅速扩大。发达国家凭借其技术力量，尤其是运输和通信方面的优势，通过和平或战争形式向世界其他地方伸展，使整个世界都卷入经济增长之中，成为一个经济增长的统一体。

(6) 世界经济增长的情况是不平衡的。世界各国经济发展不平衡，虽然发展中国家自2002年以来经济增长迅速，但与发达国家之间的差距依然巨大，特别是人均GDP的差距依然较大。2008年4月22日，联合国贸易和发展会议（贸发会议）在加纳首都阿克拉发布的题为《2008年发展和全球化：事实和数字》的报告说发达国家与发展中国家之间的人均国内生产总值比率从1990年的20∶1下降到2006年的16∶1，两者差距略有缩小，但依然相差甚远。另一方面许多发展中国家经济发展缓慢，有的国家经济停滞不前甚至出现倒退。

3. 经济增长的四个轮子

不同国家的经济发展途径各不相同，但经济增长和经济发展的基本机制都是一样的。经济增长的发动机必定安装在相同的四个轮子上，无论是穷国还是富国，这四个轮子或者说经济增长的要素就是人力资源、自然资源、资本、技术。

通常，经济学家用总生产函数来表明这些因素之间的关系。即：

$$Q = AF(K, L, R)$$

其中，Q为产出；K为资本对产出的贡献；L为投入的劳动；R为投入的自然资源；A为经济中的技术水平；F为生产函数。

(1) 人力资源。人力资源属无形资本，是指体现在劳动者身上的投资，具体包括劳动的供给、劳动力的教育、纪律和激励。劳动投入包括劳动力数量和劳动力的质量。所投入的劳动力的质量，如劳动力的技能、知识、纪律性等是一国经济增长的最重要因素。目前，一些国家为了在经济发展中处于有利地位，实行全球人才战略，可见人力资源在经济增长中的重要作用。

(2) 自然资源。自然资源是指自然界提供的生产投入，主要包括土地、石油、天然气、森林、水和矿产资源等。按照自然资源耗竭和更新的特点，又可分为两种形式，可再生的（森林、风力、太阳光能）与不可再生的（石油、煤炭）。一个国家自然资源状况对经济增长具有重要的促进或制约作用，丰富的自然资源会有利于一个国家经济的持续增长，而缺乏所需的自然资源则会对经济活动造成限制，在一国经济发展的初期更是如此。如美国由于拥有广袤的良田而成为当今世界上最大的谷物生产国和出口国。贸易的存在、一国经济发展水平和技术进步等多种因素的影响，使得自然资源的拥有量并不是经济发展取得成功的必要条件，如中国香港，地少人多、资源缺乏，但在国际贸易中的份额却不小。日本是一个自然资源不足的国家，但日本通过国际贸易，进口它所需要的自然资源，并向自然资源丰富的国家出口其制成品，从而成为世界上最富裕的国家之一。

(3) 资本。资本指的是有形资本，如机器设备、工厂、道路、存货等。需要指出的是这里的资本既包括私人投资的资本（厂房、设备等），也包括社会基础资本（如公路、灌溉和引水工程、公众医疗保健事业等）。

(4) 技术进步。技术进步在经济增长中的作用体现在生产率的提高上，即同样的生产要素投入量能提供更多的产品，技术进步主要包括资源配置的改善，规模经济和知识的进展。在经济增长中，技术进步是作为一种渗透性要素作用到劳动、资本、自然资源等要素上的，通过提高生产要素的组合过程从而提高生产要素的使用效率，促进经济增长。从当今世界各国经济发展进程看，知识进步与发展是技术进步中最重要的内容。它包括科学技术的发展与应用，新工艺的发明与采用等，它是经济增长的根本动力。

另外，制度与国际经济技术合作（市场、产权、货币交换），也是促进了经济增长的因素，例如，明晰的产权制度可以明确现代企业的经济责任、权利和义务，这与传统的独资制或合伙制企业相比，具有不可比拟的优越性。具有创新思想的企业家精神，追求开放经济，发展对外贸易，促进经济增长。

二、经济增长方式选择

经济增长是多种因素共同作用综合推动的结果，依据经济增长与经济增长要素间的关系，可以把经济增长归纳为两种基本方式，粗放型增长和集约型增长。

粗放型增长又叫外延增长，是指主要通过投入更多的生产要素而实现的人均产出或收入的增加，这实际上是一种广度上的增长。集约型增长又叫内涵增长，是指主要通过提高所投入的生产要素的产出率，即更经济、更有效地利用生产要素而实现的人均产出或收入的增加，这实际上是一种深度上的增长。粗放型增长和集约型增长只是一种理论上的抽象，在现实经济活动中它们一般总是结合在一起的。

粗放型增长的基本特征是以较高的积累、较多的生产要素投入，期望实现较大的经济增长。新中国成立以来相当长时期里的经济增长主要是采取这种方式，这对解决我国经济发展过程中的某些重大问题产生过积极作用，如实现了较高的经济增长率，较快地奠定了工业化的基础，建立了独立的、比较完整的国民经济体系，农业的基础设施建设也有了较大加强，为长期经济发展创造了一定的条件。

集约型增长的基本特征依赖于技术的进步来实现经济增长。技术进步有两种情况，一种是需要投入较多的资金，引进或研制先进的技术、先进的设备；另一种是投入较少的资金，通过培训提高工人的技术水平，更有效地利用现有的设备进行技术革新和改造。除此以外，集约型增长方式的特征还表现为以效益为中心，在提高效益的基础上争取较高的速度，工农业协调发展，产业结构倾向合理化，全社会保持适度的消费水平等。

从当代世界经济的形势来看，转变经济增长的方式在于通过技术进步、体制创新和改善管理全面提高生产要素的使用效率。为提高生产要素的使用效率，更要大幅度提高科技进步在经济增长中的“贡献”，在宏观层次上要提高资源配置的效率，在微观层次上要提高企业的投入产出比。

三、生态环境

从宏观上看，整个人类社会的经济活动就像一个生命体，它不断地从自然环境中汲取物质和能量，又不断地向自然环境排出物质和能量。连绵不断的物质流和能量流，在经济和环境之间，构成一个闭合的圆圈，称此为“经济圈变律”。

现代社会，经济圈变得异常主要表为环境上的病态，即环境的失衡和环境的污染。这种异常已成为全球性的严重问题，近年来在发展中国家却呈现出日益加剧的趋势。主要是因为发展中国家在发展初期，采取粗放型的增长方式，需要投入大量的生产要素，对资源的消耗量大，加上环境法制不到位、环境保护机制不健全、管理体制不顺畅等因素，使得当前的环境形势不容乐观。

（一）生态环境失衡的表现

1. 植被失衡

植被失衡是指森林面积和草原面积不断萎缩，不足以担负起保持水土和调节气候的功能。各种自然灾害的频发就是例证，如1934年的北美黑风暴、1952年的伦敦大烟雾、1960年的智利大海啸、1970年的秘鲁大雪崩、1987年的孟加拉国特大水灾、1994年的印度鼠疫大流行、2004年的印尼海啸、1976年中国唐山地震和2008年的汶川地震。这些自然灾害给人们的生活和经济增长带来了严重的创伤。在我国各种经济开发区的成立，高楼林立，可耕地逐渐缩小。据2008年统计，我国森林覆盖率20.36%，与发达国家的差距很大，如日本的森林覆盖率为67%、韩国森林覆盖率为64%。

2. 物种失衡

物种失衡指的是各种动植物的比例不当。一方面某些动物奇多，如我国20世纪30～40年代从日本引进的小龙虾（螯虾），它们能在临时性水体中生存，且食性广泛，建立种群的速度极快，易于扩散。它对当地鱼类、甲壳类、水生植物极具威胁，破坏当地食物链；因其取食根系而直接对作物（尤其是水稻等水生、半水生作物）和天然植被有灾害性破坏；筑穴引起灌溉用水的流失及田地破坏；由于螯虾食性很杂，对鱼苗发花和1龄鱼种培育有一定程度的影响，并危害人工繁育的幼蚌。目前对克氏原螯虾尚无有效的防治方法。另一方面某些动植物奇少，甚至趋于或者已经完全灭绝。比如中国的大熊猫和白鳍豚，都处于濒临绝种的危险之中。

（二）生态环境的污染

环境的污染最主要的形式是大气污染、水污染、土地污染。

大气污染最主要的是二氧化硫、烟尘、粉尘的排放量严重超标。水污染的主要指标为氨氮、五日生化氧量、高锰酸盐指数和石油类。土地污染表现为两种形式，一种是有害物质侵蚀到土地里面，使土地的品质恶化；另一种是废弃物质堆积在土地上面，使土地不能发挥作用。

造成环境病态的直接原因，是在经济增长过程中，对环境的过量汲取和过量排泄。过量汲取超出了环境的自我再生能力，导致环境失衡。如对森林的过量采伐，超出了森林的自我生长速度，森林面积就会萎缩；对动物的过量捕猎，动物数量就会减少。过量排泄超出了环境的自我洁净能力，导致环境污染。

四、经济增长与生态环境的协调

经济的进一步发展，人们生活的进一步富裕、进一步舒适，要求经济能可持续发展。当前，环境、资源、健康、可持续发展被国际社会认为是可持续发展中最值得关注的问题，环境保护与每个人都息息相关。在中国，全民环境意识有所增强。不过目前中国环境形势仍然异常严峻，环境恶化的总体趋势仍没有得到全面遏制，环境保护与经济发展方式有待更好协调。

（一）可持续发展与生态环境所面临的问题

(1) 人口增长速度过快，人口素质偏低。当今人类面临的人口、资源、环境三大问题中，人口是第一位的。资源和环境问题都与人口紧密相关，从某种意义上来说，人口问题是其他所有问题的根源。人和自然之间相互作用、相互影响，一方面，人要利用和改造自然，不断地向自然界索取资源，满足自己的需要，为自己创造适宜的生存条件，同时也排放废物污染环境。另一方面，自然界也反作用于人类，限制其无节制的开发活动，以各种灾害施加报复，人口增长过快已对生态环境造成巨大的压力，再加上，人口剧增，教育跟不上，人口的文化水平低，环境保护意识差，法制观念薄弱，也造成对资源环境的巨大冲击和破坏。

(2) 法制不健全，人治代替法治。目前我国关于环境保护方面的法律法规不健全，缺少配套的实施细则，不足以成为执法部门的依据。

(3) 对生态规律缺乏认识，经济活动决策失误。在过去相当长的时间里，甚至现阶段的某些经济活动中，决策人员没有充分认识生态规律，未能从环境的区域性、整体性和生物资源的潜在价值出发，因地制宜、整体规划、统筹安排。

(4) 生产技术落后，环境资源过度消耗和浪费。我国属于发展中国家，以往采用的是粗放型增长方式，片面追求速度，结果欲速则不达，效益较低；经济发展过程中经济出现长期难以克服的“瓶颈”和严重比例失调现象；产品质量差，消耗大，浪费现象严重，技术进步缓慢，国际竞争力低下。因此必须调整产业结构，加快技术进步和知识创新，向集约型增长方式转变。

(二) 解决生态环境保护与可持续发展的对策

1. 加强政府管制，强化污染治理，推动结构调整进程

要保护环境资源，必须继续加强环境污染控制和进一步巩固“一控双达标”成果。一是要打击和惩处未经许可占用环境资源的行为；二是要加大对浪费资源、污染环境、破坏生态平衡的中小企业的关停取缔力度；三是制度上强化现有企业的排污治理工作，把污染排放量减下来。从而在保持区域环境质量稳定趋好的基础上，把当前由产出效益低、污染严重的技术落后企业占用的环境资源腾出来，提供给潜力产品、新兴产业和高新技术产业使用，为新上的调产项目提供排污容量。

2. 引入市场机制，提高环境资源配置效益

环境是一种公共资源，政府是资源的管理者。当前，政府通过排污总量控制和对生产企业的排污达标控制来配置环境容量。国外发达国家的成功经验证明，市场配置环境资源，可达到以最低费用实现污染控制的目标。所以，为减少行政手段配置环境资源导致的资源利用效益低下、资源闲置等不经济的弊端，有必要引入市场竞争机制。

我们认为，现阶段把排污权交易与排污达标控制结合起来实施，可对结构调整起到积极的促进作用。主要有：一是有利于提高环境配置效益，为低污染、高收益企业扩大产业规模提供了一条扩大环境资源使用权的途径，促使排污权向单位环境损耗产出效益高的企业集中，从而引导产业结构调整向高加工度、高附加值、高收益和低污染产业方向倾斜；二是抑制高污染、高能耗、低收益企业排污，推动这些企业技术改造和结构调整的进程；三是减少了污染物减排的投入。

3. 加强环保建设，提高环境承载能力

环境同其他资源一样，都有保质和增值的问题。一般来说，通过环境保护和生态建设若能保证环境质量持续向好，环境自净能力就会提高，环境容量和环境承载能力也就相应扩大，这就是对环境资源的保质和增值。反之，环境质量变差，环境容量和环境承载能力就会缩小，环境资源就会贬值。

4. 发展循环经济，促进生态环境保护

循环经济表现为资源消耗的减量化，再利用和资源再生化，它的本质是生态经济学，核心是提高生态环境的利用效率。这是一种把物质、能量进行梯次和闭路循环使用，在环境方面表现为污染低排放，甚至零排放的一种经济运行模式。发展循环经济，就是要引导今后的产业结构调整方向，改变当前单纯依赖资源优势发展经济的模式。运用循环经济的思路，以产业生产过程中的资源（包括废弃资源）流动为主线，研究如何利用高新技术、企业群集、关联产业互动等途径，把炼焦炉、冶金炉煤气利用与城市（镇）居民燃气改造结合起来，把煤矸石、废气、废水综合利用与工业小区生态型工业体系建设结合起来，使环境保护产业与经济增长联动，解决当前企业群集引发的污染在部分区域趋强问题，逐步推动经济发展步入与环境协调发展的轨道。

做一做

分析讨论报告：我国为什么要建设两型社会。

■补充资料

(1) 消费函数的稳定性及原因

经济学家通过对长期消费资料的分析发现，在长期中，消费者将收入用于消费的比例的波动十分微小，也就是说，长期消费在收入中所占的比例基本上是固定的，即消费函数是相当稳定的。例如，在美国，边际消费倾向长期稳定在0.676左右，只有在20世纪90年代，边际消费倾向才有所提高，提高了0.004，达到0.68。经济学家提出了许多理论来证明消费函数的稳定性。其中最有影响的是美国经济学家莫迪利安尼提出的生命周期假说和弗里德曼提出的持久收入假说。

1）莫迪利安尼的生命周期假说。

莫迪利安尼的生命周期假说强调了消费与个人生命周期阶段之间的关系和收入与财产

之间的关系，该理论与凯恩斯消费函数理论的区别在于，凯恩斯消费函数理论强调当前消费支出与当前收入的相互联系，而生命周期假说则强调当前消费支出与家庭整个一生的全部预期收入的相互联系。该理论认为，每个家庭都是根据一生的全部预期收入来安排自己的消费支出的，即每个家庭在每一时点上的消费和储蓄决策都反映了该家庭希望在其生命周期各个阶段达到消费的理想分布，以实现一生消费效应最大化的企图。因此，各个家庭的消费取决于他们在两个生命期内所获得的总收入和财产。这样，消费就取决于家庭所处的生命周期阶段。

生命周期假说将人的一生分为年轻时期、中年时期和老年时期三个阶段。年轻和中年时期是工作阶段，老年时期是退休以后的阶段。一般来说，在年轻时期，家庭收入低，但因为未来收入会增加，因此，在这一阶段，往往会把家庭收入的绝大部分用于消费，有时甚至举债消费，导致消费大于收入。进入中年阶段后，家庭收入会增加，但消费在收入中所占的比例会降低，收入大于消费，因为一方面要偿还青年阶段的负债，另一方面还要把一部分收入储蓄起来用于防老。退休以后，收入下降，消费又会超过收入。因此，在人的生命周期的不同阶段，收入和消费的关系，消费在收入中所占的比例不是不变的。

生命周期假说理论认为，由于组成社会的各个家庭处在不同的生命周期阶段，所以，在人口构成没有发生重大变化的情况下，从长期来看边际消费倾向是稳定的，消费支出与可支配收入和实际国内生产总值之间存在一种稳定的关系。但是，如果一个社会的人口构成比例发生变化，则边际消费倾向也会变化，如果社会上年轻人和老年人的比例增大，则消费倾向会提高，如果中年人的比例增大，则消费倾向会降低。

2）弗里德曼的持久收入假说。

持久收入的消费函数理论是由美国著名经济学家弗里德曼提出来的。该理论认为，消费者的消费支出不是由他的现期收入决定的，而是由他的持久收入决定的。也就是说，理性的消费者为了实现效应最大化，不是根据现期的暂时性收入，而是根据长期能保持的收入水平，即持久收入水平来作出消费决策的。

弗里德曼认为，持久收入不仅包括劳动收入，而且还包括财产收入，因此，持久收入假说理论认为，消费不仅取决于收入，而且还取决于财产，这一点与生命周期假说理论相同。

把收入分为持久性收入和暂时性收入，从而把收入变动分为持久性收入变动和暂时性收入变动是持久收入函数理论假说的贡献。这一区别既解释了短期消费函数的波动，又解释了长期消费函数的稳定性。这一理论认为，在长期中，持久性收入是稳定的，所以消费函数是稳定的。暂时性收入变动通过对持久性收入变动的影响而影响消费，所以短期暂时性收入的变动会引起消费波动。

典型的案例是中美边际消费倾向比较。据估算，美国的边际消费倾向现在约为0.68，中国的边际消费倾向为0.48。也许这种估算不一定十分准确，但是一个不争的事实是，中国的边际消费倾向低于美国。为什么中美边际消费倾向有这种差别呢？一些人认为，这种差别在于中美两国的消费观念不同，美国人崇尚享受，今天敢花明天的钱，中国人有节俭的传统，一分钱要掰成两半花。但在经济学家看来，这并不是最重要的。消费观念属于伦理道德范畴，由经济基础决定，不同的消费观来自不同的经济基础。人们还要用经济与制度因素来解释中美边际消费倾向的这种差别。美国是一个成熟的市场经济国家，经济总体上是稳定的。美国的社会保障体系较为完善，覆盖面广而且水平较高。而我国正在从计划经济转向市场经济，社会保障体系还没有完全建立起来。

(2) 中国总供给与总需求的变化

中国改革开放10年以后，总供给与总需求的关系开始发生变化。长期的绝对的短缺已开始让位于一定时段上短缺与过剩共存，或不同时段上短缺与过剩的交替。从20世纪80年代中期开始，曾有过部分农产品过剩的情况。进入20世纪90年代后，短缺经济特征越来越趋淡，多年的经济高速增长已使供给能力大大提高，过剩现象开始明显出现。1990年，中国市场出现第一次普遍意义上的生产过剩，同时也宣告了短缺经济时代的终结。20世纪90年代中期以后，就国民经济发展而言，需求已经与供给同时成为中国经济发展的两大推动力，单纯靠提高供给来保障生活的阶段已经过去了。

从1998年开始，中国经济出现了明显的过剩经济特征，总供求之间的结构性失衡更为突出。主要表现在：

一是商品供给结构与需求结构失调。面对市场需求变化，供给出现结构性开工不足和库存积压。例如，最为典型的1998年，兵器工业开工率只有45%，航天工业只有35%，发电设备能力利用率为66%。库存积压矛盾十分突出。

二是资金需求结构与资金供给结构严重不对称。1996年非国有经济的生产总量只占全社会信贷资金的20%左右，以后尽管有所上升，但非国有经济的非国民待遇一直得不到很好的改观。银行有钱不敢贷，企业在等米下锅，表现出一种非常奇特的资金结构性矛盾。从表面上看，其原因主要是，因企业资信度不好，银行不敢贷款；或是企业有项目，但企业与银行对项目的评价不同，银行宁紧勿松而不愿贷款。但从本质上看，这种资金供求的矛盾，实质上是一种体制性矛盾。

在转轨经济中，总供求互相适应的应变机制尚不健全，还缺乏自我调节功能。供给不适应需求，有正常和不正常两种情况。一般而言，需求变化速度快于供给，需求是超前的、多变的，这时的供给滞后，是正常的。但我国供给不能灵活适应需求变化有着浓厚的体制因素，具体表现：第一，需求的市场化、货币化进程大大地快于供给的市场化、货币化进程，从而导致供给不能适应需求的灵活变化，产品不能适应市场需求，企业不能在市场上创造出需求。第二，投资体制缺乏约束力，不少项目是盲目投资、重复建设，在投资决策时对市场需求没有前瞻性预测，企业还未投产就已先天过剩。不少以现代企业著称的上市公司也会反复出现这类问题。第三，企业没有建立按市场需求调整生产的管理机制和运作机制，自我发展能力差，新产品开发能力低。

形成灵活的供给机制将是困难的，既有存量的刚性问题，又有增量的盲目性问题。从根本上说，国有企业改制不完成，就难以形成与市场经济相适应的、灵活的总供给机制。

■思考与练习

一、填空题

1. 影响储蓄的因素主要有：第一，________，即实际利率越高，储蓄就________。第二，________，即可支配收入越多，储蓄就________。第三，________，即家庭的财富越多，储蓄就________。第四，________，即家庭预期的未来收入越多，则当前的储蓄就________。

2. ________是银行支付的利率。________等于名义利率减去通货膨胀率。

3. ________是企业投资的厂房、设备、存货和居民购买的新住宅。________等于总投资减去折旧。________是资本存量的损耗。

4. 影响投资的因素主要有：第一，________，即当实际利率上升时，投资________。第二，________，即预期的利润率增加，投资需求________。

5. 总产出—总支出模型最重要的假设是________。

6. ________是经济中生产的物品与服务的总量。

7. ________是其他因素不变时，总计划支出和实际GDP之间的关系。

8. 总产出等于________，等于________。

9. ________等于消费加储蓄。

10. ________是可支配收入增加1元时，增加的消费。

11. ________是可支配收入增加1元时，增加的储蓄。

12. 边际消费倾向加上边际储蓄倾向等于________。

13. ________是在其他因素不变时，消费和可支配收入之间的关系。消费函数等于________加________。与个人收入水平变动无关的消费水平被称作________；与个人收入水平变动有关的消费水平被称作________。

14. ________是在其他因素不变时，储蓄和可支配收入之间的关系。储蓄等于________乘以可支配收入减去自主消费。

15. ________等于税收收入减去政府支出。如果税收收入超过政府支出，则政府有________；如果税收收入小于政府支出，则政府有________；如果税收收入等于政府支出，则政府有________。

16. 根据 *IS—LM* 模型，货币供给量增加，使国民收入增加，________下降。

17. 资本边际效率等于资本资产的购买价格的________。

18. 影响投资的因素主要有________，________和________。

19. 与其他资产相比，货币具有很强的流动性，产生流动偏好的动机主要有三种，分别是________、________和________。

20. 在经济萧条时期，政府可以选择________再贴现率的货币政策。

21. 经济中有一种物品是集体消费的物品，称作________。

22. 垄断可以分为________和________。

23. 各国都有反对垄断保护竞争的法律，在美国，这种法律称为________。

24. ________就是拥有信息多的一方以自己的信息优势来侵犯拥有信息少的一方的利益。

25. 反映经济增长的指标通常是国民生产总值、________或________。

26. 经济增长是________的增加，因此可以根据总生产函数来研究增长的源泉。

二、单选题

1. 下列哪一种情况会引起储蓄量的增加？（　　）

A. 现期可支配收入减少　　B. 预期未来收入增加

C. 节俭程度下降　　D. 利率上升

2. 消费函数表示的是消费支出与下面哪一项之间的关系？（　　）

A. 利率　　B. 物价水平　　C. 可支配收入　　D. 储蓄

3. 消费函数的斜率等于（　　）。

A. 消费　　B. 边际消费倾向

C. 储蓄　　D. 边际储蓄倾向

4. 若 $MPC=0.75$ 则 MPS 为（　　）。

A. 0.75　　B. 0.25　　C. 1　　D. 0.5

5. MPC 越大，则（　　）。

A. 乘数越大　　B. 乘数越小

C. 对乘数无影响　　D. 对乘数的影响不确定

6. 政府计划使实际国内生产总值增加 200 亿元。如果乘数为 4，政府对物品与劳务的购买应该增加（　　）。

A. 100 亿元　　B. 80 亿元　　C. 50 亿元　　D. 40 亿元

7. 如果投资对利率变得很敏感，（　　）。

A. IS 曲线会变得很快　　B. IS 曲线会变得很平坦

C. LM 曲线会变得很快　　D. LM 曲线会变得很平坦

8. 货币供给量增加使 LM 曲线右移，若要均衡收入、变动接近于 LM 曲线的移动，则必须（　　）。

A. LM 曲线陡峭，IS 曲线也陡峭　　B. LM 与 IS 曲线都平缓

C. LM 曲线陡峭，IS 曲线平缓　　D. LM 曲线平缓，IS 曲线陡峭

9. 下列物品最有可能是公共物品的是（　　）。

A. 动物园里的熊猫　　B. 博物馆内的文物

C. 医院　　D. 公路旁的路灯

10. 周围人的吸烟行为属于（　　）。

A. 生产的外部经济　　B. 消费的外部经济

C. 生产的外部不经济　　D. 消费的外部不经济

11. 当某种经济活动有负的外部影响时，该活动的（　　）。

A. 私人成本大于社会成本　　B. 私人收益大于社会收益

C. 私人成本小于社会成本　　D. 私人收益小于社会

12. 反映经济增长的指标中，下列不属于的是（　　）。

A. 国民生产总值　　B. 人均值　　C. 产业结构　　D. 国民收入

13. 技术进步在经济增长中的作用，体现在（　　）的提高上，即同样的生产要素投入量能提供更多的产品。

A. 知识的进展　　B. 规模经济　　C. 资源配置　　D. 生产率

14. 影响经济增长的因素中属于要素投入量的是（ ）。

A. 知识进展 B. 规模经济 C. 资源配置 D. 资本存量的大小

15. 经济增长的标志是（ ）。

A. 失业率的下降 B. 先进技术的广泛应用

C. 社会生产能力的不断提高 D. 城市化速度加快

三、判断题

1. 预期的利润增加将使投资需求曲线向左方移动。（ ）

2. 一般说来，在一国总支出中占比例最大的部分是投资。（ ）

3. 边际消费倾向和边际储蓄倾向之和等于 1。（ ）

4. 当经济处于均衡时，边际消费倾向一定等于边际储蓄倾向。（ ）

5. 任何引起自发总支出变动的因素都会使总支出曲线移动。（ ）

6. 在任何情况下，乘数原理都是适用的。（ ）

7. 经济增长主要与经济中生产潜力的增长及生产能力得到利用的程度有关。（ ）

8. 当投资增加时，IS 曲线向右移动。（ ）

9. 一般认为，没有经济增长就没有经济发展，但有了经济增长也不一定有经济发展。（ ）

10. 企业规模的扩大，由于能采用新技术与最先进的设备，能采用新的生产方法而提高生产率。（ ）

11. 据美国经济学家丹尼森估算，技术进步引起的生产率提高中有 50%左右要归功于知识进展。（ ）

12. 要实现经济增长，即要使本年的产量较上年有所增加，就必须有新投资。（ ）

13. 自然增长率是由一国的劳动力增长率和劳动生产率增长率所决定的。（ ）

四、名词解释

1. 市场失灵

2. 外部性

3. 政府管制

4. 经济增长

5. 经济圈变

五、简答题

1. 试述 GDP 的核算方法及其优缺点。

2. 菲利浦斯曲线的内容有哪些？

3. 简述生态环境保护与可持续发展的对策。

4. 宏观经济政策的目标是什么？

5. 生态环境失衡的表现有哪些？

六、计算题

1. 封闭经济中，$C=20+0.75Y_d$，$I=380$，$G=400$，$T=0.2Y$，$Y=C+I+G$，试求：

(1) 均衡收入水平是多少？

(2) 在均衡收入水平下，政府预算盈余是多少？

2. 根据下表的资料回答下列问题：

消费支出（C）	6000 亿元	进口（IM）	2200 亿元
税收（TX）	4000 亿元	政府投资（G）	2000 亿元
转移支付（TR）	2500 亿元	总投资（I）	1500 亿元
出口（EX）	2400 亿元	折旧（D）	600 亿元

1）计算国民生产总值；

2）计算净投资；

3）计算净出口

4）计算可支配收入

5）计算储蓄

参 考 文 献

[1] Paul A. Samuelson. Economics (Eighteenth Edition) [M]. McGraw-Hill. New York，2006.

[2] Michael Parkin. Economics (Sixth Edition) [M]. Pearson Education，Inc. New York，2005.

[3] Bradley R. Schiller. Essentials of Economics (Fourth Edition) [M]. McGraw-Hill. New York，2004.

[4] N. Gregory Mankiw. Principles of Economics (Third Edition) [M]. Thomson Learning. New York，2004.

[5] Varian. Intermediate microeconomics (Fourth Edition) [M]. Norton company. New York，2002.

[6] Joseph E. Stiglitz. Principles of Microeconomics [M]. Norton company. New York，2002.

[7] Pindyck. Microeconomics [M]. Prentice-hall international. New York，2000.

[8] Gordon. Milton Friedman's Monetary Framework [M]. University of Chicago Press. London，1998.

[9] Michael Parkin. Microeconomics (Second Edition) [M]. Addison-wesley Publishion. New York，1996.

[10] Fink. Supply Side Economics [M]. American University Press. New York，1995.

[11] 高鸿业. 西方经济学 [M]. 北京：中国人民大学出版社，2004.

[12] 格里高利·曼昆. 经济学原理 [M]. 第3版. 梁小民，译. 北京：机械工业出版社，2003.

[13] 保罗·萨谬尔森. 经济学 [M]. 第17版. 萧琛，译. 北京：人民邮电出版社，2004.

[14] 崔东红，戴卫东. 经济学原理 [M]. 2版. 北京：电子工业出版社，2012.

[15] 陈鸿雁. 经济学原理 [M]. 北京：电子工业出版社，2010.

[16] 郑连成. 经济学基础 [M]. 北京：教育科学出版社，2010.

[17] 隗斌贤，易桂林. 经济学基础 [M]. 北京：中国农业出版社，2008.

[18] 张立娟，王彩霞. 每天学点经济学 [M]. 北京：金城出版社，2009.

[19] 傅红春. 微观经济学：原理的内涵与应用 [M]. 北京：中国经济出版社，2006.

[20] 威廉·博依斯. 新管理经济学 [M]. 第1版. 刘伟，等，译. 北京：中国市场出版社，2006.

[21] (英) 贝格. 经济学基础 [M]. 3版. 北京：电子工业出版社，2010.

[22] 马春莲，王雅平. 经济学基础 [M]. 北京：电子工业出版社，2013.

[23] 陈文汉. 经济学原理 [M]. 北京：电子工业出版社，2013.

[24] 臧良运. 经济学基础 [M]. 北京：中国电力出版社，2010.

[25] 齐常华，林楠，岳文. 消费心理学 [M]. 北京：清华大学出版社，2010.

[26] 余永定，等. 西方经济学 [M]. 北京：经济科学出版社，2002.

[27] 高鸿业. 西方经济学 [M]. 北京：中国人民大学出版社，2000.

[28] 保罗·萨缪尔森. 经济学 [M]. 北京：人民邮电出版社，2004.

[29] 哈尔·R. 范里安. 微观经济学：现代观点 [M]. 8 版. 费方域，译. 上海：上海人民出版社，1994.

[30] 郭国庆. 市场营销学通论 [M]. 4 版. 北京：中国人民大学出版社，2009.

[31] 吴树青. 政治经济学（资本主义部分）[M]. 北京：中国经济出版社，1993.